중독에 빠진
뇌 과학자

중독에 빠진
뇌 과학자

밑바닥 약물중독자였던 뇌 과학자가 밝히는 중독의 모든 것

주디스 그리셀 지음 ✳ 이한나 옮김

시심

일러두기

* 본문의 각주는 *로, 후주는 숫자로 표시했습니다. 각주는 옮긴이 주, 후주는 지은이
  주입니다.
* 단행본은 《 》로, 영화와 노래 제목은 〈 〉로 묶었습니다.

들어가는 말

만성중독자에서 중독을 연구하는 뇌 과학자가 되기까지

⚡

스물두 살이었다. 나는 무언가 잘못된 약물 거래에서 이득을 본 측이었다. 1985년 어느 겨울 꼭두새벽, 플로리다의 이름 없는 식당 뒤편에서 딜러는 나와 친구에게 엉뚱한 봉지를 건넸다. 중서부 어딘가에 사는 친구의 친구에게 전달하기로 했던 양보다 훨씬 더 많은 약물을 손에 넣게 된 내가 이 거래의 '승자'였다.

당시 노숙자 신세였던 친구와 나는 디어필드 비치의 싸구려 모텔에 체크인 했다. 예상했겠지만 우리는 기존에 가지고 있던 것에 더해 새로 획득한 이 잉여분의 약물까지 모두 사용했다. 흥청망청 사용한 끝에 쟁여두었던 물량도 바닥을 드러냈고, 둘 다 진이 빠지고 예민해지자 친구는 뜬금없이 우리를 만족시킬 만큼 충분한 양의 코카인이란 결코 존재하지 않을 것이라고 단언했다. 약에 압도된 상태에서도 이 예언이 옳다는 생각이 강하게 들었지만 한편으로는 아무래도 상관없다고 여겼다. 중독자라면 그러하듯, 나 역시 약에 취해 '고양감'을 느끼던 나날은 이미 지나간 상태였다. 나의 약물사용은 충동적이었고, 황홀한 감각을 경험하기 위해서라기보다는 현실도피 목적이 더 컸다. 아무것도 달라지지 않으리라는 사실은 이미 오랜 기간의 삽질을 통해 깨달았다. 궁극적인 도피, 즉 죽음만이 내 생활에 변화를 가져올 수 있는 유일한 수단이었고, 사실 그 또한 내게는 그다지 대단한 일처럼 와 닿지 않았다.

그로부터 약 6개월 뒤, 딱히 개인적인 통찰이나 의지력 덕분이 아니라 그저 일련의 환경적인 요인들 덕분에, 몇 년 만에 처음으로 약에 찌들지 않고 정신이 맑아져 이전만큼 멍하지는 않은 상태가 되었다. 나는 생사의 갈림길에 서 있었다. 전처럼 내 정신질환과 손잡고 이 녀석이 가차 없이 나를 갉아먹도록 내버려둘 수도 있고, 전혀 다른 삶의 방식을 찾을 수도 있었다.

내 경험상 이와 같은 타락과 갱생의 갈림길을 마주한 이들 중 다른 삶의 방식을 선택하는 이는 아주 극소수였고, 나도 처음에는 다수와 같은 길을 갔다. 약을 끊는 대가는 너무나도 커보였다. 아니, 약이 없다면 뭘 위해 산단 말인가? 하지만 나를 약물중독에 빠지게 했던 것에 버금가는 집요함으로 고민을 거듭한 결과, 어쩌면 다른 길을 찾을 수도 있을 것 같았다. 그러고 보면 나는 지금껏 수많은 난관을 잘 헤쳐 나왔다. 폐건물이나 경찰서에서, 장전된 총구가 겨누어졌든 그렇지 않든 모두 우호적이거나 익숙한 것과는 전혀 거리가 먼 좋지 못한 거래들이었다. 그러다 중독의 의학적 모형을 깨달은 뒤에야 비로소 내 질병이 손 쓸 수 있는 생물학적 문제임을 알게 되었다. 나는 약물을 사용하면서 생긴 문제들을 없앨 수 있도록 중독을 치료하기로 마음먹었다.

그 시점에서 나는 벌써 세 군데나 되는 학교에서 쫓겨났지만, 행동신경과학 박사학위를 받고 중독 행동의 신경생물학, 화학, 유전학에서 전문가가 되기 위해 누군가의 눈에는 대단히 이례적으로 비칠 정도의 의지력으로 대학원에 진학했다. 이 같은 성과는 자신이 목적을 위해서라면 어떠한 일도 서슴지 않으며 그 밖의 모든 희생은 충분히 감내할 수 있다는 것을 직접 경험한 대부분 중독자의 눈에는 별로 특별해보이지 않을 것이다. 결국 치료센터에서 시작된 1년간의 극적인 변화를 포함하여 대학을 졸업하는 데 총 7년이 걸렸으며, 그 뒤로도 대학원에서 박사학위를 받기까지 7년이 더 소요되었다.

이 책은 내가 지난 20여 년간 중독의 신경과학을 연구하면서 알게 된 내용들을 요약해둔 것이다. 비록 내가 미국 국립 보건원으로부터 연구비를 지원받고 마약단속국DEA의 규제약물 사용 면허를 소지하고 있기는 하지만 문제를 해결하지는 못했다는 유감스러운 말을 전해야 할 것 같다. 그러나 연구를 통해 나와 같은 사람들이 약에 손을 대기도 전부터 갖고 있는 차이와 중독성 약물들이 우리의 뇌에 미치는 작용에 관해 많은 것을 알게 되었다. 내가 공유하는 정보가 약물중독자와 가까운 사람들과 중독자의 보호자들, 그리고 공공정책을 만드는 사람들이 보다 현명한 선택을 하는 데 도움이 되기를 바란다. 이는 어쩌면 직접 고통을 겪는 이들에게도 도움을 줄 수 있을지 모르는데, 약물 따위로는 문제를 해결할 수 없다는 사실이 제법 자명한 일이기 때문이다.

오늘날 중독은 사회에 만연한 대재앙이다. 꼭 내가 아니더라도 뇌 기능에 인공적인 변화를 주어 새로운 경험을 만들어내고자 하는 자비 없는 충동에 시달리는 사람을 다들 한 명쯤은 알고 있다. 이처럼 광범위하게 번져 쉬이 수그러들지 않는 충동이 개인과 사회에 미치는 영향은 너무나도 거대해 거의 통제가 불가능한 상태다. 미국에서는 12세 이상 인구의 약 16퍼센트가 물질사용장애* 기준에 부합하며, 전체 사망자 수의 약 4분의 1이 과도한 약물사용으로 목숨을 잃는다. 매일 전 세계에서 만여 명의 사람이 물질남용 탓에 죽는다. 이 죽음의 길에는 기겁할 만큼 연쇄적인 상실이 따른다. 희망, 존엄성, 관계, 돈, 생식성, 가족 및 사회적 구조, 그리고 지역사회 자원의 상실이다.

세계적으로 볼 때 중독은 15세 이상 인구 다섯 명당 한 명이 겪

---

* 물질은 약물보다 큰 범위를 포괄한다. 뒤에 나오는 기타 물질들은 엄밀히 말해 약물의 범주에 속하지 않는 것들이며, 정신질환 진단 및 통계 편람Diagnostic and Statistical Manual of Mental Disorders, DSM 상으로는 물질사용장애가 정식명칭이다.

는, **가장** 가공할 만한 건강 문제다. 순수하게 경제적인 측면에서만 봐도 에이즈의 다섯 배, 암의 두 배에 달하는 비용이 든다. 이 같은 수치는 곧 미국 전체 보건의료 지출 중 10퍼센트가 중독성 질병의 예방과 진단, 치료에 쓰인다는 뜻이며, 그 외 서구문화권 대부분의 통계도 이에 못지않게 무시무시하다. 하지만 이 모든 비용과 노력에도 불구하고 성공적으로 회복할 가능성은 50년 전이나 지금이나 별다를 바가 없다.

약물중독 문제에 이처럼 엄청나게 광범위하고 막대한 비용이 지속적으로 투입될 수밖에 없는 데는 크게 두 가지 이유가 있다. 우선 남용은 지리적인 특성이나 경제적 상황, 민족, 성별을 막론하고 몹시 흔하다. 또한 치료에도 저항성이 매우 높다. 확실한 추정치는 알기 어렵지만 대다수 전문가가 물질남용자 중에서 상당 기간 동안 물질을 끊을 수 있는 사람이 10퍼센트도 채 되지 않을 것으로 본다. 질병으로 치면 이 비율은 거의 독보적으로 낮은 편인데, 어찌나 낮은지 뇌암 생존율이 차라리 두 배 더 높을 지경이다.

통계적 전망이 암울하기는 하지만 희망을 걸어볼 근거도 없지 않다. 분명 일부 중독자들은 한때 아무리 절망적인 상황이었더라도 결국 중독물질사용을 중단하고, 중독되지 않은 상태를 유지하며, 나아가 생산적이고 행복한 삶을 산다. 신경과학은 이 같은 변화를 가져온 기제를 완전하게 파헤치지는 못했지만 그래도 문제의 원인에 관해서는 제법 많은 사실을 알게 되었다. 가령 중독이 유전적 소인, 발달 과정에 따른 영향, 환경적으로 제공된 요인 등의 복합적인 작용으로 발생한다는 사실 같은 것들 말이다. 복합적이라고 한 이유는 이 각각의 요인 역시 매우 많은 변인으로 채워져 있기 때문이다. 여기에는 수백 개의 유전자와 셀 수 없이 많은 환경적 요소가 관여하며, 이 요인들은 서로에게 영향을 준다. 예컨대 DNA의 어느 특정 가닥은 특정한 유전자가 존재(혹은 부재)할 때, 발달 과정(출생 전이든 후이든)상 특정한 맥락에서 특정한 경험이 일어날 경우 중독에 빠질 가능성을 높일 수 있다. 그러니까 중독에 관해 많은 정보를 알고 있다고 해도 이 같은 복합성 탓에 여전히 우리는 어떤 사람이 중독에 빠지게 될지 아닐지를 예측할 수 없다.

결과적으로 중독에 빠지게 되는 경로는 중독자의 수만큼이나 다양하지만, 모든 강박적 사용의 기저에는 뇌 기능의 일반적인 원리들이 자리하고 있다. 이 책을 집필하는 목표는 이러한 원리들을 공유하여 물질 사용 및 남용을 영속하게 만드는 생물학적인 교착 상태에 변화의 단초를 제공하는 것이다. 핵심은 뇌의 학습 및 적응 능력이 사실상 무한하기에 뇌가 충분하다고 느낄 만큼의 약물은 있을 수 없다는 사실이다. 처음에는 약물로 고양된 시간이 이따금씩 정상적인 상태에 끼어드는 정도지만, 어느샌가 주객이 전도되어 '정상'적이었던 상태는 약물을 통해서만 일시적으로 다스릴 수 있는 절박한 상태로 가차없이 변한다. 중독자 한 명 한 명의 경험 뒤에 숨은 기제를 이해한다면, 죽거나 장기간 중독물질을 끊는 것 말고는 물질에 노출되는 사이사이의 시간 동안 날카롭게 요동치는 욕구를 가라앉힐 방법이 없다는 사실이 아주 분명해진다. 병리적인 양상이 행동을 결정하는 시점에 이르면 대부분의 중독자는 결코 만족시킬 수 없는 욕구를 만족시키려 애쓰다 죽음을 맞이한다.

중독의 나락에 입장하다

✦

열세 살에 처음으로 취했을 때, 나는 이브가 사과를 맛본 뒤 느꼈을 법한 기분을 경험했다. 혹은 새장에서 부화한 새가 뜻밖의 자유를 얻고 느꼈을 법한 기분이었다. 술은 뭐라고 규명할 수도 남들에게 털어놓을 수도 없던, 끊임없이 나를 괴롭히는 초조함에 신체적인 위안과 정신적인 해독제가 되어주었다. 친구네 지하실에서 와인을 2리터쯤 퍼마신 뒤 찾아온 급작스러운 관점의 변화는 인생도 나도 어떻게든 다 괜찮아질 거라는 확신이 들게 했다. 어둠이 있어 빛이 드러나고 슬픔이 있어 기쁨이 돋보이듯, 술은 자기수용과 존재 목적을 쟁취하기 위해 내가 절박하게 분투하고 있으며, 나에게 관계, 두려움, 희망이 뒤섞인 복합적인 세상을 헤쳐 나갈 능력이 없다는 사실을 무의식적으로 깨닫게 해주었다. 동시에 마구 피어나던 온갖 고뇌를 해결할 열쇠를 비단처럼 보드라운 베개에 얹어 전해주는 것만 같았다. 가혹한 삶이지만 나에게만 특히 그런 것은 아니라는 깨달음에 홀연 안도감을 느낀 나는 마침내 평안을 찾았다.

그 평안은 어쩌면 마취에 더 가까웠을지도 모르지만 당시는 물론 그 후로도 몇 년간 나는 둘을 구별하지 못했을 뿐더러 구분을 하는 데는 관심조차 없었다. 알코올이 처음으로 내 배와 뇌를 채우기 전까지는 내가 그저 꾸역꾸역 참고만 있다는 사실을 깨닫지 못했다. 그날 저녁 친구의 침실에서 창문 밖으로 몸을 기대고 별들을 응시하면서 나는 난생 처음 진정으로 숨다운 숨을 깊이 쉬었다. 훗날 본 어느 바 뒤편에 걸린 장식판의 글귀가 내 첫 경험을 정확하게 묘사했다. "술은 당신이 술을 마시지 않았을 때 느껴야 했을 감정을 느끼게 해준다"라고. 무엇보다 의아했던 것은 술이 이런 역할을 해줄 수 있다면 어째서 모든 사람이 더 많이, 더 자주 술을 마시지 않는 걸까 하는 점이었다.

그러다 보니 초창기부터 나는 열정적으로, 심지어 결의에 차서 술을 대했다. 처음 접했을 때부터 가능한 한 많이, 자주 마시며 7학년에 다니는 내내 술과 함께 했는데, 학교는 내가 속한 교외 중산층 환경에서 부모의 감독에서 벗어나 자유를 만끽할 최적의 기회를 마련해주었기 때문이다. 수업 전, 수업 중, 그리고 (여건이 될 때면) 방과 후까지 술을 마신 것을 보면 나는 알코올에 대단한 내성을 타고 난 것만 같았다. 간이 젊은 덕분인지 몰라도 한 번도 술병이 나거나 숙취에 시달린 적이 없었고, 틀림없이 법적으로는 취했다고 간주할 수준이었음에도 겉으로는 멀쩡해보였다. 첫 경험에서 맛보았던 압도적으로 완전무결한 느낌은 다시는 얻지 못했지만 그래도 여전히 술은 나에게 조용한 만족감을 선사했다. 정해진 규범을 따르는 단조롭고 지루한 삶에 비하면 그 어떠한 상태의 변화도 극적인 발전처럼 여겨졌다.

가장 오래된 기억 속의 나는 강요된 규제와 나 자신의 한계에 꼼짝 못하고 갇힌 채 좌절을 느꼈다. 새로운 무언가를 갈망하는 마음은 그렇게 나의 자기 경험 한가운데 자리하고 있다. 심지어 지금까지도 주변을 살뜰히 챙기는 친구, 헌신적인 배우자, 단호한 과학자, 사랑스러운 부모라는 페르소나 이면에는 그저 눈을 질끈 감아버리고자 하는 애달픈 욕망이 있다. 무엇으로부터 혹은 어디로 탈출하려고 하는지 나조차 명확히 알지 못한다. 다만 시간과 공간, 상황, 의무, 선택, 그리고 놓쳐버린 기회들로 짓눌릴 것 같은 절망감이 나를 가득 채우고 있음을 알 뿐이다. 달리 어쩔 도리가 없다며 빠르게 순응하기는 했으나 사실 마음 한구석에서는 내가 시간을 낭비하고 있다는 걸 느끼고 있었다. 마치 꿈속인 듯 아무런 의미 없이 일련의 멍청한 짓들을 계속하는 동안 시간은 정처 없이 흘렀고, 그러는 내내 점차 자라나는 두려움을 억지로 눌렀다. 나는 낯선 출구로 나가거나 부서진 출입구를 옆으로 밀어젖히고 이국의 대피소에 들어가 세상이 우리가 보는 것과 다른 양 가장하지 않기로 구성원 모두가 합의한 세계에 입장하는 판타지를 꿈꿨다.

뭐가 어떻게 돌아가고 있는 거지? 나는 대체 뭘 하고 있는 거야? 같은 질문들이 나의 의식적 사고에서 첫 번째를 차지하고 있었다. 만약 내가 이런 이야기를 다른 누군가에게 했다면 틀림없이 "똑바로 살아", "열심히 좀 해", "웃어", 그리고 "잡히지 마" 따위의 조언을 들었을 것이다. 다른 사람들이 나의 공포, 혹은 불안에 공감하지 못해서 그런 거라면 나는 오히려 그들을 도무지 이해할 수가 없었다. 인간이라면 똑같이 변화무쌍한 존재의 법칙, 그러니까 논리적으로 설명할 수 없는 힘이 작용한다는 사실에 영향을 받을 수밖에 없기 때문이다. 이런 감정들을 다른 사람들도 느끼고 있다면 그럼에도 불구하고 뭔가를 손에 넣고 파티를 계획하고 청소를 하고 '뉴스'를 확인하는 일에 인생을 낭비하는 그들의 굳은 의지에 그저 혀를 내두를 따름이다.

　실제로는 많은 사람이 공허감 및 절망과 씨름했지만 나는 당시에 그러한 사실을 알지 못했다. 별난 소설이나 시 몇 편을 제외하고는 10대 중후반에 접어들 때까지 주변에서 누구도 자신 역시 이처럼 혼란을 겪고 있다는 것을 시인한 적이 없다. 처음으로 술에 취한 경험은 바로 이 성장통을 헤쳐 나갈 쉬운 길을 제시해주는 것만 같았다. 내가 삶을 되돌아보고 나의 궤적을 야기한 근본적인 원인이 무엇이었는지 자각하게 된 것은 그로부터 오랜 시간이 흐른 뒤였다. 결국 그토록 사랑했던, 존재적 두려움을 잠재워주는 알코올의 효과는 나를 완전히 배신했다. 알코올의 가장 확실한 효과는 내가 치료하고자 했던 소외감, 절망, 공허감을 도리어 공고히 하는 것이라는 사실이

드러나기까지는 그다지 긴 시간이 걸리지 않았다.

　미국 국립 알코올남용 및 중독 연구소 소장 조지 쿱George Koob에 의하면 알코올중독에 빠지게 되는 길은 두 가지가 있다. 중독자로 태어나거나 많이 마시거나. 쿱 박사는 말장난을 하려는 것이 아니며, 누구나 이 둘 중 한 가지에 해당할 수 있다는 사실을 고려하면 이 질병이 어째서 이렇게나 흔한지도 설명이 가능하다. 나와 같은 처지인 사람 중 상당수가 처음 한 모금을 입에 대기도 전부터 중독에 약한 소인을 지니고 있다는 걸 알고 있다. 신경계를 갖춘 사람이라면 누구든 향정신성 약물에 일정 수준 이상 노출될 때 내성과 의존(중독의 특징)이 발생한다는 점 역시 잘 알고 있다. 그러나 불행히도 내가 집도 희망도 없이 완전히 나락으로 추락하게 된 상황을 분명하게 설명해줄 과학적 모형은 아직도 없다.

이 모든 자유의 끝

↯

이후 10년간은 단순한 인생관과 이를 실천하는 생활의 연속이었다. 나는 호시탐탐 향정신성 약물을 사용할 기회를 엿보며 그를 위해서 어떠한 대가든 지불했다. 오직 이 같은 지침만이 내 행동을 타당한 것으로 만들었고, 사실상 매 순간이 맨정신에 찾아오는 자각을 피하려는 목적의식으로 채워져 있었다. 첫 음주가 나에게 마음의 평안을 주었다면, 처음 시도했던 마약은 순수한 즐거움을 선사했다. 알코올은 삶을 견딜 만하게 해주었지만 대마는 아주 유쾌하게 만들어주었다. 또 코카인은 '핫'하게, 메스암페타민은 신나게, LSD는 흥미롭게 내 삶을 바꾸어주었다. 이 모든 약물 마술의 대가로 나는 조금씩 조금씩 나 자신을 팔아넘겼다. 나라는 인물상을 형성하는 데 결정적인 이 중요한 시기에 한 경험들은 상당수가 전혀 기억에 남아 있지 않은데, 그나마 떠올릴 수 있는 기억 중에는 기말고사 바로 전날 밤 세인트루이스에서 내슈빌로 장거리 여행을 떠난 일처럼 재미있거나 환상적인 것도 있다. 그 외 수치스럽거나 위험한 경험들, 가령 왠지 차 안의 대시보드나 도로표지판보다 가로등불이 운전에 훨씬 도움이 되는 것만 같아 조부모님의 서버번 차창 밖으로 머리를 내밀고 몇몇 친구들을 지붕에 매단 채 다 같이 약에 취해 달렸던 일이라든지, 데이트 상대가 따분하다는 이유로 마이애미에서 모르는 사람의 스피드 보트에 기어 올라간 사건 같은 것도 있다. 그렇지만 대부분은 고통스러웠던 기억이다.

　나는 캘리포니아의 주립학교에 다니기를 꿈꿨으나 어머니가 대학 지원서를 작성했기에 도심지의 기독학교에 다니게 되었다. 훌륭한 선생님을 만나 첫 학기를 그럭저럭 보냈지만 내가 동족을 만나기까지는 긴 시간이 걸리지 않았다. 두 번째 학기가 시작되었을 무렵에는 위조 신분증을 소지하고 있었고, 어디에서 대마를 손에 넣을 수 있는지까지 알게 되었다. 그럼으로써 나는 고등학교를 졸업한 뒤로 끊어졌던, 약에 얼큰하게 취한 생활을 이어나갈 수 있었다. 대학을 부모의 감시에서 벗어날 기회의 장으로 여긴 이가 나뿐만은 아닐 것이다. 내가 원하는 것을 할 수 있는 자유는 짜릿하기 그지없었다. 나는 대부분의 시간을 술과 파티로 보냈고 공부하거나 수업에 가는 일은 최후의 선택지로 남겨두었다.

이 모든 자유의 끝은 어디였을까? 어느 날 오후 기숙사 침대에 몽롱한 채로 절망에 가득 차 누워 있던 일이 생생하다. 학생들이 내 방 창문 앞 복도를 지나며 재잘댔다. 제출 기한이 다가왔거나 이미 지나버린 과제들이 있었고, 친구들과의 저녁 약속도 있었다. 하지만 나는 평소보다 훨씬 더 지독한 공허감과 무가치감에 짓눌려 꼼짝도 할 수 없었다. 내가 속한 상황에서 그런 위기를 촉발한 원인이 무엇이었는지는 도무지 알 수가 없다. 지금도 특히 초기 단계에서는 약물사용이 공허감과 무가치감을 야기하는 것 못지않게 큰 치료 효과를 줬다고 생각하니까. 이따금씩 순간적인 불행과 성취가 존재하기는 했지만, 이유가 무엇이든 나에게는 내 삶 전체가 아무런 목적 없이 그저 제 한 몸 건사하기만을 바라며 흘러가는 궤적처럼 여겨졌다. 어디에서 시작되었는지, 어디를 향해 가고 있는지도 모른 채 반사적으로 행동하고 살아가는 나날이 만들어내는 궤적. 더구나 내 삶이 다른 이들의 삶과 별다른 차이가 있는 것 같지도 않았다. 우리는 물을 자각하지도 못하면서 자기 이익 외에는 아무런 관심도 없는, 그저 제자리만 맴도는 물고기 같은 존재였다. 이러한 생각들이 내 가슴과 배에 뻥 뚫린 회색빛 무형의 구멍을 일깨웠다. 우리는 모두 완전히 혼자였고, 우리가 행하는 모든 노력은 죽을 때까지 제정신을 유지할 수 있도록 도와주는 망상을 이어나가는 데 초점이 맞추어져 있었다.

내가 생각할 수 있는 유일한 이성적 반응은 스스로 목숨을 끊는 것이었지만, 문득 미학적인 측면에서 이 모두가 너무 한심하다는 사실을 깨달았다. 모든 것이 덧없다고 생각했음에도 나는 여전히 쓸데없는 허영이 있었고, 기숙사 창문에서 뛰어내리는 건 아무래도 내 스타일이 아니었다. 대신 그날 오후는 내 중독 인생의 전환점이 되었다. 약물을 상당히 애용하는 측에 속했던 나는 그날 이후 정말 제대로 약에 몰두하기 시작했다. 내 행동은 점차 무모해졌고, 스스로를 냉혹한 광기를 띤 존재라고 여기던 관점에 걸맞는 인생으로 빠르게 휘몰아쳐 갔다.

나를 압도하는 깊은 공허감에 대한 나의 반응은 그 구멍 안으로 뛰어드는 것이었다. 나는 이른 아침이 되어서야 취하고 몽롱한 상태로 혼자 이스트세인트루이의 바에서 터벅터벅 걸어 집으로 돌아가곤 했다. 프리베이스 코카인*(크랙 직전 세대)을 즐긴다는 점 외에는 나와 아무런 공통점도 없던 사람들과 저소득층 주택단지에서 시간을 보내는 사이 정작 '그들'의 파트너와 아이들은 창문도 없는 침실

---

* 가열하여 증기를 흡입하기 위해 분말 형태인 코카인염salt에 에테르 등의 휘발성 유기용매를 첨가한 것이 프리베이스이며, 프리베이스의 폭발 위험성을 보완한 것이 순수 코카인과 베이킹파우더 등의 약염기를 물에 함께 녹여 만든 크랙 덩어리다.

에 틀어박혀 텔레비전을 보는 생활이 몇 주나 계속되기도 했다. 결국 나는 온갖 추악한 장소에 완전히 무방비로 떨어졌고, 내 앞에 있는 것이 누구든, 무엇이든, 그를 대상으로 나의 기지를 시험해보는 일이 어쩐지 죽음을 기다리는 시간을 덜 따분하게 보내는 방법이라고 여겼다.

학교에서는 내가 휴학하는 편이 좋겠다고 결정했고, 때마침 부모님도 그동안 나에게 속았음을 깨달았다. 우리 집 진입로에서 부모님이 앞으로 나에 대한 금전적인 지원을 모두 끊겠다고 선언한 날이 기억난다. 건장한 고등학교 미식축구 선수인 남동생이 길거리에서 통곡하기 시작했을 때쯤에는 가족들에게 미안하다고 말했다면 참 좋았겠지만, 실은 들뜬 기분만 가득했다. 구속은 끝났다! 더 이상 권위에 굽실거리고 눈치 볼 필요도 없다! 핵심적인 측면에서 나와 쌍둥이 같았던 여자 친구가 나를 데리러 왔고, 우리는 돈을 모아 블렌더, 주스, 그리고 보드카 8리터가량을 구입한 뒤 하워드존슨**에 체크인했다. 어른으로서 나의 첫 생활은 그렇게 순조롭게 시작되었다.

그로부터 3년 여간 나는 거짓말과 변명으로 순간순간을 겨우 모면하며 거처와 일자리를 옮겨 다녔다. 유일하게 꾸준히 유지한 것은 약물사용뿐이었다. 직업이나 집, 그 밖의 일상적인 자원들의 유무와 관계없이 취할(그리고 얼마간 그 상태를 유지할) 방법이라면 언제든

***

**   대중적인 3성급 미국 호텔 체인으로, 현재 전 세계에 300여 개 지점이 있다.

찾아내고야 말았다. 계산대에서 돈을 슬쩍했다는 이유로 해고를 당하기 전까지는 철로 위에 자리한 팁스 태번이라는 이름의 격이 떨어지는 바에서 일했다. 단골들은 금요일 오후면 외상값을 갚기 위해 급료를 들고 바에 찾아와 밤이 다 가기 전에 다시 외상을 했다. 부모님은 정말로 나와 멀어졌고, 나는 가족과 거의 왕래가 없었다. 할아버지의 장례식에서 퀘일루드quaalude*에 절어 아무런 감정도 들지 않는 와중에 어떻게든 그 상황에 적절한 표정을 지어보이려고 애쓰던 일도 어렴풋이 기억난다. 내가 할아버지의 죽음을 비롯하여 무언가를 애도할 수 있게 된 것은 그로부터 한참 뒤, 물질사용을 끊고 어느 정도 시간이 흐른 뒤였다.

한번은 신호등 앞에서 두툼한 대마 꽁초를 반쯤 빨아들이며 왼쪽으로 시선을 돌리다가 인사를 하던 부모님의 손이 그대로 허공에 얼어 붙는 모습을 보고 말았다. 눈부시게 좋은 날이었다. 우리는 서로 재빨리 고개를 돌렸다. 부모님의 얼굴에 떠오른 반가움이 순식간에 슬픔으로 바뀌던 장면이 지금도 눈에 선하다. 나는 우리가 한 교차로에서 마주칠 일은 없을 거라고 생각했지만 사실 우리 동네는 그리 크지 않았고, 나는 대마를 입에 물고 맥주 몇 잔이나 폭탄주를 마시지 않고는 **절대로** 차에 오르는 법이 없었다. 물밀 듯 밀려오는 수

---

* 진정제의 일종으로, 관련해서는 미국의 국민적 코미디 스타 빌 코스비가 성폭행 목적으로 여성에게 사용한 사건이 유명하다.

치심에 사로잡혔으나 이는 고작 가던 방향을 바꾸어 약을 한 번 더 할 때까지 지속되었을 뿐이었다. 지금은 부모님에게 느끼는 것만큼이나 자제력이 없던 과거의 나에게도 측은한 마음이 든다.

가령 주사기를 처음 사용하기 10초 전까지만 해도 나는 내가 스스로 약물을 주사할 일은 없으리라 생각했다. 대부분의 사람들과 마찬가지로 나 역시 주사기는 하드코어한 사용법이라고 여겼으니까. 주사를 맞기 전까지는 말이다. 마지못해 제안을 받아들이기 전에 순간적으로 나는 내가 앞으로도 스스로 투약 여부를 선택할 수 있다고 생각한 것 같다. 이 선을 넘는 일이 결국 두 번째를 지나 n번째까지 이어질 당연한 수순임을 알아차리지 못하고, 그냥 한 번 해볼까 하는 가벼운 마음에서 시도해 보는 것이라고 여겼다. 코카인은 내가 미처 그 존재를 느끼기도 전에 내 미각과 청각을 강타했다. 혀 뒤에서 신기하게 톡 쏘는 맛이 느껴지고 귀에서는 화재경보기 같은 소리가 울려댔다. 그러고는 느껴졌다! 따뜻한 희열의 파도가 코로 흡입할 때보다 훨씬 더 풍부하게 다가왔다. 몸과 뇌가 점차 따뜻해지고 축축하게 젖어들어 즐거워했으며, 나는 삶의 아름다움에 감사함을 느꼈다. 허풍이 아니라, 몇 분 뒤에는 급기야 내 차례를 건너뛰는 일이 생기지 않도록 내가 주사기를 담당하기까지 이르렀다. 조금 더 뒤의 일이긴 하지만 이런 식으로 코카인을 하는 습관은 밑바닥을 경험하는 시기를 앞당기는 결과를 낳았다.

비록 기회만 있으면 가게를 털고 신용카드를 훔쳤지만 적어도 나 자신은 여전히 나를 좋은 사람이라고 믿었다. 어느 정도는 나도 친구들을 믿을 수 있었고 그들도 나를 믿을 수 있었으니까. 여기서 어느 정도라고 꼬집은 이유는 우리가 굉장히 중요한 물건(약물 말이다)을 앞에 두고는 거짓말하거나 상대를 속이거나 서로의 것을 훔치리라는 사실을 다들 알고 있었기 때문이다. 예를 들어 약을 사기 위해 돈을 모을 때는 거래 장소로 다 함께 이동하는 편이 현명했다. 행여 한 명이나 일부가 찾으러 나갈 경우 우리 손에 들어올 땐 봉지가 처음보다 가벼워진 상태일 것임을 모두 알고 있었다. 어느 누구도 믿을 만하다고 여길 수 없었다!

한번은 이런 일이 있었다. 남자 친구와 내가 독립기념일 불꽃놀이를 보러 옆 동네에 가기로 했을 때 일하다가 만난 것 같은 지인 한 명이 그날 별다른 약속이 없다고 해서 우리는 그 사람도 불러냈다. 당시 나는 그가 외톨이인 데다가 약간 서글퍼보여서 안됐다고 생각했고, 나와 남자 친구는 기꺼이 그와 저녁 시간을 함께할 만큼 친절한 사람들이었다. 그렇게 우리는 축제 내내 함께 술을 마시며 담배를 피웠다. 그리고 다음날 차 뒷자리에서 300달러짜리 돈 뭉치를 발견했다. 남자 친구와 나는 상의 끝에 그 돈을 가지기로 결정했다. 내 느슨한 기준에서 보아도 이 일이 도덕적이지 않다는 것쯤은 분명했는데, 딱히 정당하다고 할 만한 명분을 찾기가 매우 어려웠기 때문이다. 기껏해야 우리가 그 친구에게 친절을 베풀었다거나 월세를 내야 한다는 정도가 고작이었다. 나중에 그가 물어왔을 때 나는 아무런 의

심도 하지 않는 그의 눈을 똑바로 바라보며 말했다. "아니, 못 봤는데. 재수 옴 붙었네." 나 역시 그 돈이 그에게 꼭 필요하며 내 행동은 변명의 여지없이 잘못됐다는 것을 알고 있었다. 결국 남자 친구와 나는 그 돈을 코카인 여덟 봉지를 사는 데 써버렸다.

또 이런 적도 있다. 우리 옆집에 살던 조니는 베트남전쟁 참전 용사로, 고등학교 뒤편 쓰레기 같은 집에서 생활하고 있었다. 얌전하고 꿈도 희망도 없던 그는 너무나도 외로운 나머지 우리에게 자신의 약을 나누어주었다. 조니의 인생 최대의 꿈은 정맥으로 약을 주입받으며 영원히 병원 침대에 누워 지내는 것이었다. 다른 상황에서 만났다면 그와 친구가 될 수 있었을지도 모르지만 우정이란 본래 서로를 신뢰하며 상대의 안녕을 지지해주어야 비로소 성립한다. 어느 날 그의 지저분한 방에서 함께 주사기로 코카인을 하고 있는데 갑자기 그가 눈을 뒤집더니 경련을 일으키며 쓰러졌다. 난 자리를 피하며 생각했다. "다음에 약을 할 일은 없을 것 같네." 그는 그날 죽지 않았지만 당시 방에 있던 세 명 중 지금까지 살아 있는 사람은 나뿐이다.

이런 이야기를 하는 것은 독자들을 불편하게 하거나(만약 그랬다면 유감이다) 내가 진정한 중독자로서 충분한 자격을 갖추었음을 보이기 위해서가 아니다. 나의 이야기를 털어놓은 가장 큰 목적은 중독 경험을 폭넓게(이어지는 장에서 소개하듯) 서술할 뿐만 아니라 깊이 있게 묘사하기 위해서다. 나는 내가 근본적으로 좋은 사람인데 운이 나빠 나쁜 무리와 어울렸다든지 유전자, 신경화학, 부모, 개인사적으로 형편없는 배경을 가졌다고 생각하지는 않는다(이 모든 것이 분명 어떤 영향을 미치기는 했겠지만 말이다). 내가 본질적으로 남들보다 악한 사람이라고 여기지도, 남들과 특별히 다르다고 생각하지도 않는다. 다리 밑이나 감옥 안에서 주어진 하루를 소진하는 사람들과도, 같은 맥락에서 학부모회를 운영하는 사람들이나 공직에 나서는 사람들과도 별다를 것 없다고 생각한다. 우리는 수많은 선택과 마주하는데, 그 선택들에 좋고 나쁨, 질서와 무질서, 삶과 죽음을 선명하게 구분해주는 선 따위는 존재하지 않는다. 어쩌면 누군가는 규칙이나 관습을 따랐기 때문에 자신이 순수하고, 안전하고, 지금 누리는 유복한 상태를 누릴 자격이 있다고 착각하며 살아갈 것이다. 하지만 만약 세상에 악마가 있다면 그건 바로 우리의 내면에 있다. 내가 가진 가장 큰 자산은 바로 나의 주적이 외부에 있지 않다는 깨달음이다. 그 덕에 나는 내가 겪는 모든 일에 감사를 느낀다. 우리는 모두 잘못된 길을 갈 가능성을 안고 있다. 그렇지 않다면 사실상 자유가 없는 것과 마찬가지일 테니까.

내가 배운 것은 중독의 반대는 단순히 약물에 취하지 않은 상태가 아니라 자신의 삶의 방향을 스스로 선택할 수 있는 상태라는 사실이다. 나같은 사람들에게 약물은 자신이 자유로운 존재임을 망각하게 만드는 잠재적 도구로 작용한다. 하지만 그 누구라도 수없이 다양한 경로를 통해 직업이나 가족, 그리고 그 밖의 여러 가면과 익숙한 허울 들을 벗어 던지고 탈선을 감행할 수 있다. 제임스 볼드윈James

Baldwin의 표현처럼 '자유란 견디기 힘든 것'이다. 만약 우리를 둘러싼 상황이 얼마나 쉬이 변할 수 있는지 알아차리지 못했다면, 그저 앞으로도 자신의 습관과 은행 계좌를 비롯하여 삶을 지탱하는 버팀목들이 무탈하게 제자리를 지킬 수 있기를 기도하기 바란다.

모든 회복은 밑바닥에서 시작된다

⚡

흔히 모든 회복은 밑바닥에서 시작된다고 말한다. 당시 내 생활 방식으로는 더한 곤경에 처하는 것이 마땅함에도 불구하고 큰 사고 없이 중독 생활이 끝난 것은 기적이었고, 이를 분명히 해두는 편이 내가 지금 가진 것보다 더 많은 것을 누릴 자격이 있다고 생각하는 쪽보다 훨씬 낫다. 이 모든 것의 끝은 딜러가 나에게 엉뚱한 약봉지를 건네고, 친구가 우리를 만족시킬 만큼 충분한 양의 코카인은 존재할 수 없을 거라는 놀라운 통찰을 들려주었던 1번 국도의 특별할 것 없는 식당 뒤에서 시작되었다.

그 이후로 쭉 스티브의 말이 구슬이 수로를 따라 굴러가듯 귓가에 맴돌았던 것을 보면 아마도 대단히 깊은 감명을 받았던가 보다. 인과관계는 분명하지 않지만 아마도 그때가 내가 코카인에 진탕 취했던 마지막 순간인 것 같다. 결국 나는 에이즈 바이러스에 걸릴 위험을 간신히 넘기고 금전적으로 아주 조금 나아져서 친구 몇몇과 모은 돈으로 방 하나 딸린 아파트를 계약할 수 있었다. 집에 산다는 것은 다리나 부두 아래 생활에 비해 큰 이점들이 있는데, 이를테면 약을 하고 난 빈껍데기 더미라든지 여타 방탕의 흔적들을 숨길 개인공간을 가질 수 있다는 점이다. 또한 아파트에는 냉장고가 있고, 전기도 흐르므로 더욱 쉽고 효과적으로 맥주를 차갑게 보관할 수 있었다. 그러자 구비해두는 맥주의 단위가 40온스짜리 병맥주가 아닌 궤짝으로 바뀌었다. 화룡점정으로 당연히 화장실도 있었다. 나의 저 깊은 곳을 들여다볼 수 있는 장소. 평소에도 몸단장을 하는 편은 아니었지만 어느 날에는 일어나자마자(즉 체내에서 약물의 상승효과가 바닥난 최악의 순간) 나 자신의 끔찍한 모습과 마주했다. 거울에서 불과 3인치 떨어진 곳에서 나는 나의 두 눈을 자세히 들여다보았고, 바닥이 보이지 않는 심연을 또렷하게 보았다. 마치 내 영혼을 들여다보는 듯한 느낌이 들었는데, 거기서 직면한 것은 내가 그동안 계속해서 시달렸던 공허보다 훨씬 더 비참했다.

　나는 곧장 대마를 한 대 피우기 위해 돌아섰지만 적어도 한동안은 그날의 소름끼치는 기분을 떨쳐낼 수 없었다. 너무나도 쓸쓸한 진실에 마음을 온통 사로잡혔고, 내가 써온 회피 전략들이 마치 교수대에 가져다둔 장식처럼 느껴졌다. 나에게는 거울 앞에서의 그 순간이 바로 나의 밑바닥을 본 때였다. 아마도 수년 사이 나 자신을 가장 가까이 들여다본 때인 데다가, 비록 내가 본 모습이 나의 전부는 아닐지언정 내가 가진 환상들 중 다수를 깨부수기에는 충분한 존재감이었기 때문일 것이다. 그 뒤로 3개월간 아무리 많은 약을 해도 그 이미지를 지울 수가 없었다.

아버지가 나를 찾았을 때, 마침내 댐은 무너져 내렸다. 아버지와는 몇 년 동안이나 말을 하지 않고 지냈기에 그가 내 스물세 번째 생일을 기념하여 저녁 식사를 제안했을 때는 깜짝 놀랐다. 하지만 가족의 연은 깊었으며, 온갖 독선적인 분노 아래 나 역시 아버지의 사랑과 인정을 바라는 마음이 있었으므로 나는 제안을 기꺼이 받아들였다.

아버지와 함께 식사하기로 한 날 나의 가장 큰 고민거리는 아버지와의 대화로부터 나를 보호하면서도 똑바로 앉아 있을 수는 있을 정도로 투약량을 조절하는 일이었다. 나로서는 충분히 할 법한 걱정이었다. 당시 나에게 어떠한 기대가 요구되는 관계는 전무했고, 특히 거의 매일 오후가 되어서야 일어나는 상황에서 '이른' 저녁을 먹기 전에 전날 한 약에서 완전히 깨어나기란 불가능했기 때문이다. 약에 취하지 않는다면 네댓 시간의 빈 시간 동안 대체 뭘 하면 좋을지 전혀 알 수가 없었다. 어쨌든 아버지 차에 올랐을 때는 약기운이 아주 살짝만 남아 있는 상태였고, 나는 겉으로 너무 티가 나지 않기만을 헛되이 바랐다. 몇 분 뒤, 작은 테이블 몇 개로 구색을 맞춘 조그마한 일식당에 도착했다. 딱히 마음을 나약하게 먹은 것도, 뭔가 많은 것을 기대한 것도 아니었다. 아버지가 뜬금없이 내가 그저 행복했으면 좋겠다는 말을 꺼냈을 때 나는 완전히 허를 찔린 기분이었다.

이는 아버지에게 들을 것이라고 예상했던 말이 모두 끝난 뒤에나 나올 수 있을 것 같은 말이었다. 학교로 돌아가라, 똑바로 앉아라, 빌린 돈이나 갚아라, 치아 관리 좀 잘해라 따위의 말들. 그런데 뭐, 행복하라고? 대체 이 아버지는 어디에서 나타난 거지? (지금 아버지는 이 대화를 기억하지 못하며, 그 이후로 어느 누구도 아버지가 이처럼 자신이 절대 하지 않을 법한 말을 하는 것을 듣지 못했다.) 하지만 나의 **행복**을 바란다는 **아버지**의 말은 내 안의 방어벽을 무너뜨렸고, 나는 돌연 내가 얼마나 지독하게 불행한지 한탄하며 된장국에 얼굴을 박고 어린애처럼 엉엉 울고 말았다! 나를 옥죄는 규제와 책임을 회피하고 쉼없이 파티를 하며 하고 싶은 대로만 살았음에도 나는 전적으로 불행했다. 얼마나 불만이 쌓였으면 그동안 수없이 쌓아온 허세 경험치가 무색하게 감상적으로 무너져 내리는 모습을 보이고 말았을까. 아버지는 물론 식당 내 다른 손님들과 종업원, 심지어 주방장에게까지 말이다.

처음 치료를 받기 위해 전문가를 찾았을 때만 해도 나는 치료에 대한 이해와 이를 받아들이려는 마음가짐 모두가 부족했다. 자신이 무엇을 신청했는지 까맣게 모른 채(믿을 수 없겠지만 나는 스파를 상상했다) 언제나처럼 눈앞의 상황을 벗어날 기회를 덥석 물었을 뿐이다. 어른의 특징이란 무엇보다 자신의 좁은 시야에 갇히지 않고 세상을 넓게 볼 수 있는 능력을 갖추었다는 점인데, 그래서인지 치료센터에서 실시한 초기 평가에서 나는 아동 프로그램에 가장 적합할 것이라는 제안을 받았다. 그 평가가 옳았다는 데 동의한다. 부모님이 멀리 미네소타까지 데려다준 것이 참 다행이었다. 내가 아는 사람들이나 물건들로부터 거리를 두지 못했다면 그동안 삶을 망치는 데 활용했던 다양한 수단들과 정면으로 맞서기보다는 틀림없이 무단으로 탈주하기를 택했을 것이다. 그렇지만 부모님 덕분에 나는 치료센터에서 28일을 머물렀고, 그 후 설립 취지와 딱 어울리는 프로그레스 밸리Progress Valley*라는 이름의 여성 중간거주시설**에서 3개월을 지냈다. 있는 그대로 현실을 이야기하자면, 이곳은 주간고속도로 근처에 위치한, 옛날로 치면 수녀원 같은 곳으로 낮잠을 자는 것부터 찻잔을 받치는 법에 이르기까지 모든 것이 규칙에 따라 움직이는 시설이었다.

이곳에서야 나는 알코올과 그 밖의 약물들에 대해 내가 가지고 있던 직관이 사실과 정반대임을 깨닫기 시작했다. 약물은 그동안 내 삶의 문제들에 해결책을 제시해준 것이 아니라 삶이 완전히 텅 빌 때까지 회생의 싹을 조금씩 전부 잘라낸 것이었다. 마음의 안정을 찾기 위해 애쓰던 나는 병을 얻었고, 즐거움을 좇다 불안과 두려움이 지속되는 상태로 지내야 했으며, 자유를 원했지만 결국 노예가 되었다. 겨우 10년 사이, 위안의 원천이었던 약물들은 완전히 나를 배신해 내 삶을 누구도 살 수 없는 깊은 골짜기로 만들어놓았다. 약물이 내 삶

---

*   앞으로 나아가기 위한 골짜기라는 의미.

**   약물사용을 끊으려는 환자들이 사회로 복귀하기 전 임시로 집단생활을 하는 곳.

의 모든 면면을 파괴하고 있었는데도 나의 하루는 쓰러질 때까지 약물을 투약하는 행위를 중심으로 굴러갔다.

스물세 살이 되었을 무렵에는 이미 몇 년 전부터 술이나 약을 삼키거나, 주사를 맞거나, 대마를 피우지 않고는 하루도 버티지 못하는 상태였다. 신나고 흥분되는 기분은 사라진 지 오래였지만 앞으로 평생을 금욕해야 하는 질병에 걸렸다는 사실을 제대로 이해할 수는 없었다. 지금 와서 보니 그 시점에도 약물은 나에게 아주 조금은 탈출구로써 기능했으며, 삶이 내포한 여러 측면에 맨몸으로 노출되는 데 비해 훨씬 매력적인 선택지처럼 여겨졌다. 그러나 하루하루 천천히 죽어가는 삶은 견딜 수 없이 고통스러웠다. 나는 마침내 막다른 길에 다다랐고 향정신성 물질이 있는 삶도 없는 삶도 살아낼 수 없다고 느꼈다. 이렇듯 암울한 상황이 모든 중독자의 현실을 대변하지 않을지는 몰라도 다수의 중독자가 어떤 상태에 처해 있는지, 어째서 상대적으로 소수만이 중독에서 회복하게 되는지를 잘 보여준다. 중독자들은 완전히 소진된 상태에서도 약을 끊는 대가가 훨씬 더 크다고 여긴다. 약이 없다면 살 이유가 대체 뭐란 말인가?

궁극적으로 나에게 회복하고자 하는 동기가 되었던 요인은 두 가지였다. 첫째, 약 없는 삶이라는 미지의 영역에 호기심이 생기기 시작했다. 그간 밑바닥에서만 너무 오래 구른 탓에 뭔가 새로운 곳을 탐험해보는 것도 재미있을 것 같았다. 나는 내가 대담한 성격이라고 생각하는데(맛이 간 딜러나 마약단속국 직원을 침착하게 마주할 정도로),

약을 한번 끊어볼까 하는 결정을 내린 데는 이 같은 담대함이 반, 호기심이 반이었다. 나는 속으로 만일 약을 끊은 뒤의 내 모습이 약에 취해 있던 때보다 더 비참하다면 다시 약을 하겠다고 다짐했다. 그리고 이러한 생활 방식의 변화가 한동안 불쾌하리라는 것을 알았기에 재평가의 날을 분명하게 못 박았다. 언제나처럼 빠져나갈 구멍을 만들어두었던 것이다.

두 번째 동기는 바로 직접 치료 방법을 찾아보겠다는 결심이었다. 지금 돌이켜보면 당시의 오만함이 그저 놀라울 따름이다. 하지만 한편으로는 나를 중독으로 몰고 갔던 나의 특질 중 일부가 내가 좋은 과학자로 거듭나는 데도 도움을 주었다는 생각이 든다. 끝 모르는 호기심, 위험도 기꺼이 감수하려는 마음가짐, 불독 저리 가라 할 정도의 끈기까지. 이 모든 것이 내가 신경과학자로서 성공하는 데 기여했다.

무엇보다도 약물과 중독, 뇌에 관한 지식을 습득하면서 나는 나처럼 절망적인 상황에 처한 이들에게 연민을 가지게 되었다. 내가 얻은 지식들은 세상에 보다 나은 선택지들이 있음을 알려주었고, 내가 약을 끊은 채 살아갈 수 있게 도와주었다. 행복을 가져다주기는커녕 치명적이기까지 한 이 취미 생활에 가담하는 것이 매우 무모하고 위험한 짓이라는 사실을 밝힘으로써 나의 책이 누군가를 자유로 나아갈 수 있게 이끌어주기를 바란다.

차례

4. 꿈과 현실을 오가는 지옥의 흔들다리: 아편

5. 가장 단순하고 가장 파괴적인, 인류의 영원한 친구: 알코올

6. 대중화된 처방약물: 진정제

7. 오늘만 사는 이들을 위한 에너지 대출: 각성제

8. 예측 불가능한 신비로운 세계로의 초대: 사이키델릭 환각제

9. 뜻이 있는 곳에 길이 있나니: 기타 남용약물들

10. 나는 어째서 중독에 빠진 걸까?

11. 중독의 해결법을 찾아서

1

✴

뇌가 사랑한 최고의 미식

✦

자연과 지혜는 결코 서로 다른 말을 하지 않는다.

유베날리스 Juvenal(AC 60~130)

뇌는 어떻게 중독에 빠지는가

중독을 치료하고 싶다면서 왜 나는 의사나 심리치료사, 혹은 자기계발 구루가 되는 대신 신경과학자가 되기를 택했을까? 당시 많은 사람이 그랬듯 나 역시 내 머리통 안에 든 고작 몇 파운드짜리 지방질 덩어리가 내 모든 문제의 궁극적인 책임자라고 믿었다. 의학적·사회적 중재법들이 정말 효과가 있다 치더라도 뇌 기능에 영향을 줌으로써 그 효과를 발휘할 터였다. 그러므로 내 안에서 충동을 일으키고 특정 물질을 강렬하게 원하게 하는 상태의 기저에 어떠한 신경학적 기제가 작용하고 있는지 이해하는 편이 가장 단순하고 효율적인 방법이라고 여겨졌다. 세 번째 술잔을 비우고 네 번째 잔으로 넘어가는 사이라든지 약이 들어 있는 봉지가 눈에 띨 때마다 작동하는 스위치

세포를 찾은 뒤 이걸 계속해서 '꺼짐' 상태로 유지하는 방법만 알아
낸다면 아직까지 연락을 이어가는 몇 안 되는 사람들에게 심한 말을
하거나 아주 짧은 순간의 스릴을 위해 가진 돈을 전부 쏟아붓거나 정
신을 놓은 채 댈러스까지 차를 몰고 가는 짓들을 하지 않을 수 있을
지도 모른다. 요컨대 '교양인'이 될 수 있는 것이다. '뇌가 곧 나'라는
관념은 여전히 전 세계의 수천만 신경과학자가 인간의 경험을 신경
구조물, 화학적 상호작용, 유전자와 연결시켜 이해하는 데 길잡이 역
할을 하고 있다.

그럴 듯한 이야기지만 아무리 멋들어진 가설일지라도 결정적인
데이터를 대신할 수는 없다는 점을 분명히 할 필요가 있다. 시간이
흐르면서 우리는 장 속의 박테리아부터 중학교 시절 인간관계에 이
르기까지 사실상 모든 요소가 부분적으로 우리의 행동을 결정한다
는 것을 알게 되었다. 실제로 최근에는 뇌라는 구조물이 커튼 뒤에서
무대를 지휘하는 감독보다는 우리 삶이 실연되는 무대 쪽에 가깝다
고 여겨지기 시작했다. 그렇지만 우리의 모든 생각과 감정, 의도, 행
동 들이 적어도 뇌의 전기적·화학적 신호들과 '상관'은 있다고 추정
하는 편이 타당한데, 그 밖의 다른 설명을 뒷받침할 증거가 단 하나
도 없기 때문이다.

뇌와 척수를 일컫는 중추신경계central nervous system, CNS가 상상을
초월할 만큼 복잡하기는 하지만 사실 이를 구성하는 세포들이 하는
일은 끊임없이 두 가지 과제를 수행하는 것이다. 바로 환경에 반응

하고 적응하는 일이다. 이 두 가지 기본 기능이 곧 약물이 어떻게 우리 몸에 작용하고, 또 어떻게 중독으로 발전하는지를 이해하는 데 핵심이 된다. 이 장에서는 약물이 어떻게 뇌에서 효과를 발휘하는지 살펴보고, 이어서 다음 장에서는 뇌가 어떻게 이 같은 효과에 적응하며 그 과정에서 중독에 빠지는지 살펴보도록 하자.

중추신경계는 우리가 환경과 상호작용하는 유일한 수단이다. 신경계의 물리적 영역 대부분은 우리 주변에 존재하는 것들을 감각하고 지각하고 반응하는 데 활용된다. 이에 철학자부터 소설가까지 수많은 훌륭한 사상가들이 만약 환경과의 접촉이 없다면 우리는 어떠한 존재가 되었을지를 두고 추론을 펼쳤다. 우리가 품는 의도나 감정, 행하는 활동 들이 모두 어느 정도는 자극에 의해 유발된 것이 아닐까? 고전적인 반전反戰소설《조니, 총을 얻다Johnny Got His Gun》는 자신을 둘러싼 세상을 감각할 수도, 그에 반응할 수도 없는 삶이란 어떠할 것인가라는 질문을 던진다.[1] 책에서 주인공 조니는 전장에서 죽을 고비를 넘기고 병원 침대에서 눈을 뜬다. 그는 자신이 팔다리와 얼굴을 잃고 움직이지도, 말하지도, 보거나 듣지도, 냄새를 맡지도 못하게 되었다는 사실을 깨닫는다. 그리고 이야기는 조가 주변 환경과 상호작용할 수 없는 상황에서 깨어 있는 상태와 잠든 상태를 구별할 것인가와 같은 문제를 고민하며 자신의 한계와 맞서는 수 년 동안의 일들을 그린다.

여기서 조니가 처한 역경은 틀림없이 악몽 같겠지만 우리 역시 그 누구도 주변 환경을 정확하게 경험하지 않는다. 전혀! 가령 많은 곤충이 우리에게는 보이지 않는 자외선을 똑똑히 볼 수 있다. 마찬가지로 인간은 주파수가 매우 높거나 낮은 공기 분자의 진동을 탐지할 수 없는데(반면 박쥐나 코끼리는 쉽게 지각한다), 그로 인해 아주 고음이나 저음의 소리는 아무리 울려도 들을 수 없다. 아울러 우리는 인간보다 천 배가량 후각이 발달한 개에 비해서는 시력이 좋지만 그 역시 비둘기에는 훨씬 못 미친다. 그러니까 우리 모두 일정 부분은 신경계의 포로인 셈이다. 심지어 같은 종 내에서도 개인마다 감각 능력에 차이가 있으며, 개인 또한 일생 동안 급격한 변화를 겪을 수 있다.

예를 들어 일반적으로 여성이 남성에 비해 더 높은 음의 소리를 탐지할 수 있지만 모두 나이가 들면서 성별에 관계없이 고음에 대한 민감도가 낮아진다. 또 우리는 대부분 세 가지 유형의 색 탐지 뉴런의 종합적인 활동으로 수천 가지 색깔을 지각하는 삼색형 색각자trichromat다. 그런데 일부 운이 좋은 사람들은 돌연변이 덕에 네 번째 유형의 색 탐지기를 추가로 가지고 있다. 이들은 자신의 이러한 능력을 자각하지 못하더라도 화가나 디자이너 계열의 직업을 택하는 경우가 많다. 이 같은 사실을 통해 알 수 있는 가장 중요한 사실은 우리의 감각이 주변 환경을 고도로 필터링하여 실제 세상의 극히 단편적인 조각들만을 제공함으로써 우리가 받아들이는 경험에 제약을 가한다는 점이다.

중추신경계가 지닌 특별한 능력 중 하나는 주변 환경의 신호들을 자신이 해석할 수 있는 언어인 전기적·화학적 에너지로 변환하는 것이다. 모든 남용약물이 신경계에서 감지된다는 것은 연못에 던져진 조약돌이 잔물결을 만들어내듯 약물들이 확실하게 전기적·화학적 뇌 활동에 변화를 만들어낸다는 것과 같다. 10대 시절 내가 막 약물을 실험적으로 사용하기 시작했을 때, '약물사용, 당신의 뇌를 이렇게 만듭니다'라는 문구와 함께 프라이팬에 떨어뜨린 계란이 지글지글 익어가는 장면이 나오는 텔레비전 공익광고가 있었다. 이는 약물사용이 뇌를 방부처리액에 담그는 행위와 같음을 시사한다. 이 광고는 사람들의 주의를 끌었는지는 몰라도 주장하는 바는 완전히 허점투성이어서 겨우 9학년 수준의 비판적 사고를 갖춘 나조차도 그 맹점을 꿰뚫어볼 수 있었다. 사실 약물은 물론 선전propaganda, 삼림욕, 친구와의 점심 식사, 사랑에 빠지는 일, 말하고자 하는 바를 명확히 전달하거나 그러지 않는 대화, 무언가를 판매하거나 하지 않는 상황, 원하는 성적을 거두거나 그렇지 못하는 경우를 비롯해 우리가 경험하는 모든 일이 프라이팬 위에 놓인 우리의 뇌에 구조적·기능적 변화를 일으킨다. 그것이 바로 '경험'이 경험이라고 일컬어지는 이유이다. 스키 타는 뇌, 공상하는 뇌, 분노하는 뇌, 공포에 빠진 뇌. 경험의 물결이 이처럼 지속적으로 변화의 흐름을 만들어내므로 우리의 뇌는 강만큼이나 유동적일 수밖에 없다. 우리는 이렇게 저렇게 변화하며 자신이 속한 환경에 적응하게 되는 것이다.

그러니까 무언가를 경험하기 위해서는 신경계가 먼저 그 경험에 의해 변화되어야 한다. 이 지속적인 변화라는 본질은 하나의 모순을 낳는데, 이 같은 변화를 지각하는 유일한 방법이 신경적 변화가 발생하지 않은 안정상태와 비교하는 것뿐이라는 사실 때문이다. 우리는 매일같이 변화무쌍한 환경을 마주하는데, 만약 신경활동이 이 모든 입력 신호에 일일이 반응한다면 마치 폭풍이 불어 닥치는 바다에 서 있는 것 같은 상태가 되어 수면에 조약돌 하나, 바위 덩어리 하나 던져지는 정도의 미미한 변화만으로는 그 영향력을 알아차릴 수가 없다. 이를 신경학적 용어로 신호대소음비signal to noise ratio가 너무 낮은 상태라고 한다. 자극을 탐지하기 위해서는 의미 해석을 떠나 신경 신호 자체가 배경 소음보다 훨씬 크든지, 아니면 소음을 억눌러야 한다.

뇌는 기본적으로 대비 탐지기 역할을 수행한다. 우리가 일상적인 상태와 확연하게 다른 경험을 하게 되면 뇌의 특정한 회로에서 신경화학적 변화가 일어나 먹거나 마시거나 성관계를 할 기회, 위험이나 고통, 아름다움이나 쾌락이 주어지는 상황처럼 우리가 중요하다고 여기는 온갖 정보를 알려준다. 뇌가 이 대비 탐지 작업을 수행하는 데 핵심이 되는 안정적인 기저선을 유지하는 능동적인 과정을 항상성homeostasis이라고 하며, 이는 설정값, 비교 대상, 조절 기제를 통해 이루어진다. 이러한 원리는 인간의 체온이 약 36.5도로 유지되는 현상을 통해 이해하면 쉽다. 우리의 몸은 체온이 이보다 높아지거나 낮아지면 이를 알아차리고 땀을 흘리거나 신체를 떠는 등 본래의 기저 온도로 되돌리려고 한다. 기분 역시 정상적인 상황에서는 좁은 범위안에서만 변화한다. 우리가 일상적으로 경험하는 기분은 자신이 개인적으로 정해둔 중립상태의 괜찮음인데, 만약 이 상태가 기본으로 유지되지 않는다면 '좋은' 혹은 '나쁜' 사건을 감지할 수 없을 것이다.

항상성에 대해서는 추후에 더 자세히 다루기로 하고, 지금은 남용약물이 강력한 힘을 발휘하는 원인, 즉 대비 탐지기를 장악하는 능력에 관해 이야기해보도록 하자.

쾌락의 중추, 중변연계 도파민

✦

1950년대, 두 명의 캐나다 연구자가 당시로서는 전형적인 실험을 시행했다.[2] 이들은 전신마취한 쥐 뇌의 특정한 신경회로에 전극(전류를 전달하는 가느다란 전선)을 심었다. 쥐가 완전히 회복한 뒤, 연구자들은 전극을 심어둔 뇌 영역에서 발생하는 자연적인 신경활동이 쥐의 행동에 미치는 영향을 살펴 해당 회로의 기능을 밝히고자, 전극을 통해 신경활동을 모방한 약한 전류를 흘려보냈다.

처음에 제임스 올즈James Olds와 피터 밀너Peter Milner는 자신들이 호기심에 반응하는 세포를 발견했다고 생각했는데, 실험쥐가 케이지 내에서 전류자극이 주어졌던 장소로 계속해서 되돌아가는 모습을 보였기 때문이다. 그러나 실험을 계속한 결과, 그들은 쾌락 영역을 발견했다고 결론짓고 이를 뇌의 '보상 중추reward center'라고 이름 붙였다. 후속 실험에서 쥐에게 자신의 보상 중추에 자극을 가하는 막대를 누를 수 있게 해주자 쥐는 사실상 아무것도 하지 않고 미친 듯이 막대만 눌러댔다. 쥐는 배가 고파도 전류를 흐르게 하느라 음식을 거들떠 보지 않았고, 전류 흘려보내기에 몰두한 수컷은 짝짓기 준비가 된 암컷(일반적으로 음식보다 훨씬 강력한 자극)도 무시했다. 어떤 경우에는 이 뇌 영역 자극에만 전념한 나머지 굶주림과 수면 부족으로 죽는 결과까지 발생했다.

약물중독과의 유사성은 한눈에도 명백했다. 이후 수십 년간 올즈와 밀너가 규명한 회로를 주제로 한 수천 건의 연구가 쏟아졌고, 해당 회로와 행동의 관계는 물론 해부학적·화학적·유전적 요소들을 밝히는 데 기여했다. 무엇보다 중요한 점은 이들이 가한 전기 자극이 측좌핵nucleus accumbens에서 도파민dopamine 분비를 촉진했음이 밝혀졌다는 사실이다. 이 영역은 안와(눈구멍) 아랫부분 뒤편으로 약 7센티미터 떨어진 곳에 위치하며, 주로 정서에 관여하는 구조물 집단인 변연계limbic system의 일부다. 도파민은 이곳에서 중뇌midbrain로부터 뻗어나온 뉴런에 의해 분비되어 중변연계 경로mesolimbic pathway를 따라 이동한다.

약물은 모두 복수의 뇌 회로에 영향을 미치는데, 신경활동이 발생하는 장소에 따라 약물별로 다른 효과가 나타난다. 중독성 약물들은 공통적으로 중변연계 도파민 체계를 자극함으로써 중독을 유발한다. 지금껏 수많은 연구가 측좌핵에서 중독성 물질들(초콜릿과 핫

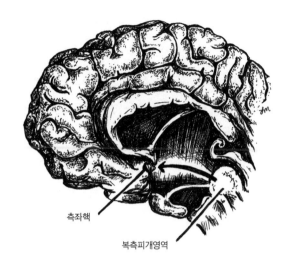

측좌핵

복측피개영역

그림 1 중변연계 경로
도파민은 중뇌의 일부인 복축피개영역에서 측좌핵으로 뻗어 나온 뉴런에 의해 분비된다.

소스 포함!)로 인해 뿜어져 나오는 도파민이 해당 물질이 야기하는 쾌락과 관련 있다는 사실을 보여주었다. 코카인이나 암페타민 같은 일부 물질들은 모든 사람에게 영향을 미치는 반면 어떤 물질들은 중변연계 도파민에 미치는 영향력에 개인차가 두드러지기도 한다(대마나 알코올 등). 또 어떤 물질들은 중독성으로 분류되었지만 사실 중독성을 야기하지 않는 경우도 있다. 가령 환각성 물질인 LSD는 대부분의 연구에서 중변연계 경로를 자극하지 않는 것으로 나타났다. 이 같은 연구 결과 및 여타 관련 근거를 바탕으로 중독 연구자 대다수가 LSD는 중독성 약물이 아니라고 주장한다.

예전에는 소수의 우울증 환자들에게 전극을 삽입하여 스스로 중변연계 경로를 자극하게 함으로써 기분이 나아지는 데 도움을 주는 시술이 이루어지기도 했다. 그러나 불행히도 우울증이 치료되리라는 의사들의 바람과 달리 환자들은 자신의 '막대'를 눌러대는 데만 **온통 정신이 팔렸다.** 아무런 치료 효과가 없는 데다 비윤리적으로 여겨졌기에 임상실험은 그렇게 끝이 났다. 중변연계는 음식을 먹거나 성관계를 하는 등의 행동을 증진하기 위해 진화했으며, 이로부터 얻어지는 쾌감은 전희와 연관된 '스릴'이나 즐거움 같은 정서적 경험과 달리 감정적인 상태가 아니다. 아울러 이제는 쾌락의 반대가 우울이 아니라 안헤도니아anhedonia(무쾌감), 즉 쾌락을 경험하는 능력이 결여된 상태라는 사실이 알려졌다. 물론 우울과 안헤도니아가 서로 완전히 다른 개념은 아니다. 실제 우울증을 앓고 있는 사람 중 상당수가 쾌감 또한 잘 느끼지 못한다. 하지만 일반적으로 중변연계 경로는 우울증을 해결하는 데 진정으로 도움이 되는 안정적인 희망이 아니라 일시적인 즐거움만을 전해줄 따름이다.

물리적으로 뉴런을 절단하거나 약물로 도파민을 차단하는 등의 방법으로 중변연계 경로의 활동을 막으면 유기체는 쾌락을 경험할 수 없게 된다. 그러니까 만약 알코올을 들이켜거나 코카인을 하기 전 어떠한 경로로든 이 체계에 손상이 가해진 상태라면, 특히 이때가 해당 물질을 접한 첫 경험의 순간이었다면, 그 사람은 약물을 사용하는 것을 완전히 돈 낭비라고 여기게 될 것이다(쾌락 외의 효과는 다른 영역에서 발생하므로 약물의 종류에 따라 진정되거나 활동적이게 되는 등 행동상의 변화는 나타날 수 있지만 말이다).

얼핏 이 방법이 좋은 해결책 같아 보일 수 있으나 앞서 의사들이 수행한 우울증 연구와 마찬가지로 윤리적인 문제가 있다. 이 중재법은 음식과 성관계를 비롯하여 그 어떤 것으로도 즐거움을 느낄 수 없게 만들기 때문이다. 대부분의 국가에서 이러한 유의 외과적 중재법을 금지하고 있는데, 중국, 소련 등 일부 국가에서는 이 같은 전략을 통해 재발률을 줄인는 소문도 있다.[3] 하지만 고양감보다는 불쾌한 금단증상을 피하려고 약물을 사용하는 노련한 중독자들에게는 이 방법도 큰 효과를 거두기 어렵다. 게다가 절망적인 습관성 사용 탓에 고통을 겪는 중독자들조차도 이처럼 삶의 즐거움을 통째로 잃어버리는 시술을 자발적으로 받기는 꺼린다. 대부분 차라리 감옥에 가거나 다른 심각한 결과를 겪기를 택하는데, 그 편이 일시적인 쾌락이나마 존재할 가능성이 있기 때문이다. 측좌핵에서 흐르는 도파민 없이는 친구가 보내준 편지, 유달리 아름다운 노을이나 음악, 심지어 초콜릿도 끝없이 암울한 생활이 주는 고통을 덜어주지 못한다.

진화를 뛰어넘는 남용약물의 잠재력

𝄖

최근에는 중변연계 경로에서의 도파민이 사실 쾌락 자체가 아니라 쾌락에 대한 **기대**를 반영한다는 증거들이 속속 등장했다. 이러한 기대 상태는 만족이나 충족감, 해방감보다는 뭔가 중요한 것이 금방이라도 일어날 것만 같은 느낌이 주는, 긴장되고 입맛 다시게 만드는 감각에 가깝다.

중변연계 경로에 도파민을 방출시키는 자극은 쾌락적(성적 자극이나 코카인 등)인 것일 수도 있지만 그 외에도 예상치 못한 것(드라마, 포장지에 싸여 있는 무언가), 새로운 것(여행 등), 추후 흥미로운 사건이 될지 모르는 것(로또), 또는 **정말로** 귀한 것(질식 상태의 유기체에게 주어지는 산소)일 수도 있다. 다시 말해 중변연계는 쾌락 자체를 느끼게 해줄 뿐 아니라 앞으로 뭔가 중요한 사건이 예상된다는 사실을 알려준다. 어쩌다보니 쾌락적인 자극을 주는 것들이 의미 있었을 뿐, 변화무쌍한 환경 속에서 생존을 위해 진화한 유기체에게는 그 외에도 근본적으로 의미 있는 일들이 많이 있다.

중독에서 중요한 역할을 하는 도파민 회로가 또 하나 있다. 뇌 아랫부분의 흑질substantia nigra과 각 반구의 중심부에서 큰 영역을 차지하는 선조체striatum를 잇는 흑질선조체 경로nigrostriatal pathway다. 흑질선조체 경로 내의 도파민은 우리가 어떤 자극에 가까워지거나 멀어지는 행동을 취하게 한다. 측좌핵에서 분비된 도파민이 주변에서 뭔가 새롭고 흥미로운 사건이 벌어지고 있다는 신호를 보내는 과정에서 이 두 번째 회로를 활성화해 우리가 몸을 움직이도록 동기를 부여하는 것이다.

중변연계 경로로 손상이 무쾌감 상태를 야기한다면, 흑질선조체 경로가 제거될 경우에는 어떤 일이 벌어질까? 이때 나타나는 문제는 제법 흔한 것으로, 특히 나이든 사람들에게서 많이 보인다. 흑질선조체 경로에서의 도파민 부족은 바로 파킨슨병의 원인이 된다. 파킨슨병을 앓는 사람들은 자신이 원하는 바를 행동으로 옮기는 데 극심한 어려움을 겪는다. 예컨대 셔츠의 단추를 채우는 것과 같은 단순한 운동 과제에도 정신적으로 어마어마한 노력이 필요하다. 그러니까 파킨슨병은 신체를 움직이려는 욕구와 운동 회로가 모두 정상임에도 **둘 사이를 연결하는 부분**에서 문제가 발생하는 것이다.

파킨슨병 환자들에게서는 어떻게 흑질선조체 병변이 생기는 걸까? 양쪽 경로 모두 나이가 들어감에 따라 자연스레 도파민 수치가 감소하며 새로운 것을 탐색하고자 하는 열정과 그를 실천하는 행동력이 떨어지는 원인이 된다. 하지만 노화가 일어나기 전에도 도파민 활동 정도에는 개인차가 있다. 이는 종 모양 곡선의 표준 분포로 나타나며, 곡선의 왼쪽 끝에 위치한 사람들이 일반적으로 파킨슨병에 걸릴 위험이 높다. 도파민 수치가 낮은 사람은 하고자 하는 바를 실행할 때 행동이 느릴 뿐만 아니라 다른 사람들보다 더 단정하고, 성실하고, 검소한 특성을 보인다. 즉 도파민 활동이 줄어들면 움직임 외의 영역에서도 경직되는 경향이 있다.

정리하면 중변연계 경로의 도파민은 새로운 것에 도전하는 일의 가치를 일깨워주고, 흑질선조체 경로의 도파민은 이를 직접 행동

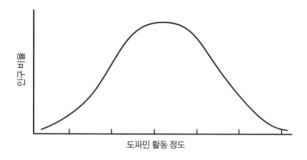

그림 2 도파민 활동 정도를 나타내는 종 모양 곡선
도파민 활동 정도에는 개인차가 있으며 아주 적게 분비되는 인구(왼쪽 끝)과 아주 많이 분비되는 인구
(오른쪽 끝)의 수는 중간 정도로 분비되는 인구에 비해 상대적으로 아주 적다.

으로 실천할 수 있게 해준다. 남용약물(음식과 성관계처럼 자연적인 강
화제도 마찬가지)은 이 두 가지 경로를 모두 자극하므로 약을 하면 기
분이 좋아지고 이를 계속해서 찾게 되는 것이다.

진화론적으로 중요한 자극 중 상당수가 이 두 경로를 자극함으
로써 자연적 강화제로 작용한다. 음식을 먹거나 성관계를 하는 등의
자극은 우리 자신이나 자손의 생존에 도움을 준다는 사실이 명백한
반면 즐거운 사회적 상호작용이나 음악(언어의 전신)처럼 이로움이
비교적 뚜렷하지 않은 자극도 있다. 그러나 그 어떤 자연적 보상도
남용약물들이 품고 있는 잠재력에 비하면 하찮은 수준이다. 이처럼
약물이 대단한 힘을 지니게 된 한 가지 이유는 우리가 그 작용을 스
스로 통제하기 때문이다. 가령 엔도르핀endorphine은 도파민 분비를 촉
진하는 천연화합물로 아편계 약물이 일으키는 효과의 기본 바탕이

된다. 엔도르핀은 운동, 성관계, 단 음식, 스트레스와 같은 다양한 환경적 신호들에 반응하여 합성 및 분비된다. 어떤 경우에는 자연적인 엔도르핀의 파도도 굉장히 강력할 때가 있지만 양귀비 밭과 실험실 테이블에서 만들어져 주사기로 직접 투입되는 화학물질이 일으키는 홍수에는 감히 비할 바가 못 된다.

우리의 통제가 미치는 또 다른 부분은 바로 시간이라는 측면이다. 자연적인 자극들은 점진적으로 일어나는 신경 변화의 연쇄반응 속에서 방출된 화학물질을 통해 중변연계의 활동을 증가시키므로 일반적으로 수 분 정도의 시간이 소요된다. 반면 약물은 빠르게 흡수되어 직접 작용함으로써 도파민을 비롯한 신경전달물질의 농도에 거의 즉각적인 변화를 만들어낸다. 그 차이는 마치 서서히 밝아오는 여명과 스위치를 켜는 순간 강한 빛이 쏟아지는 투광기에 비유할 수 있다. 아울러 약물에 노출되는 간격은 진화론적인 면에서 볼 때 자연스럽지 않은데, 언제 주류상점이나 딜러를 찾을 것인지 스스로 결정하므로 약물사용은 자연적인 자극에 비해 더욱 빈번하고 확실한 자극일 수밖에 없으며, 그 빈도는 아마도 진화가 우리에게 허용한 것보다도 훨씬 더 잦을 것이다. 일반적으로 약물의 사용이 예측 가능하고 빈번해질수록 중독성은 커지게 된다.

중독성 약물을 규정하는 세 가지 법칙

ϟ

중독성 약물은 중변연계 경로를 자극하는 약물을 의미하지만 그 밖에도 모든 약물에 공통적으로 적용되는 정신약리학의 일반적인 법칙 세 가지 있다.

1. 모든 약물은 이미 진행 중인 과정의 속도를 변화시킴으로써 작용한다.

2. 모든 약물에는 부작용이 존재한다.

3. 뇌는 자신에게 영향을 미치는 모든 약물에 대해 그 효과를
   상쇄하는 방식으로 적응한다.

첫 번째 법칙은 약물이 전혀 새로운 작용을 하지는 않는다는 사실을 가리키는데, 약물은 기존의 뇌 구조물들과 상호작용하는 과정을 통해서만 효과를 발휘할 수 있기 때문이다. 이는 곧 약물이 이미 진행 중인 신경활동의 속도를 높이거나 낮추는 식으로만 작용함을 의미하며, 그것이 약물이 가진 능력의 전부이다. 약물들은 저마다 뇌의 특정 구조물에 상호보완적인 화학구조(삼차원 형태)로 이루어져 있으며 해당 구조물과 상호작용함으로써 효과를 낸다. 이를테면 니코틴, 델타-9 THC(대마의 유효성분), 헤로인heroine 같은 약물들은 각각 신경전달물질인 아세틸콜린acetylcholine, 아난다마이드anandamide, 엔도르핀을 대체하여 본래 이 신경전달물질들과 상호작용하기 위해

존재하는 수용체들에 작용하여 효과를 일으킨다. 신체의 외부에서 생성된 외인성 약물들은 대개 신체 내에서 생성된 내인성 신경전달물질을 충분히 모방할 수 있는 형태를 갖추고 있다.

두 번째 법칙은 모든 약물에 부작용이 있다는 사실이다. 정상적인 신경전달물질과 달리 약물은 특정 세포나 회로에만 전달되도록 정확하게 조준되지 않기 때문이다. 약물은 주로 혈액을 통해 전달되어 신경계 전반에 상당히 균일한 농도로 존재한다. 그리고 마주치는 모든 수용체에 마구잡이로 작용한다. 가령 세로토닌serotonin은 (다른 내인성 화학물질들과 마찬가지로) 수면, 공격성, 성행동, 음식물 섭취, 기분처럼 매우 다양한 영역의 행동에 관여하는 신경전달물질이다. 정상적으로 기능하는 뇌에서 세로토닌은 잠을 잘 시간, 싸워야 할 시간, 먹을 시간 등 특정한 시점에 특정한 세포를 겨냥하여 분비된다. 하지만 세로토닌 수준을 높이거나 낮추는 약물은 각각의 정밀한 회로가 아니라 이 모든 영역에 동시에 작용한다. 그래서 기분을 변화시키기 위해 약물을 복용할 때 수면이나 성행동 같은 다른 동기 행동에서 부작용이 발생하는 것이다.

세 번째 법칙은 가장 흥미로우면서 중독과 특히 관련이 깊다. 이 법칙은 뇌가 약물에 어떻게 반응하는가(약물이 뇌에 어떻게 작용하는가가 아닌)에 관한 것이다. 이에 대해서는 2장에서 더욱 자세히 다루겠지만 우선 약물과 뇌의 관계가 양방향성이라는 사실을 짚고 넘어가는 것이 좋을 듯하다. 뇌는 단순히 약물 작용을 수동적으로 받아들이는 존재가 아니라 약물의 효과에 능동적으로 반응하는 기관이다. 뭐가 되었든 뇌 활동에 영향을 주는 약물을 반복해서 사용하면 뇌는 해당 약물과 관련된 변화들을 **상쇄**하기 위해 신경적응adaptation을 일으킨다.

가령 내가 커피를 상당히 좋아하기는 하지만 그 외에는 아주 깨끗한 상태라고 가정해보자. 대부분의 소비자가 그렇듯 나 역시 카페인의 각성 효과를 잘 알기에 커피를 마시는데, 이러한 효과는 뇌에서 각성에 관여하는 신경계 일부의 활동 속도가 높아짐으로써 나타난다. 커피 맹신자가 되기 전에는 아침에 눈을 떴을 때 자신이 그럭저럭 잠에서 깼다고 여겼던 것 같다. 완전히 정신이 들기까지 몇 분 정도 걸리기야 했지만 일주기 리듬circadian rhythm*에 단련된 내 신경계가 하루를 시작하는 효과적인 방법으로 자기 나름의 각성 기제를 작동시켰다. 그러나 지금은 그렇지 못하다. 이제는 아침에 잠에서 깼다고 느끼려면 반드시 커피가 필요하며, 커피가 없다면 침실로 기관차가 쳐들어오는 상황 정도는 되어야만 정신이 들 것 같다. 이렇게 된 이유는 뇌가 매일 아침 휘몰아치는 카페인에 적응하여 본래 새로운 날을 맞이하던 자연스러운 각성 작용을 억누르기 때문이다. 커피를 마시기 전부터 정상적인 상태였다가 커피를 마시면 정신이 번쩍 들던 예전과 달리, 지금은 커피를 마시기 전에는 무기력하다가 두 잔째 마

***

*   대략 24시간 주기를 따르는 생체 리듬.

실 즈음에야 정상에 가까워지기 시작한다.

　이러한 행동상의 변화는 내성(약물의 효과를 얻기 위해 점점 더 많은 양의 약물을 필요로 함)과 의존(약물 없이는 금단증상을 느낌)의 상태를 잘 보여준다. 향정신성 물질을 즐기는 이들에게 정말 끔찍한 사실은 이러한 약물들을 규칙적으로 사용할 경우 뇌가 그 효과를 상쇄하기 위해 적응한다는 점이다. 중독자는 피곤해서 커피를 마시는 게 아니다. 커피를 마셨기 때문에 피곤한 것이다. 일상적으로 술을 마시는 사람은 고단한 하루를 마치고 휴식을 취하기 위해 칵테일을 들이켜는 게 아니다. 술을 너무 많이 마셨기 때문에 온종일 긴장과 불안이 가득했던 것이다. 헤로인은 초심자에게는 황홀감을 주고 고통을 없애주는 약이지만 중독자들은 헤로인이 없다면 극심한 고통을 느끼다 보니 약을 끊을 수가 없다. **뇌는 언제나 약물이 내는 효과와 정반대의 상태를 촉진하는 방향으로 반응한다. 그러므로 정기적으로 약을 사용하는 사람이 정상 상태를 찾는 유일한 방법은 약을 하는 것뿐이다.** 고양감은 점차 그 지속시간이 짧아지며, 그에 따라 약물사용의 목적은 오로지 금단증상을 피하는 것이 된다.

　이러한 원리는 뇌에 영향을 주는 모든 약물에 적용된다. 당연히 우리의 오랜 친구 도파민 분비도 여기에 해당된다. 처음에는 약을 하면 기분이 좋아지는데, 약물 분자들이 뇌에 작용해 측좌핵 및 여러 구조물에 영향을 미치면서 차분했던 기분을 들썩이게 만들기 때문이다. 그러나 신경계를 초기 설정값으로 되돌려 항상성을 유지하도록 만들어진 우리의 뇌는 쾌락 또는 쾌락의 가능성으로 해석되는 도파민의 활동을 상쇄한다. 도파민의 분비와 이에 상응하는 뇌의 상쇄 작용은 결국 정기적으로 약물을 사용하는 사람에게는 약을 하는 원동력이자 골칫거리가 된다. 같은 자극에 반복적으로 노출되면 도파민의 변화 폭이 점차 작아지기 때문에 도파민의 농도를 유지하기 위해 다시 약을 하고자 하는 욕구를 느끼는 것이다. 마침내 좋아하는 약물에 노출되어도 사실상 중변연계 도파민에는 아무런 변화도 일어나지 않는다. 반면 약을 사용하지 않으면 도파민의 농도가 큰 폭으로 떨어져 실망감과 집착에 가까운 갈망을 경험하게 된다. 그러니까 약물사용에서 가장 심오한 법칙은 세상에 공짜는 없다는 사실이다.

2

✳

지나치게 뛰어난 학습 능력: 신경적응

⚡

뇌의 주된 활동은 자기 자신을 변화시키는 일이다.

마빈 민스키 | Marvin Minsky(1927~2016), 《마음의 사회》

뇌는 기쁨과 슬픔을 모두 상쇄한다

삶의 마지막 날, 나라에서 따르는 신을 믿지 못하고 젊은이들을 타락시킨 죄로 독약을 마실 처지에 놓인 소크라테스는 제자들과 최후의 대화를 나누었다. 《파이돈》에서 플라톤이 전한 바에 따르면 당시의 가르침은 주로 영혼의 본질에 관한 것이었지만 쾌락과 고통의 관계도 언급되었다. 간수가 수갑과 족쇄를 벗겨내자 소크라테스는 말했다. "쾌락이라는 것은 어찌하여 정반대의 개념으로 여겨지는 고통과 깊이 관련되어 있는가…. 둘 중 하나를 좇는 자는 흔히 반대의 것을 얻게 된다. 이들은 둘이되, 하나의 머리 또는 줄기에서 함께 자란다." 기원전 350년 경 기록된 이 날카로운 철학적 소견은 이후 19세기 프랑스의 생리학자 클로드 베르나르Claude Bernard의 실험적 통찰로 이어졌다. 베르나르는 우리의 신체가 생물학적인 변화를 겪을 때면 적극적으로 이와 반대되는 방향으로 작용한다는 사실을 지적한 최초의 인물이다. 이러한 작용 덕분에 인간은 날씨의 급격한 변화에서부터 과제에서 나쁜 점수를 받거나 가족이 죽는 사건에 이르기까지 그 어떤 혼란이 닥쳐와도 안정성을 유지할 수 있다.

베르나르는 처가에서 초기 실험 연구비를 지원해주었다는 이유로 중매결혼을 받아들일 만큼 연구밖에 모르는 과학자였다. 그는 1850년 중반까지 세상을 뒤집어놓을 연구를 몇 건이나 발표했는데, 생리학과 중독의 특별한 관계성을 이해하는 데 큰 영향을 미친 이론을 제안한 것도 이 무렵이었다. 베르나르는 '**내부환경**milieu intérieur의 안정성이 자유롭고 독립적인 생명 활동을 위한 조건'이라고 주장했다.[1] 그의 말에 따르면 인체 **내부환경**은 지속적으로 도전 상황을 마주하는데, '매 순간' 끊임없는 조절을 통해 동적 평형dynamic equilibrium을 유지하며, 이를 통해 안정적인 내부환경이 조성된다.

그로부터 약 80년 뒤, '투쟁-도피fight or flight 반응'이라는 단순명쾌한 용어의 창시자로 유명한 미국의 생리학자 월터 캐넌Walter Cannon이 자신의 저서 《인체의 지혜》에서 베르나르가 제안한 개념을 대중화시켰다.[2] 그는 이 책에서 인체가 평형을 유지하려는 경향이 바로 자신이 항상성이라고 명명한 과정이 작용한 결과라고 설명했다. 펜실베이니아대학교에서 일하던 실험심리학자 리처드 솔로몬Richard Solomon이 항상성이 어떻게 기분에도 적용되는지 밝혀 지금의 수준으로 중독을 이해하는 기틀을 마련하기까지는 다시 50여 년의 시간이 더 소요되었다.

솔로몬은 자신의 제자였던 존 콜비트John Corbit와의 연구를 통해 신경계는 우리의 기분에 변화를 일으키는 자극이라면 무엇이든, 항상성을 유지하기 위해 적극적으로 효과를 상쇄한다고 주장했다. 그 자극이란 약물일 수도 있고, 좋거나 나쁜 소식, 사랑에 빠지는 것, 혹은 스카이다이빙이 될 수도 있다. 솔로몬과 콜비트는 반대과정이론 opponent process theory으로 기분 상태도 체온이나 수분 균형과 마찬가지로 '설정값' 부근으로 유지된다는 사실을 입증했다.[3] 아울러 '좋음', '나쁨', '행복함', '우울함', '신남'을 비롯한 모든 감정은 우리가 '중립정서'라고 지각하는 안정적인 기분 상태가 붕괴되었음을 나타낸다고 주장했다. 그러니까 반대과정이론은 **뇌 기능에 변화를 가해 우리의 기분에 영향을 주는 자극은 모두 그 자극의 효과와 정확히 반대되는 뇌 반응을 야기할 것**이라고 상정한다. 뉴턴의 말처럼 위로 올라간 것은 반드시 아래로 내려가기 마련인 것이다.

가령 뇌가 쾌 혹은 불쾌 감정을 일으키는 외부 자극을 탐지했다고 하자. 솔로몬과 콜비트의 이론에 따르면 두 가지 경우 모두 뇌에서는 해당 감정을 상쇄하는 반응을 한다. 예를 들어 암에 걸렸다는 검사 결과를 받았다고 가정해보자. 이 경우 결과지를 받자마자 느꼈던 공황과 절망감은 검사 결과가 암시하는 수많은 가능성과 싸우는 과정에서 전반적인 우려감으로 바뀔 확률이 높다. 이처럼 덜 강렬한 감정들이 검사 결과가 나빠 보이는 내내 계속된다. 그러나 만약 상황이 바뀌어 조직검사 결과가 깨끗하게 나온다면 단순히 검사 결과를 받기 전의 기분 상태로 되돌아가는 대신 날아갈 듯한 기쁨을 느끼게 될 가능성이 높다. 앞서 맛보았던 절망감과 정반대의 감정을 겪게 되는 것이다. 정서 경험에서의 이 같은 변화 패턴은 뇌를 중립적인 설정값에서 멀어지게 만드는 모든 사건에서 나타난다.

평소에는 정서적 항상성의 존재를 인식하지 못하지만 로맨틱한 사랑의 감정을 느낄 때는 이 같은 패턴을 눈치챌 것이다. '사랑에 빠지면' 극적인 정서 변화를 겪는 것이 일반적인데, 압도적인 기쁨이 일상적인 경험에까지 반짝이는 환희를 불어넣기 때문이다. fMRI를 이용해 연애 초기의 뇌 활동 패턴을 살펴보면 사실상 코카인 기운이 돌고 있을 때의 상태와 구별이 되지 않는다.[4] 그러나 우리는 결국 이러한 천상의 행복에도 적응을 마치고 다시금 지면에 발을 붙이게 된다. 그리고 해당 자극(사랑하는 사람)이 곁에 있는 한 모든 것이 그저 괜찮은 상태로 느껴지게 된다. 새로운 기준점이 자리 잡는 것이다. 그러다 연인의 마음이 식어 둘 사이의 관계가 끝나면 우리는 가슴이 찢어지는 고통을 겪게 된다. 관계가 얼마나 깊이, 오래 지속되었는지에 따라 다시 중립상태로 되돌아가기까지는 수개월에서 수년의 시간이 걸릴 수 있다.

자체적으로 존재하는 설정값은 쉴 새 없이 쏟아지는 변화하는 정보들의 의미를 해석할 수 있게 해준다. 어느 방향이든 특정한 감정이 지속되면 새로운 정보를 지각하고 반응하는 데 방해를 받으므로 감정이 일시적으로만 느껴지도록 신경계가 제한을 거는 것이다. 이는 꿈에 그리던 이상형을 만나는 등 뭔가 굉장한 일이 일어난다고 하더라도 그로 인한 고양감이 영원할 수는 없음을 의미한다. 그렇지만 또 한편으로는 세상이 무너질 것만 같은 최악의 절망감도 영원하지 않다는 뜻이기도 하다. 보다 일상적인 자극의 경우도 마찬가지다. 여러분도 아마 즐거운 휴가를 보내고 집으로 돌아갈 때의 아쉬움이나 출퇴근길에 사고가 날 뻔한 뒤 밀려드는 안도감이 계속 남아 있지 않고 사라지는 경험을 해보았을 것이다.

어쩌면 신호가 서서히 사라지게 내버려두는 대신 뇌가 적극적으로 자극의 효과와 반대 방향으로 작용해 효과를 상쇄시키는 것이 이상하게 느껴지고 불편해 보일 수도 있다. 이러한 방식의 필요성을 제대로 이해하기 위해 화요일이 '행복의 날'로 지정되어 모든 사람이 일주일 간격으로 자신의 기분 상태를 인위적으로 끌어올리는 세상이 있다고 상상해보자. 틀림없이 우리는 화요일이 오기만을 손꼽아 기다리겠지만, 행여 그날 우리가 주의를 기울여야 하는 어떤 사건이 발생할 경우 자칫 이를 놓치거나 무시하게 될 가능성이 높다. 하필 화요일에 아이가 다치거나 목숨을 위협할 정도로 기상이 악화된다면 어떻게 될까? 일주일에 한 번씩 행복에 취하는 것은 인류 멸종으로 가는 지름길이 될 수 있다. 계속해서 우울한 상태에 빠져 있는 것 역시 동일한 위험을 내포한다. 만성적인 절망 상태에 머무른다면 찾아오는 기회를 탐지하지 못하거나 그에 적절히 반응하지 못할 것이기 때문이다.

정보는 뇌세포들의 고정적인 '시그니처' 활동(뇌세포 고유의 기본 활동) 수준과 대비가 이루어짐으로써 탐지되고, 전달되고, 지각되며, 그에 따라 뇌세포의 활동이 느려지거나(억제) 빨라지는(흥분) 반응을 낳는다. 그 결과 우리의 감정 상태는 고정불변까지는 아니더라도 장기적으로 안정을 이룰 수 있다. 사람마다 설정값에 조금씩 차이가 있기는 하지만 한 개인의 고유한 중립상태는 생애 전반에 걸쳐 견고하게 유지된다. 따라서 태평한 아이는 자라서 자신의 삶에 만족하는 어른이 되고, 비관적인 아이는 상황에 관계없이 염세적인 사람으로 살아갈 확률이 높다.

우리의 감정이 이처럼 빡빡하게 제한되고 있다는 사실은 약물 사용에서 중요한 함의를 지니는데, 함의를 살펴보기에 앞서 이 같은 일반적인 경향성에도 몇 가지 예외가 있음을 짚고 넘어가도록 하자. 뇌졸중으로 특정 피질 영역(특히 우반구)에 손상을 입은 환자들은 평생 이어온 비관주의 성향을 버리고 낙관주의자가 될 가능성이 있다(혹은 좌반구 손상 이후 반대의 결과가 나타날 수 있다). 알츠하이머 등의 다른 질병 또한 이와 유사한 극적인 변화를 가져올 수 있다. 아울러 감정의 안정성이 일상적으로 약물을 사용하는 사람들이 고양감을 유지하지 못하게 만들기는 하지만 코카인이나 메스암페타민과 같은 각성제를 만성적으로 사용할 경우 감정의 설정값이 바뀔 가능성이 있다. 애석하게도 이러한 변화는 언제나 '나쁜' 방향으로 이루어져 기분의 기저선을 오히려 낮게 만든다.

첫 잔과 첫 개비가 가장 맛있는 이유

✦

자, 지금까지 이야기한 내용을 종합해보면 중추신경계는 감각을 처리하고, 자극 간 차이를 탐지하고, 환경적 변화에 대한 반응을 조정하는 역할을 수행할 뿐만 아니라 환경으로부터 들어온 정보에 정교하게 적응하는 능력까지 갖추고 있다. **실제로 환경 자극에 역동적으로 반응하고 심지어 이를 예측하는 능력**(여기에 관해서는 추후 더 자세히 다루도록 하자)**이야말로 뇌의 가장 독특한 특징이라고 할 수 있다.**

신경생리학자들은 뇌의 이러한 적응 능력을 '가소성plasticity'이라 칭하며 이를 주제로 치열한 연구를 이어나가고 있다.[5] 뇌가 주변 환경에서 받아들인 정보에 대한 반응으로 끊임없이 변화하는 현상을 학습이라고 하는데, 바퀴벌레에서 달라이 라마에 이르기까지 세상에 존재하는 모든 유기체는 학습을 한다. 앞서 《조니, 총을 얻다》의 주인공 조니가 병원 침대에 누워서 자신의 무력한 의식을 엄습한 공포와 지루함에서 벗어날 수 있었던 것도 결국 학습의 흔적인 기억 덕분이었다. 그리고 기억은 어떤 면에서는 중독의 신경학적 원인이기도 하다.

중독과 연관된 학습은 맨 처음 약물에 노출된 시점부터 이루어진다. 그러니까 단 한 번이라도 약물에 손을 댄 사람은 뇌의 적응을 경험한 셈이다. 적응 과정은 약물이 체내에 들어온 즉시 시작된다. 이를테면 음주는 밤에 잠을 잘 못 이루는 것은 물론 다음날 숙취의 주요증상인 막연한 불안감 등을 겪게 만든다. 이러한 반동 상태는 뇌세포가 술이 야기한 세포활동 약화 효과를 상쇄하려다 오히려 평소보다 활동을 증가시키는 바람에 발생하는 현상이다. 그래서 술을 마신 다음날이면 평범한 불빛이 지나칠 정도로 밝아 보이고 편안하게 이완된 기분 대신 불안감을 느끼게 되는 것이다. 이 경우 적응의 효과는 대부분 24시간 이내에 사라진다.

'매우 빠른 내성'을 의미하는 '속성내성tachyphylaxis'이라는 용어도 알코올이 뇌에 닿는 순간 나타나기 시작하는 적응 및 보정을 위한 변화를 가리킨다. 속성내성을 둘러싼 광범위하고 다소 난해한 연구 결과들에는 만약 대중에게 널리 알려졌다면 음주 운전자 및 담당 변호사들이 정말 요긴하게 써먹었을 법한 대단히 실용적인 함의가 있다. 바로 속성내성 때문에 혈중알코올농도와 알코올로 인한 기능장애 사이에 확실하고 흥미로운 반전이 존재한다는 사실이다.

우리가 술을 마시면 소화기관에서 이를 흡수해 혈액 속의 알코올 농도가 증가한다. 그리고 간에서는 균일한 속도로 알코올의 분해(대사)가 이루어진다. 그러니까 혈액으로 흡수되는 양과 간에서 대사되는 양 사이의 균형이 뇌 내의 알코올 농도를 결정하게 된다. 신나

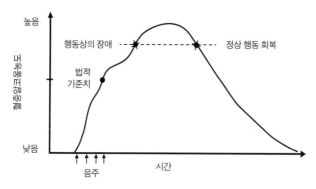

그림 3 알코올에 대한 속성내성 작용 곡선

알코올의 효과는 혈중알코올농도기 증가하는 중인지 감소하는 중인지에 따라 양상이 달라진다.

게 술을 마시는 동안 혈중알코올농도가 어떻게 변화하는지를 그래프로 그려보면 U자를 거꾸로 뒤집은 듯한 모양이 나타난다. 여기까지는 새삼 놀라울 것도 없지만, 진짜 흥미로운 사실은 알코올의 효과는 혈중농도가 증가하는 중인지 감소하는 중인지에 따라 그 양상이 크게 달라진다는 점이다. 같은 사람에게서 혈중알코올농도가 동일한 각기 다른 두 시점에 어떠한 기능장애가 나타나는지 살펴보면 곡선의 좌측과 우측에서 극적인 차이가 드러난다.

혈중알코올농도가 상승 곡선을 그리는 동안 음주자는 중변연계가 활성화되어 쾌락을 경험한다. 이와 동시에 비틀거리거나 말이 느려지는 등 운동기능장애가 점차 두드러진다. 그러다 알코올 농도가 떨어지기 시작하면 쾌락과 기능장애 모두 크게 감소한다.

연구자들은 이러한 변화를 이해하기 위해 상당한 시간과 노력을 쏟았고, 마침내 내성을 야기하는 신경적응 과정이 신경계에 영향을 주는 모든 약물에서 비슷한 속도로 일어난다는 사실을 발견했다. 뇌는 사실상 약물이 뇌에 작용하는 즉시 해당 작용에 적응 활동, 즉 효과를 상쇄하기 위한 활동을 개시한다. 그러므로 혈중알코올농도가 높게 나온다고 하더라도 속성내성이 작용하는 상태기 때문에 운전을 해도 정말 괜찮다는 변명이 성립할 수 있는 것이다. 판사를 한번 잘 설득해보시길!

이 예시를 통해 우리는 단 한 차례, 고작 몇 분 동안의 노출만으로도 내성이 생긴다는 것을 알 수 있다. 니코틴 역시 속성내성을 보여주는 고전적인 예다. 담배는 언제나 그날의 첫 번째 개비가 가장 맛이 좋은데, 니코틴 효과에 반응하는 특정 뇌 영역이 일단 활성화되면 이후에는 계속되는 노출에도 둔감해지기 때문이다.

뇌는 기능에 영향을 주는 모든 약물에 적응함으로써 학습한다. 그중에는 가끔 음주를 즐기는 이들에게서 속성내성이 작용하는 것처럼 비교적 일시적인 변화로 나타나는 경우도 있다. 하지만 반복된 학습이 강한 효과를 발휘하듯 약물에 만성적으로 노출될 경우 그 변화의 지속력 또한 길어진다. 항우울제와 같은 일부 약물들에서는 신경적응이 사실상 치료의 핵심이 되기도 한다. 선택적 세로토닌 재흡수 억제제selective serotonin reuptake inhibitor, SSRI에 내성을 키우는 것이 병리적인 정서의 '설정값'을 변화시켜 우울한 상태가 더 이상 환자의 기본 상태가 되지 않도록 도와주기 때문이다. 하지만 남용약물의 경우에는 이러한 변화가 크나큰 걸림돌로 작용한다. 해당 약물에 뇌가 적응하면서 약물의 도파민 전달 효과가 차츰 약해지면 사용자는 동일한 수준의 고양감을 느끼기 위해 점점 더 많은 양의 약물을 쓸 수밖에 없다. 처음 맛보았던 감각을 되풀이하려는 헛된 시도를 해봤자 뇌는 점점 약물에 적응할 뿐이다. 이처럼 절망적인 상황은 코카인 중독에서 극명하게 드러나는데, 코카인 중독자들은 보통 사회적·경제적·개인적으로 치러야 할 어마어마한 대가를 잘 알고 있으면서도 약을 해야만 한다는 충동을 느낀다. 이미 약에 완전히 적응을 마친 중변연계 경로 탓에 약을 끊으면 삶에 아무런 감동도 희망도 없을 것처럼 여겨진다. 하지만 이 같은 평균 이하의 기저선 상태에서는 코카인을 해도 그다지 큰 고양감을 얻지 못한다. 결국 중독자로서 할 수 있는 최선은 그저 만성적인 절망감이 잠시나마 완화되길 바라는 것뿐이다.

금단과 갈망을 만드는 뇌의 학습 능력

⚡

고등학생들에게 솔로몬과 콜비트의 반대과정이론에 관한 강의를 하던 중 한 학생이 갑자기 벌떡 일어나 이렇게 외쳤다. "이게 제 인생을 바꿨어요!" 나 역시 그의 감상에 공감하며 모든 강의가 이렇게 보람 있다면 참 좋겠다고 생각했다. 이 이론은 과학자들이 중독을 대하는 관점과 연구 방법론이 나아가야 할 큰 방향을 잡아주었기 때문에 과학적으로도 의의가 있다.

이론의 요점을 그림으로 나타내면 〈그림 4〉와 같다. 솔로몬과 콜비트는 서로 반대되는 정서 경험을 'A 상태'와 'B 상태'라고 칭했다. 어떤 자극에 의해 발생한 감정이 A 상태, 중립적인 상태로 되돌리려는 과정에서 발생하는 반동이 B 상태. 처음 주어진 자극에 따라 A 상태는 쾌 또는 불쾌가 될 수 있지만 어느 쪽이 되었든 B 상태는 반드시 그 반대여야 한다. 자극이 제시되면 처음에는 기분에 큰

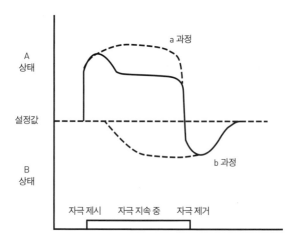

그림 4 반대과정이론의 기본 도식
우리의 경험(실선)은 약물의 효과(a 과정)와 그에 대한 뇌의 반대 반응(b 과정)이 합쳐진 결과다.

폭의 변화가 나타나는데, 적응이 이루어지면서 그 정도가 약화된다. 기분은 자극이 완전히 사라지기 전까지는 계속 A 상태에 머무르다가 자극이 사라지는 순간 정반대의 상태로 돌아선다(알코올에 대한 반응을 떠올려 보자). 이때 실선으로 표시된 우리의 총 경험에는 두 가지 전혀 다른 신경 과정이 관여한다. **a 과정**은 자극에 대한 신경 반응이다. 약물사용에 국한하여 이야기하자면 **a 과정**은 약물이 뇌에 작용하는 효과라고 볼 수 있다. 투여량이 높을수록 **a 과정**의 크기가 커지며, 자극에 대한 노출시간이 길어질수록 **a 과정**의 지속시간도 길어진다. 그런데 각각의 **a 과정**에는 **b 과정**이 수반된다. **b 과정**은 **a 과정**에 대한 뇌의 반응, 즉 약물이 뇌에 작용하는 효과에 대한 뇌의 반응으로, 자극에 의해 발생한 신경활동의 변화를 상쇄함으로써 뇌 활동을 중립상태로 되돌리려는 과정이다.

　　뇌가 자극에 처음 노출됐을 때는 **a 과정**이 아직 뇌의 상쇄 기제에 의해 감소되지 않았으므로 A 상태를 온전히 경험하게 된다. 하지만 **b 과정**이 진행되기 시작하면서 A 상태의 강렬함이 다소 약화된다. 이러한 조절 현상에 따라 처음 최고조에 다다랐던 기분은 점차안정 단계에 접어든다. **a 과정**은 자극을 직접적으로 반영하기에 자극이 같은 한(특정한 양의 알코올이나 헤로인 등) 언제나 결과가 동일한 반면 이를 상쇄하는 **b 과정**의 경우는 조금 다르다. 강력한 적응력을 갖춘 신경계에 의해 일어나는 **b 과정**은 자극에 대한 노출시간이 늘어나고 횟수가 거듭되면 학습을 하기 시작한다. 자극을 반복적으로 마주하게 되면 **b 과정**은 항상성을 위협하는 상황이 닥쳐도 중립을 잘 유지할 수 있게 큰 강도로 빠르게 나타나 오랜 시간 지속된다. 더구나 **b 과정**은 **a 과정**이 닥칠 것을 예고하는 환경 자극만으로도 발동한다. 음식이 눈앞에 없을 때도 침을 흘리도록 학습한 파블로프의 개처럼 말이다.

내 몸에는 타투가 하나도 없지만 만약 꼭 하나를 한다면 신경적응이 이루어진 결과 **b 과정**에서 발생하는 변화를 표현한, 솔로몬과 콜비트의 위대한 연구에 수록되어 있는 〈그림 5〉가 아주 유력한 후보다. 자극으로 인한 경험이 얼마나 극적으로 달라졌는지 보기 위해 **b 과정**이 일어난 후에는 기분 상태에 겨우 미약한 상승밖에 나타나지 않는다는 점에 주목하자. 외부 자극이 초래한 생물학적 변화에 강력한 상쇄 작용으로 대응하는 뇌의 학습 능력이 있는 한 그 어떤 약물도 금단증상과 갈망을 면하기 위한 수단일 뿐 그 이상의 상승효과를 내지 못한다는 사실을 절묘하게 그려낸 이 그림은 중독을 과학적으로 이해하는 이론적 중심이자 이 책의 핵심이다. 아울러 어째서 금단과 갈망 상태는 **언제나** 그 약물이 내는 효과와 정반대의 형태로 나타나는지 또한 설명해준다. 만약 어떤 약물이 기분을 진정시켜주었다면 그에 대한 금단증상과 갈망으로는 불안과 긴장감을 경험하게 된다. 어떤 약물이 각성을 도왔다면 적응 시 무기력을 겪게 되고, 고통을 덜 느끼게 해주었다면 괴로움은 온전히 사용자의 몫이 된다.

내 강의를 들은 영리한 학부생들은 곧 솔로몬과 콜비트의 모형

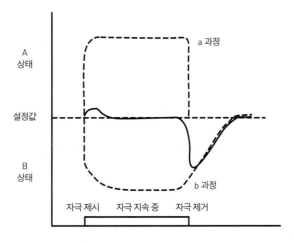

그림 5 내성이 생긴 뇌에서 일어나는 반대과정의 양상
반복적인 약물사용으로 자극에 적응한 결과, 반대과정은 더욱 빠르고 강해진다. 뿐만 아니라 오랜 시간 지속되어 주관적인 경험의 크기를 줄이고(내성) 약물이 없을 때 금단증상과 집착적인 갈망을 겪게 만든다.

에 숨겨진 또 다른 함의를 짚어냈다. 바로 한결같이 긍정적인 상태를 유지하려면 부정적인 경험을 감수하면 된다는 사실이다. 이렇게 하면 반대과정으로 긍정적인 경험을 하게 될 테니 말이다. 솔로몬과 콜비트 역시 스카이다이빙과 같은 활동에 이러한 패턴이 작용할지 모른다고 주장했다. 수천 미터 상공에서 뛰어내리면 극도의 각성과 공포심에 더해 죽음을 앞두고 있을 때와 같은 기분을 느끼게 된다. 이러한 감정들은 아마도 '자유낙하'하는 시간 내내 지속될 것이다. 그러다 자극이 끝나고 두 발이 기적적으로 단단한 지면에 닿으면 공포가 사라질 뿐만 아니라 마니아들의 말처럼 극단적인 차분함과 안정감이 흘러넘치는 듯한 기분에 휩싸이게 된다. 죽지 않고 무사히 끝나기만 한다면 극심한 스트레스 경험 뒤에 찾아오는 안도감은 그 모든 일을 충분히 가치 있는 것으로 만들어줄 수 있다. 어쩌면 사람들이 운동을 하거나 대학원에 진학하도록 자신을 몰아붙이는 이유를 이런 감정적 효과로 설명할 수 있을지도 모른다.

중독의 가장 중요한 특징인 내성과 금단증상, 집착적 갈망은 모두 **b 과정**의 결과로 볼 수 있다. 내성은 점점 더 강력해져 가는 **b 과정**을 이겨내고 **a 과정**이 효력을 발휘하기 위해서 더욱 많은 양의 약물이 필요하기 때문에 생겨난다. 금단현상은 **b 과정**이 약물의 효과보다 더 오래 지속되기 때문에 발생한다. 그리고 갈망은 약물과 연합된 모든 환경적 신호가 그 자체로 **b 과정**을 일으키는 탓에 약물을 탐닉하지 않고서는 이를 진정시킬 수 없어 사실상 늘 겪을 수밖에 없다. 약을 향한 지독한 갈망은 칵테일 아워나 스트레스가 많이 쌓이는 시간대, 혹은 일어나자마자 약에 손대는 편이라면 눈을 뜨는 것과 동시에 느낄 수도 있으며, 바에 앉아 있거나 가족이 모여 있을 때처럼 특정한 상황적 맥락 또는 숟가락, 딜러, 월급 수표와 같은 구체적인 단서가 존재할 때도 경험할 수 있기에 중독에서 회복하는 데 끊임없는 좌절감을 주는 하나의 원인이 된다. 나 역시 어떤 특유의 따뜻하고 습한 공기라든지 특정한 음악을 접하면 여전히 테킬라에 대한 기대감으로 입이 오므려지곤 한다.

요컨대 뇌는 자극의 효과를 상쇄하기 위해 너무나도 잘 조직화된 나머지 실질적인 변화가 일어날 때까지 기다리는 대신 특출난 학습 기술을 미리 발휘하여 변화를 예상하고 약이 미처 몸에 들어오기도 전에 약이 일으킬 효과를 약화시키려 한다. 가령 매주 금요일이면 퇴근 후 집 근처 바에서 친구들과 술을 마시는 일상을 몇 년 동안 보내왔다고 가정해보자. 이러한 루틴이 내포한 예측 가능성은 곧 우리의 경험에 변화를 일으키게 된다. 일단 다른 때보다 이 특정 시간과 장소에서 매번 함께하는 친구들과 술을 마실 때 알코올이 발휘하는 효과가 감소한다. 갑자기 계획을 바꾸어 다른 파티에 참석한다면 같은 양의 술이라도 더 많이 취할 것이다.

이처럼 환경적 단서가 집착적인 갈망을 초래하는 경향은 이미 오래 전부터 인식되어왔다. 19세기 중반, 스코틀랜드의 외과의였던 로버트 맥니시Rober Macnish는 저서 《주취의 해부학The Anatomy of Drunkenness》에서 자신이 관찰한 알코올중독 환자들의 학습 기제에 관해 다음과 같이 언급했다.[6]

> 인간은 꽤나 습관의 동물이다. 정해진 시간에 규칙적으로 술을 마시기만 해도 특정 시간이 돌아올 때마다 음주 욕구를 느낀다. 그 시간이 저녁 식사 후든 잠자리에 들기 직전이든 말이다. 심지어 음주라는 의식적인 습관을 행할 때 어울리는 특정한 친구들이나 술집에서도 같은 현상이 일어난다.

자, 다시 바의 풍경으로 돌아와서 이번에는 항생제를 복용해서 그날 저녁에는 술을 마시지 않기로 했다고 상상해 보자. 하루를 잘 마무리하고 친구들과 기분 좋게 어울려 한 주의 피로를 풀 기대를 안고 바에 들어간다. 그렇지만 생각과 달리 흥겨웠던 기분은 차츰 사라지고 긴장감과 짜증이 치밀어오를 가능성이 높다. 바 내부의 모습, 소리, 냄새가 **b 과정**을 이끌어내는 바람에 술을 입에 대지 않는 저녁 시간이 술을 향한 갈망과 금단증상을 동반하기 때문이다.

현재 치료 프로그램에서는 단서에 의해 중독이 재발하지 않도록 주의를 기울인다. 1970년대에는 치료 공동체를 이용하는 것이 일반적인 치료 전략이었다. 중독자들을 도심 속 자신의 집에서 멀리 떨어진 시골의 염소 목장 같은 완전히 다른 환경에서 몇 달, 때로는 몇 년 동안 술 없는 삶을 살게 하는 것이다. 공동체 생활을 떠날 무렵이 되면 이들은 이제 술이나 약에 손대고 싶다는 지독한 갈망에서 자유로워졌다고 느낀다. 이에 중독자 본인은 물론 상담자와 가족들도 희망에 가득 차 본래의 생활로 돌아간다. 대부분 한동안은 잘 지낸다. 하지만 과거 술친구와 우연히 마주치거나 가장 좋아하던 바 근처를 지나거나 병원에서 피하주사기를 보면 **b 과정**이 가동되어 '이해할 수 없게도' 다시금 중독 행위가 촉발되곤 한다.

최신 치료법은 목가적인 환경 조성과 거의 정반대의 방법을 취한다(물론 원래부터 주로 술을 마시던 공간이 농장이라면 이야기가 달라진다). 치료 절차를 마치고 몸과 마음이 어느 정도 안정을 찾으면(보통 중독물질을 끊고 몇 주 뒤) 중독자들은 지지적·치료적 맥락 속에서 기존의 약물사용과 연합된 단서들에 의도적으로 노출된다. 현금 다발, 주사기 속으로 빨려 들어가는 액체, 시시한 하루와 같은 단서들을 마주하면 처음에는 이들의 심박수나 체온, 기분에 생리적·심리적으로 극심한 변화가 나타난다. 하지만 약물 없이 단서들에 대한 노출이 반복되면 **b 과정**을 시사하는 반응들이 차츰 사라지다가 마침내 완전히 소멸한다. 시간이 흐르고 뇌가 해당 단서들이 중독물질을 예상하는 데 아무런 가치가 없다는 사실에 새롭게 적응하면 중독물질을 향한 갈망을 완전히 소거하는 것이 가능해진다.

중독에서 자유로운 뇌는 없다

✦

중독은 일반적인 질병과는 여러 가지 면에서 차이가 있는데, 나 역시 이를 제대로 이해하기까지 몇 년이나 걸렸다. 예전부터 나는 중독이 뇌장애라고 믿었고 지금도 그렇게 생각한다. 하지만 이건 뇌에 종양이 생기거나 알츠하이머병에 걸리는 것과는 조금 다르다. 이 둘은 세포상의 특정한 변화로 분명하게 진단이 가능하다. 당뇨나 고지혈증의 경우에는 간단한 혈액검사로 알 수 있어 평가하기가 더 쉬우며, 비만 역시 체질량지수BMI로 측정할 수 있다. 반면 중독 여부 판단에는 딱 떨어지는 객관적인 검사가 없어 진단이 애매할 뿐더러 치료에도 방해가 된다. 종양이나 문제가 발생한 부분을 제거하든지 적절한 인슐린 반응을 회복시켜주든지 체중을 충분히 감량하면 위의 질병들은 실제로 나을 수 있다. 하지만 복수의 뇌 회로에서 광범위하게 신경적응이 이루어진 탓에 사실상 사고, 정서, 행동 모두에 장애가 발생한 중독의 경우, 머리통을 들어내지 않는 이상 완전히 낫기란 불가능에 가깝다.

중독이 끈질긴 녀석이라는 사실은 중독자들뿐 아니라 연구자와 임상의 역시 명백히 알고 있다. 나도 약을 끊은 지 30년이 넘었지만 아직도 술이나 약을 적정량만 사용해야겠다는 생각은 별로 들지 않는다. 흔히들 와인 한 잔 하고 싶지 않냐거나 대마 한 대 피우고 싶지 않냐고 물어오는데, 나는 고작 술 한 잔이나 가벼운 기분전환이 하고 싶은 게 아니다. 술이라면 한 병 몽땅, 약이라면 봉지째 들이붓고는 그걸로도 모자라 계속해서 손을 뻗을 것이다. 미국의 록밴드 그레이트풀 데드Greatful Dead는 "뭐든지 지나친 것이 딱 좋아"*라고 했지만 제리 가르시아Jerry Garcia**는 약쟁이 대부분이 그렇듯 아무리 지나쳐도 여전히 부족하다고 느낀 것 같다. 그러니까 만약 누군가가 나의 중독 본능을 치료할 묘약을 개발한다면 나는 그것조차 두 알씩 삼키고 매일같이 복용하리라.

---

*   〈I need a miracle〉 가사.
**   그레이트풀 데드의 멤버로 헤로인 중독치료를 시도했으나 결국 약물 과다복용으로 인한 심장마비로 사망했다.

이처럼 무엇이든 과도하게 사용하려는 경향성을 초래하는 요인에는 여러 가지가 있겠지만, 결국 내 행동이 극단적일 수밖에 없는 이유는 해당 자극(약물)이 자연적인 자극에 비해 그만큼 강력한 효과를 발휘해왔기 때문이다. 중독자의 신경계는 입력 자극에 대해 어디까지나 정상적이고 예상 가능한 방식으로 반응하며, 중독은 자연스러운 결과다. 게다가 학습과 기억 자체를 틀어막지 않고서는 예방도 쉽지가 않다. 하지만 이것은 취한다는 사실을 모를 때만 취할 수 있다는 말이니 이 방법은 의미가 없다.

여기서 나타나는 아이러니는 사실 우리 대부분이 잘 알고 있는 것이다. 중독자들은 중독되었기 때문에 정기적으로 물질을 사용하는 것이 아니다. 많이, 정기적으로 사용했기 때문에 중독된 것이다. 술을 다 비우지 않고도 술자리를 끝내거나 금요일 밤에 코카인을 조금 흡입하거나 친구들과 어울려 가끔씩만 담배를 태우는 정도의 소위 정상적인 사람들이 행하는 열성적이지 않은 사용 습관들은 중독자들의 사용 습관과 현저한 차이를 지닌다. 이러한 '치퍼chipper***'들에게서도 신경적응은 일어나지만 불규칙적이고 적은 용량만을 사용하는 패턴 덕에 사실상 알아차릴 수 없는 수준이다.

2년 가까이 약에 전혀 손을 대지 않은 시점에 나는 연구 경험을 쌓기 위해 생물심리학 교수의 연구실에서 무급 보조로 일하고 있었

***　　습관성 없는 가벼운 사용자를 이르는 말.

다. 내가 담당한 실험 프로토콜 중 하나는 피험체(쥐)의 복막, 그러니까 복강 내 장기들을 압박하고 있는 얇은 막에 실험 약물을 매일 주입하는 일이었다. 쥐를 한 손으로 부드럽게 감싸 쥐고 다른 한 손으로 주사바늘을 삽입한 뒤 주사기 끝을 살짝 잡아당겨 음압을 형성해 주입 약물이 곧바로 혈액에 들어가지 않도록 하는 것이 일반적인 절차였다. 그때까지 이미 수백 번이나 같은 절차를 반복했던 터라 나는 이제 주사기와 연합된 모든 개인적인 연결고리가 완전히 소거되었다고 생각했다. 그러나 어느 날 문득 주사기를 당겨 피가 차오르는 것을 보자 요란한 종소리가 귓가에 울리고 코카인이 정맥을 타고 흘러들어갈 때 느껴지던 맛이 입 안에 감돌았다. 벌써 수년이 흐른 뒤였고 약을 하던 때와는 전혀 다른 맥락인 데다 그 순간에는 약을 하고 싶다는 일말의 욕구조차 없었음에도 단지 주사기에 피가 채워지는 장면을 보는 것만으로 즉각적인 반응이 일어난 것이다. 나는 동료 연구원에게 마무리를 부탁하고 기억이 지닌 경악스러운 힘에 정신이 번쩍 든 채 기숙사로 돌아갔다.

3

✳

중독성 약물의 대표주자: 대마

✦

만약 1년이 매일같이 휴일이라면
노는 것도 일하는 것만큼이나 지루할 것이나,
휴일이 이따금씩 찾아오기에 기다려지는 것이요,
드문 사건처럼 즐거운 일이 또 없는 것이다.

윌리엄 셰익스피어 William Shakespeare, 《헨리 4세》 1부

내겐 너무 완벽한 대마

⚡

친구네 집 지하실에서 처음 와인을 마신 순간부터 모든 약물을 끊고 그 영향력에서 벗어나기 전까지 나는 어떤 약이든 기회가 주어지면 단 한 번도 사양하지 않았다. 흔히들 '가장 좋아하는 약물'이 무엇인지 묻곤 한다. 하지만 나로서는 가장 좋다라는 개념이 상당히 애매하게 느껴진다. 나와 같은 유형의 사람들은 상황에 따라 약물이라면 무엇이든 사용할 것이다. 솔직히 모든 약물을 택하고 싶다. 때로는 순차적으로, 때로는 전부 동시에. 그만큼 나는 편식을 하지 않았다. 내가 즐기던 약물 중에는 독성이 강한 것도 있지만 시시하고 별 효과가 없는 것도 있으며, 또 절대적으로 훌륭한 것도 있었다. 하지만 질문을 조금 바꾸어 '앞으로 평생 무인도에 살아야 하는데 단 한 가지 약물만 챙겨갈 수 있다면 무엇을 택하겠는가'라고 묻는다면 나는 망설이지 않고 무한한 양의 대마(그리고 만일에 대비해 씨앗도 조금)라고 답할 것이다. 내가 하루 종일 쉬지 않고 대마를 피운다고 지적한 친구가 있었는데, 그 말이 맞다. 물담배용 파이프에 채워 흡입하는 맛 좋은 한 모금으로 하루를 시작해 마지막 꽁초를 태울 때까지, 나는 그 맛과 향, 그리고 사람들에게 치이는 골치 아픈 일과와 의무를 다해야 한다는 압박감에서 나를 분리해주는 기똥찬 완충 효과를 사랑했다. 대마는 아무 매력 없는 현실에 새롭고 반짝이는 무언가가 존재할 가능성을 보여주었다. 대마는 지루한 삶을 견뎌낼 수단으로 세상만물을 조금 더 즐겁게 만들었고, 위협적이던 시공간을 유쾌하게 바꾸었다. 타고나기를 내성적인 사람인 나는 해변에서 대마에 취해 조개껍데기를 찾고 찰싹거리는 파도소리를 듣는 일에 완전히 몰입해 시간 보내기를 즐겼다.

일부러 지루하게 반복해서 이야기하려는 것은 아니지만 정말이지 나와 대마의 관계는 여러 가지 면에서 내 인생에서 가장 순수하고 멋진 관계다. 처음 고양감을 맛본 순간부터 한참 뒤 마지막 한 대를 피울 때까지 나는 대마를 마치 내 절친한 친구처럼 사랑했다. 과장이 아니다. 누군가는 졸음이 쏟아지고 또 누군가는 편집증적으로 변하지만(틀림없이 신경생리학과 유전학이 합쳐져 나타난 불행한 결과일 것이다) 나에게만큼은 거의 완벽 그 자체였다. 내가 가장 좋아한 시간 중 하나는 잠에서 깬 직후에 내 앞에 닥친 광활한 적막감을 바라보다가 불현듯 오늘도 취할 수 있음을 깨닫는 순간이었다. 마치 갓 결혼한 커플이 침대 옆자리에 배우자가 있으리라는 기쁨과 희망으로 손을 뻗는 것처럼, 하루의 첫 몇 모금은 언제나 현실의 잿빛 먼지를 저 멀리 날려버리고 매일 마주하는 것들에서 아름다움과 의미를 보여줌으로써 나를 안심시켰다. 내 사랑과 나는 둘만의 비밀을 공유하는 사이였고 내가 아는 한 우리 사이를 갈라놓을 것은 세상에 아무것도 없었다.

나는 수중에 대마가 끊이지 않도록 하기 위해 바보 같은 행동이나 위험한 행동, 이기적인 행동도 서슴지 않았다. 한번은 나로서는 드물게 쟁여둔 약이 똑 떨어지는 바람에 하는 수 없이 니켈타운(5달러면 한두 개비를 말아 피울 만큼의 대마를 구할 수 있기에 이 같은 별칭이 붙었다)을 방문한 적이 있다. 이는 뜨내기 여행객이 관광지의 값비싼 상점에서 물건을 구입하는 것과 마찬가지다. 분명 바가지를 왕창 쓰게 되리라는 걸 알았지만 나는 이미 돌아버리기 직전이었으므로 무엇이 되었든 아무것도 없는 상황보다는 낫다고 판단했다. 그런데 기대에 부풀어 허겁지겁 집으로 돌아와서 내용물을 꺼내보니 세상에 웬 **솔잎**이 쏟아져 나오는 게 아닌가. 나는 분노에 가득 차 고래고래 악을 쓰며 룸메이트들(잠들기 위해 약 대신 얌전히 술을 택한 친구들)을 죄다 깨운 뒤, 이 사태를 바로잡겠다며 오밤중에 거래장소로 되돌아가기로 했다. 겨우 열아홉인가 스무 살에 불과했던 나는 어떠한 공격이나 방어 수단도 갖추지 않았지만 너무나도 분하고 절망적인 나머지 이성이 마비되어 다시 그곳으로 차를 몰고 말았다. 자정이 넘어 도착하니 거리는 텅 비어있었다(지금 와서 생각해보면 팔 물건이 없어서 그랬던 게 아닌가 싶지만 그때는 그러한 인과관계 추론이 불가능했다. 오로지 누군가가 내 약을 손에 쥐고 내놓지 않는다는 생각만 가득했다). 나는 교차로에 차를 세운 뒤 상향등을 켜고 미친 듯이 경적을 울려댔다. 사람들이 창밖으로 소리를 질렀지만 지지 않고 "내 약 내놓으라고!"라며 맞받아쳤다. 그리고 이 소동은 여기저기에서 돌과 병이 날아들어 내 차를 우그러뜨릴 때까지 한동안 계속되었다. 나는 결국 오열하며 자리를 떴다. 나 자신의 욕구에 눈이 멀어 주변을 전혀 돌아보지 못하고 독선적인 마음에서 비롯한 분노에 사로잡힌 채로 말이다. 이날의 경험에서 내가 배운 것은 만일에 대비해 항상 비상용 대마를 비축해 두어야 한다는 사실이었다.

모든 시냅스를 춤추게 하는 대마의 놀라운 장악력

⚡

술이 대형 망치, 일명 오함마이고 코카인이 레이저라고 한다면(실제로도 그러하다) 대마는 한 통의 새빨간 페인트라고 할 수 있다. 이 같은 비유가 성립하는 데는 적어도 두 가지 근거가 있다. 첫째는 이미 잘 알려져 있다시피 대마가 음악이 경이롭게 들리고, 음식이 맛있게 느껴지고, 농담이 유쾌하게 여겨지고, 눈에 들어오는 모든 색깔이 찬란하게 보이는 등 갖가지 환경적인 자극의 속성을 매우 강렬하게 경험하게 해주기 때문이다. 둘째는 약의 효과가 섬세하고 특정적이기보다는 변화무쌍하고 광역적으로 나타나기 때문이다. 마치 4인치 대형 붓으로 20리터에 달하는 페인트를 온갖 신경전달 과정에 처덕처덕 칠하는 것과 같다. 소수의 개별적인 뇌 영역에 제한적으로 작용하는 코카인 같은 약물의 성분과는 달리, 대마의 유효성분인 THC(델타-9 테트라히드로칸나비놀delta-9 tetrahydrocannabinol)는 뇌의 전반에 걸쳐 작용하며 일부 영역에서는 해당 부위에 속한 모든 시냅스(그 수가 무려 수조 개에 달한다)에 빠짐없이 영향을 준다. 1990년대 초, THC의 이러한 광범위한 영향력을 처음 알게 된 연구자들은 크게 놀랐다. 당시 대학원생이었던 나에게도 이 소식은 너무나 강렬해서, 흔히 사람들이 케네디가 암살되었을 때나 쌍둥이빌딩이 무너졌을 때 자신이 어디에서 무엇을 하고 있었는지 또렷이 기억하는 것과 마찬가지로 나 또한 THC 수용체가 복제되던 때 나의 주변 상황이 어떠했는지 정확하게 기억한다. 수용체란 세포의 표면에 있는 작은 단백질 조직으로 약물이나 신경전달물질이 달라붙어 세포가 활성화되면 해당 물질의 효과를 다른 세포에 전달하여 물질이 체내에 효과를 발휘할 수 있게 하는 역할을 한다. 약물은 수용체 없이는 아무런 작용도 일으키지 못하는데, THC가 수용체와 활발히 상호작용해준 덕분에 나로서는 삶이 조금 견딜만해졌다.

대마를 처음 피운 때가 아마도 내 인생을 통틀어 가장 순수하게 즐거웠던 때인 것 같다. 나는 얼굴과 옆구리가 아플 때까지 웃어 댔다. 모든 것이 그 자체로 굉장히 유쾌했지만 한편으로는 더 깊이 고민해볼 가치가 있다고 느껴졌다. 과연 이보다 좋은 일이 뭐가 있을까? 그날 친구가 자신의 오빠에게 대마 한 개비를 얻어 왔고 우리는 쇼핑몰로 가는 길목에 있는 어느 폐가에서 그걸 함께 나누어 피웠다. 처음에는 아무런 느낌도 없었지만 약 20분이 지나고 마침 우리가 쇼핑몰에 걸어 들어가자 약효가 돌았다. 말 그대로 기분이 들떴다! 이제 나는 그때 약효가 늦게 나타난 이유가 혈액 속을 떠다니던 스펀지 같은 결합단백질 조각들에 THC 분자들이 자석처럼 달라붙을 때까지 시간이 걸리기 때문이라는 사실을 안다. 이 결합단백질들이 완전히 포화되기 전에는 약이 뇌에 아무런 영향을 주지 못한다. 일단 모든 단백질에 결합이 이루어지면 그제야 THC는 뇌 전체로 퍼져나갈 수 있게 된다. 어떤 사람들은 약을 하고도 아무런 효과를 느끼지 못하는데, 이론적으로는 가능하지만 매우 드물다. 그보다는 약의 용량이 부족했을 가능성이 더 크다.

물론 인간이 누군가 우리에게 대마를 한 대 건넬 경우에 대비해 이처럼 복잡한 수용체 단백질을 만들어 뇌 곳곳에 퍼뜨려두는 수고를 한 것은 아니다. THC의 효과가 이렇듯 전면적으로 나타난다는 사실을 발견한 연구자들은 THC가 대체 우리 내부의 어떤 자연적인 신경전달물질의 효과를 모방하고 있는 것인지 찾아 나섰다. 하지만 특정 신경전달물질을 찾아내기란 어느 동네, 어느 도시, 심지어 어느 주에 사는지도 모르는 지인을 찾겠다는 것과 같다. 반면 수용체는 마치 집과 같아서 훨씬 덩치가 큰 데다 여기저기 돌아다닐 가능성이 적기 때문에 찾기가 훨씬 수월한 편이다.

그래서 우선은 이 수용체의 위치를 알아내야 하는데, 이를 위해 연구자들은 THC 분자에 방사성 물질로 된 꼬리표를 부착해 쥐에게 주입했다. 약이 체내에 충분히 퍼질 만큼의 시간이 흐른 뒤 연구진은 쥐의 뇌 조직에서 아주 얇은 절편을 떼어내 슬라이드에 올리고 수용체와 관련된 THC만 남도록 잘 세척했다. 이 과정에서 미처 결합이 이루어지지 않은 잔여 약물은 모두 제거되었다. 그 결과 놀랍게도 THC가 뇌 전역의 수용체들과 상호작용하고 있음이 밝혀졌다. 정보처리 및 사고와 자각에 관여하는 피질뿐만 아니라 그보다 깊은 곳에 위치한 정서 및 동기와 관련된 피질하구조물들에서도 말이다. 다만 수용체의 밀도에는 차이가 있어, 일부 영역에서는 상호작용이 일어나는 장소가 비교적 적게 나타난 반면 어떤 영역에서는 거의 빈틈 없이 빽빽했다.[1]

아마도 이것이 체내 칸나비노이드 체계endocannabinoid system(대마를 가리키는 칸나비스에서 유래되었다)의 독특한 특징을 밝혀낸 첫 번째 발견(이후 많은 연구가 뒤를 이었다)일 것이다. 만약 방사성물질과 결합한 코카인으로 같은 실험을 했다면 약물이 달라붙는 곳을 훨씬 적게 발견했을 것이며, 분포 또한 성기게 나타났을 것이다. 엄청나게 풍부하고 복합적인(헤로인, 옥시콘틴, 모르핀 등 모든 마약성진통제에서 활용하는) 오피오이드 체계opioid system(아편유사제 체계)조차도 체내 칸나비노이드 경로의 밀도와 광역성에 비하면 턱없이 적다.

연구실 동료와 나는 분석에 뭔가 오류가 있었을 거라고 생각했다. 대체 이 약물의 수용체가 어떻게 뇌 표면 전체로도 모자라 모든 피질하구조물에까지 분포해 있을 수 있단 말인가? 무엇보다 THC와 유사한 천연 화합물은 무엇이며 그 기능은 또 뭐란 말인가?

상대적으로 신생 분야이다 보니 연구는 여전히 진행 중이고 계속해서 흥미진진한 결과들이 발표되고 있다. 어쨌든 처음의 결합 연구가 옳았음은 분명하다. THC는 실제로 거의 대부분의 뇌 구조물에서 수많은 시냅스의 활동을 조절하고 있었다. 뇌 내 THC의 1차 수용체는 칸나비노이드 수용체 1을 뜻하는 CB1으로 불린다. 이 CB1 수용체는 광범위하고 빽빽하게 분포되어 대단히 중요한 결과를 초래한다. CB1을 활성화하는 물질은 뭐가 되었든 뇌의 모든 영역에서 신경전달 작용에 영향을 준다. 이를테면 도파민이 새로운 정보의 존재를 알리고 그에 대한 행동을 촉진하는 것처럼 구체적인 효과가 아닌, 훨씬 일반적인 효과를 불러일으킬 가능성이 높다. 하지만 이를 증명하기에 앞서 우선 전반적인 칸나비노이드 체계에 대해 알아둘 필요가 있다.

이 수용체를 활성화시키는 뇌 안의 첫 번째 천연 화합물은 아난다마이드anandamide라고 명명되었는데, 산스크리트어로 '최상의 행복'을 전달해준다는 의미이다. 또 다른 1차 내인성 칸나비노이드는

2-AG(2-아라키도노일글리세롤2-arachidonoylglycerol)이다. 칸나비노이드 전달물질과 그들이 뇌 안에서 전달되는 과정은 일반적이지 않다. 일례로 고전적인 신경전달물질들은 소낭(세포막 끝의 작은 주머니)에 저장되어 있다가 신경세포(뉴런)의 종말단추에서 분비되어 시냅스라는 작은 틈 사이로 퍼져나가며 인접한 세포의 수용체와 상호작용한다. 반면 아난다마이드와 2-AG는 소통의 방향이 정반대인데, 이들은 시냅스를 '역류'하여 시냅스 후 세포에서 시냅스 전 세포로 정보를 전달한다. 이들이 표적인 시냅스 전 세포 표면에 붙어 있는 CB1 수용체에 다다르면 기본적으로 신호대소음비를 변화시켜 해당 시냅스에서 신경전달물질들이 전달하는 메시지가 더 중요한 의미를 갖도록

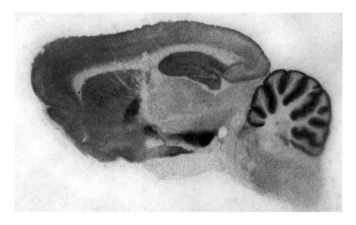

그림 6 CB1 수용체
THC는 어둡게 표시된 CB1 수용체와 상호작용함으로써 뇌 전역에 걸쳐 수조 개의 시냅스에 영향을 미친다.

만든다.

내인성 칸나비노이드의 효과에 관해서는 여전히 신중하게 검토가 이루어지고 있으며 세부적인 내용은 여기서 다 담기 힘들 정도로 복잡하다. 하지만 일단 지금까지의 연구 결과들을 종합하면 아난다마이드와 2-AG는 신경들 간의 대화에서 일종의 느낌표 역할을 맡아 방금 시냅스를 통해 전달된 메시지가 무엇이든 매우 중요한 정보를 담고 있음을 시사한다고 여겨진다.

그래서 이 모든 세포 간 정보 교류들이 대체 우리의 경험과 무슨 관련이 있다는 걸까? 1970년대 중반, 특히 내가 살던 동네 같은 교외에서 쇼핑몰은 어린이들이 자율성을 찾을 수 있는 유일한 공간이었다. 친구도 나도 이미 여러 차례 가보았으므로 당시 쇼핑몰을 방문하면서 겪은 압도적인 기쁨과 환희는 전적으로 환경 자체에서 비롯된 것은 아니었을 것이다. 하지만 틀림없이 뭔가 관계가 있는 것만 같았다! 그곳의 소리와 풍경은 우리에게 믿을 수 없을 만큼 자극적으로 다가왔다. 평범한 백화점이 다채로운 놀이터로 탈바꿈했고 푸드코트에서 풍겨오는 냄새는 기가 막혔다. 어느 순간 갑자기 엄청난 허기를 느낀 우리는 피자 가게로 들어갔다. 그때 맛본 피자는 내 인생 최고의 피자라는 말로도 그 맛을 온전히 다 담을 수 없다. 정말 심금을 울리는 맛이었다! 그날은 모든 것이 평소보다 훨씬 더 훌륭했다.

아난다마이드 및 그와 유사한 화합물들은 CB1 수용체와 더불어 중요한 신경전달을 강조함으로써 정상적인 활동을 조절하도록 진화해온 듯하다. 뇌 활동은 앞서 다룬 바와 같이 우리의 모든 경험과 사고, 행동, 정서에 영향을 미친다. 이때 칸나비노이드 체계는 무엇이 가장 중요하고 큰 의미를 지니는지 신호하여 우리가 경험하는 것들을 분류하는 일에 일조한다. 즉 이 체계는 좋은 식량 공급원, 잠재적인 짝, 의미 있는 관계나 정보, 자극 등 우리가 잘 살아가는 데 도움이 될 만한 입력 자극들을 구별해내기 위해 자연적으로 활성화된다. 아난다마이드와 2-AG, 그리고 그 수용체가 뇌 전역에 고루 분포하는 이유는 이 같은 입력 자극들이 어떤 경로로든 전달될 수 있기 때문이다. 가령 어느 날 우리가 별다른 목적 없이 주변을 탐색하다가 우연한 계기로 어떤 길에 접어들었고 결국 그 끝에서 뭔가 좋은 것을 발견하게 되었다고 상상해보자. 이러한 발견에 관여한 수백만 개의 뉴런들은 감각기관들로부터 입력된 정보를 처리하고, 몸의 움직임을 촉진하고, 좋은 것을 앞으로의 계획과 연결 짓도록 기억과 사고를 부호화하고, 다른 사람들과 이 경험에 관해 이야기하는 등 이 사건을 그다지 특별할 것 없었던 그날의 다른 사건들과 확실히 구별 지을 수 있게 칸나비노이드를 분비해 이 정보의 존재감을 부각할 확률이 높다.

이제 대마에 취했을 때 마주치는 자극들이 왜 그토록 강렬하고 다채롭게 느껴지는지 조금씩 이해될 것이다. 평소라면 일반적이었을 장면과 소리, 맛, 생각이 THC의 기제로 인해 터무니없이 대단한 속성을 지니게 된다. 내가 대마와 사랑에 빠진 지 얼마 되지 않았을 무렵, 한번은 라이스로니*가 기절할 정도로 맛있어서 이게 어떻게 식료품점 선반에 계속 남아 있을 수 있는지 도무지 믿을 수 없었다. 지금이라면 적어도 일주일쯤 배낭여행으로 시달리지 않고서야 도저히 그걸 맛있다고 느끼지 않겠지만 체내의 모든 시냅스들이 중요한 자극을 맞을 만반의 준비를 마친 상태에서는 맛보는 모든 음식이 특출나게 느껴지고, 모든 음악이 이 세상의 수준을 뛰어넘으며, 온갖 발상에 마음이 벌렁거리게 된다. 특히 단조로운 삶을 죽을 만큼 두려워하는 이들에게 이것은 얼마나 훌륭한 치료법인가!

불행히도 이 모든 신경계의 스포트라이트에도 어두운 면이 존재한다. 모든 것에 하이라이트를 칠하면 사실상 어느 것도 두드러져 보이지 않기 마련이다. 마당에 홍수가 났는데 물뿌리개 하나가 무슨 소용이겠는가? 이처럼 모든 대비가 사라지면 나에게 의미 있는 것과 그렇지 않은 것을 구별함으로써 주변 환경을 이해하는 데 도움을 주던 머릿속 분류 장치가 망가지게 된다. 그리고 그렇게 분류 체계가 무너지고 나면 이 같은 경험들이 본래 지니고 있던 중요성을 상기하는 일도 어려워진다.

또 다른 부정적 측면은 가끔일지언정 약에 취해 있지 않을 때, 세상 그 무엇에도 흥미가 동하지 않는다는 점이다. 약에 취한 세상은

* 종이 박스로 유통되는 필라프 스타일 인스턴트 볶음밥.

그렇지 않은 세상에 비해 훨씬 찬란하게 빛나는 것처럼 보인다. 어느 화창한 날, 95번 도로를 타고 남쪽으로 달리던 중 어쩌다 피우던 대마 꽁초가 차 밖으로 날아가 버린 적이 있다. 아주 통통하고 잘 말린 담배였기에 더 생각할 것도 없이 나는 곧장 차를 갓길에 대고 차들이 쌩쌩 달리는 6차선 도로를 되돌아 걷기 시작했다. 지금 와서 보면 미친 짓 같지만 당시에 내 생각은 확고했다. 할머니의 약혼반지를 잃어버렸을 때도 이보다 심각하진 않았다. 당연한 말이지만 꽁초는 결국 찾았다.

강렬하고 다채로운 대마의 이면, 무동기증후군

⚡

모든 남용물질을 끊은 뒤, 술 생각 없이 하루를 온전히 보낼 수 있게 되기까지는 1년이 조금 넘게 걸렸다. 하지만 대마에 취하고 싶은 열망이 누그러지기까지는 무려 **9년** 이상이 걸렸다. 아주 오랫동안 실내 콘서트에도 갈 수 없었고, 특히 대마를 가까이하는 분위기일 경우에는 더욱 힘들었다. 품질 좋은 센시밀리아sensimilia**에는 약간의 공황발작 증세까지 일으켰다. 땀이 뻘뻘 흐르고 불안이 치밀어 얼른 자리를 떠야 했다. 10년 가까이 지옥 같은 시간을 보내면서 나는 상대

** 씨가 맺히지 않은 암꽃으로 제작해 매우 강도가 높은 대마.

가 이따금씩 대마를 피우고 싶어 한다는 이유만으로 제법 괜찮은 남자(요리를 잘하고 스키를 잘 탔다)와도 헤어졌다. 내 곁에서 피우는 것은 아니었지만 그가 어딘가에서 자지러지게 웃는 동안 나만 그 즐거움에서 배제된다는 상상만으로도 참을 수가 없었다. 어이없는 소리로 들리겠지만 그만큼 내가 대마를 진심으로 사랑했다는 사실이 확실하게 전해졌길 바란다.

예상했겠지만 만성적인 노출에는 그만한 결과가 따른다. 뇌가 칸나비노이드 체계를 하향조절하는 것이다.[2] 하향조절이란 항상성을 유지하기 위해 작용하는 과정을 가리키는 일반적인 용어로, 이 경우에는 CB1 수용체의 수와 민감도가 극적으로 감소하는 것을 의미한다. 이에 따라 방대한 양의 대마가 몸속으로 들어오지 않는 한 세상만사가 지루하고 시시해진다.

정기적인 대마 흡연이 무동기증후군amotivational syndrome을 야기하는지 여부를 두고 암과 흡연의 관계와 유사한 논쟁이 오래도록 지속되고 있다. 예컨대 정기적으로 대마를 피워서 소파에 앉아 만화영화나 보며 보내는 시간이 길어지는 걸까 아니면 빈둥빈둥 텔레비전 시청하기(아니면 나처럼 해변에서 조개껍데기들을 뚫어져라 보며 사색하기)를 좋아하는 사람이 우연의 일치로 대마도 즐겼던 걸까? 그러나 상관관계는 인과관계를 의미하는 것이 아니므로 담배 회사에서는 수십 년간 암을 일으키는 소인과 담배를 피우는 경향이 그저 우연히 맞아떨어졌을 뿐이라고 주장했다. 두 가지 문제 모두 대중의 상식과 함

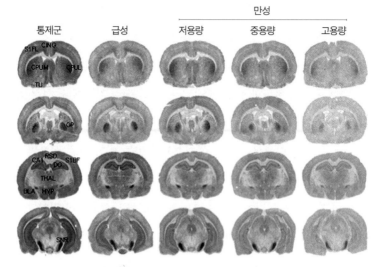

통제군	급성	만성		
		저용량	중용량	고용량

그림 7 수용체 CB1의 하향조절

네 장의 그림은 각각 뇌의 다른 영역을 보여주는 절편들이다. 좌측 열은 플라시보 처치를 받은 쥐의 뇌 절편을 보여준다. 어두운색 점들은 CB1 수용체를 나타낸다. THC 유사체에 한 차례 노출된 경우(급성) 수용체가 하향조절된다. 만성적인 노출에 해당하는 우측의 세 열은 처치 14일 경과 후 투여 용량에 따른 하향조절 정도의 차이를 보여준다.

께 점점 더 많은 증거가 하나의 답을 가리키고 있다. CB1 수용체의 하향조절은 처음 약물에 노출되었을 때 촉진되는 것처럼 느껴지던 창의성과 혁신력을 오히려 떨어뜨려 이러한 능력을 필요로 하지 않는 일밖에 할 수 없도록 만든다.

내 경우 대마 없이 지낸 처음 몇 달은 특히나 더 비참했다. 새로운 환경에서 새로운 친구들과 새로운 경험을 수없이 쌓고 있었지만 당시 있었던 일들 중 극히 일부밖에 기억나지 않으며, 매사가 믿을 수 없을 만치 단조롭게 느껴졌다(불안과 우울, 수치스러운 감정은 덤이다). 그렇게 3개월이 흐른 후에 나는 미니애폴리스의 거리를 걷다가 가을 단풍의 아름다움에 감동받아 거의 주저앉을 뻔했다. 내 주변에는 수백만 가지 찬란한 주황, 빨강, 노랑, 초록색이 가득했다. 컬러 영화를 처음 관람한 이들도 아마 이런 기분을 느꼈을 것이다. 대체 이것들이 전부 어디에서 나타난 걸까? 사실 이는 내가 약을 끊으면서 하향조절이 반대로 뒤집힌 덕이었다. 수용체들이 다시 기능을 찾아 일상의 아름다움을 알아차리는 나의 능력 또한 되살아났던 것이다.

나는 9년 동안 점점 여위어가다가 어느 날 내가 더 이상 대마를 갈망하지 않는다는 사실을 깨달았다. 그리고 그로부터 20여 년간 자유를 만끽했다! 이제 주변에 대마가 있더라도 더는 댄스파티에서 나 홀로 멍청하게 앉아 있는 것 같은 기분을 느끼지 않을 수 있었다. 그러다 갱년기에 접어들었고, 약물이 이 땅에 존재하는 이유를 절실히 깨달았다. 30년 동안 단 한 번도 피운 적이 없음에도 불구하고 일상적인 과제에서 짜증과 좌절을 느끼는 인생의 과도기 증상들에 대마가 완벽한 해결책이 되어주리란 것을 알 수 있었다. 호르몬이 급감하는 처음 몇 년 동안은 대마를 피울 수만 있다면 기꺼이 왼팔을 내어줄 뿐 아니라 스스로 팔을 잘라낼 수도 있을 것 같았다. 약을 향한 갈망은 단순히 되살아난 것이 아니라 어쩐지 더욱 심화되어 돌아왔다. 차라리 암에 걸려 의사에게 필요한 처방을 받으면 좋겠다는 상상까지 했다. 흠, 생명을 위협하는 질병이지만 까짓 한 모금 피우면 나을 수 있을 거야! 이러한 욕구에도 내가 다시 약에 손을 대지 않은 이유는 이 녀석이 제공해줄 달콤한 탈출구에 결국 그만한 대가가 따른다는 사실을 알았기 때문이다. 지적인 일, 가족, 그리고 그 밖의 여러 야망과 취미 등 내가 인생에서 새롭게 즐기게 된 모든 것이 가만히 앉아 대마를 피우는 일에 비하면 아무 의미도 없는 일처럼 느껴질 테니까.

좋은 대학에서 근무하는 똑똑한 교수 친구가 있는데 그 친구도 한동안 술을 즐겨 마시다가, 어느 순간 알코올로 인해 장애가 생길 정도는 아니어도 상당히 난처한 상황이 발생할 수는 있음을 깨달았다. 그러고는 대마로 갈아탔다. 친구 부부는 아이들을 재워놓고 함께 대마에 취해 휴식을 취하곤 한다. 그러다 문득 '아빠 임무'를 수행하기 바로 전에 대마를 태울 경우 자신이 조금 더 성실한 아빠가 된다는 것을 알아차렸다. 겨우 한두 개비 피우는 것만으로도 아이와 더 많이 놀아줄 수 있었고, 카풀이나 식사 준비, 팀코칭 일이 그다지 짜증스럽고 지루하게 느껴지지 않았던 것이다. "좋네." 내가 말했다. "취하지 않았을 때는 아이들이랑 어떻게 지내?" "점점 더 짜증나고 지루해지던데." 그가 시인했다.

그러니까 행여 여러분도 대마를 피울 일이 생긴다면 빈번하지 않게, 간헐적으로 하는 것만이 하향조절과 그로 인해 발생하는 내성, 의존, 그리고 약 없는 세상에 대한 흥미 상실과 같은 불행한 효과를 예방하기 위한 가장 좋은 방법임을 명심하기 바란다.

4

✳

꿈과 현실을 오가는 지옥의 흔들다리: 아편

⚡

마약이 쾌감과 스릴을 위한 것이라고
생각한다면 정신이 나간 게 틀림없다.
소아마비에 걸리고도 멀쩡하다든지 철의폐* 안에서
생활하는 편이 훨씬 더 큰 스릴을 얻을 수 있다.
음악을 연주하거나 노래를 부르기 위해
약이 필요하다고 생각한다면 미친 게 분명하다.
그러다 영영 아무것도 연주하지 못하고
어떤 노래도 부르지 못하게 될 것이다.

빌리 홀리데이 Billy Holiday(1915~1959)

* 　　인공호흡 목적으로 사용되던 음압 치료 장치.

지독하고 뻔한 사랑 이야기

✦

아편 사용자들의 이야기에는 《로미오와 줄리엣》 따위는 중학생들 이
야기처럼 느껴지게 만들 정도로 위대한 사랑과 크나큰 고통이 담겨
있다. 이 계통 약물들의 금단증상은 그 무엇과도 견줄 수 없는 비통함
을 전하는데, 처음 약의 효과로 느꼈던 안도감과 안정감은 곧 황량한
달 표면에 산소통도 없이 발이 묶인 것 같은 절망감으로 변질된다.

아편은 처음에는 아주 이상적인 연인이다. 그가 상냥하게 손을
흔들면 신뢰와 감사를 담아 화답하는 것이 너무나도 자연스럽게 느
껴진다. 각성제나 알코올과 달리 절대적인 자족감을 선사하는 이 약
물은 주관적인 효과가 거의 완벽에 가까울 만큼 눈치 채기 어렵다.
관계 초기에는 짜증나는 칙칙한 오후가 반짝반짝 빛나고, 좌절감으

로 깨어진 마음의 모서리도 부드럽고 편안하게 느껴진다. 서로가 깊은 사랑에 빠지면 으레 그렇듯, 아편의 품속에서 누리는 근시안적인 자족감은 마치 섬으로 떠나는 휴가나 금빛 길을 따라 달리는 여행과 같아서 둘 사이의 관계에 불필요한 모든 것을 지평선 저 너머로 희미해지게 만든다. 그러니 삶이 작은 상처와 모욕으로 가득 찬들 어떠랴, 알약 하나, 약 한 봉지로 이를 완벽하게 다스릴 수 있는데. 부디 이대로 영원할 수만 있다면!

아아, 그러나 아편은 곧 잔인한 변덕을 부리기 시작하고 동시에 그를 향한 갈망은 점점 절박해져만 간다. "자기야!" 속삭이다 이내 울부짖는다. "제발? 제발, 제발!" 이게 무슨 일일까? 어째서 한때 나누었던 완벽한 위안감을 더는 경험할 수 없는 걸까? 그와 나누었던 친밀감이 차츰 희망 섞인 갈망으로 바뀌고, 그마저 깊은 슬픔으로 바뀌더니 결국은 절망적인 고독감으로 변해버린다. 그 사이 머릿속은 온통 아편에 대한 생각으로 가득찬다. 너무나도 상냥했던 그였기에 충격은 클 수밖에 없으며 그로 인해 찢어진 마음은 가눌 길이 없다. 절박한 심정에 어리석게도 한때 누렸던 것들의 작은 파편이나마 건지기 위해 자존심도 없이 매달린다.

하지만 행복한 재회 따위는 없으니, 괴로워하건 말건 그는 거리를 둘 뿐이다. 둘 사이의 관계가 영원할 수 없으리라는 사실을 알기 때문에 가끔 한 번씩 만나는 시간도 만족스럽지 못하다. 그렇게 며칠, 몇 주, 몇 달, 심지어 몇 년을 고통에 시달리며 행복했던 시절에 대한 기억과 더불어 자신이 에덴동산에서 추방되었다는 분명한 자각에 고문당하게 된다. 이전 삶의 잔해 속을 방황하며 그 무엇에서도 가치를 찾을 수 없을 것만 같다. 사랑에 빠졌던 순간으로 다시 되돌아갈 방법을 찾으며 지속적인 고통에 시달린다. 고통의 정도는 관계의 기간과 강도에 비례한다.

아편 없는 삶이라면 차라리 죽음을

✦

마약성진통제narcotic란 모든 아편계 약물의 총칭으로, 아편중독으로 인한 비극이 전 세계에서 매일 수천 건씩 발생하기 때문에 오늘날 우리의 집단적인 의식 속에 깊이 자리 잡았다.

미국인 다섯 명 중 한 명 이상이 불법적으로 구하거나 처방을 받거나 혹은 두 가지 경로 모두를 통해 일생에 한번은 아편을 사용한다. 아편은 (니코틴의 뒤를 이어) 두 번째로 중독성이 강한 약물로서 아편 남용의 결과는 신경을 쓰지 않을 수가 없다. 아편 관련 사망자 수의 급증과 더불어 최근 세간의 관심이 집중되었던 몇 건의 사례(프린스Prince, 히스 레저Heath Ledger, 필립 세이모어 호프만Phillip Seymour Hoffman 등) 덕분에 아편 문제가 갑자기 주목을 받았지만 이러한 현상은 비단 어제오늘 일이 아니다. 재니스 조플린Janis Joplin, 존 벨루시John Belushi, 시드 비셔스Sid Vicious, 짐 모리슨Jim Morrison, 주디 갈랜드Judy Garland, 심지어 엘비스 프레슬리Elvis Presley도 아편 남용으로 사망했다. 그럼에도 지난 몇 년 동안 약물사용은 증가하는 추세이며, 현재는 교통사고보다도 마약성진통제 과다투약으로 사망하는 사람의 수가 더 많을 지경이다.

이들 중 상당수는 병원에서 중독이 시작된다. 2012년에는 2억 5,900만 건의 아편 처방전이 발급되었는데, 이는 미국의 성인 남녀 모두에게 한 병씩을 주고도 남을 분량이다. 이 같은 아편 처방 남발은 과다투약 사망 사례의 증가와도 관계가 있다. 이러한 약물을 복용하기 가장 쉬운 여성들의 경우(만성적인 통증으로 고통받는 경향이 크다는 것이 한 가지 이유이다) 21세기에 접어들고 첫 10년 동안에만 과다복용 사망 사례가 400퍼센트나 증가했다. 더구나 죽다 살아나는 경험을 한 이들조차 약을 끊는 일이 드물다. 최근 한 연구에서는 처방약을 과다복용한 사람 중 91퍼센트가 다시 약을 처방받았다는 사실을 발견했다. 차디찬 시체가 쌓여가지만 정부와 지역 법 집행당국, 그리고 가족들은 당혹감에 두 손만 움켜쥐고 있다.

대체 누구 탓일까? 실은 우리 모두 고통을 어떤 외부의 '치료제'로 피할 수 있다고 착각함으로써 약물을 지역사회에 만연하게 하는 데 일조했다. 우리는 의사와 함께 약물이 삶의 고통에 대한 지속 가능한 해결책을 제시해줄 수 없다는 것과 판매자(이 경우에는 제약 회사)만이 이득을 보는 구조를 집단적으로 부정하고 있었던 것이다.

헤로인과 기타 길거리 아편들 역시 2010년 이래로 **매년** 40퍼센트씩 사용량이 증가하는 등 유사한 경향성이 나타났다. 신규 헤로인 사용자들의 대부분(다섯 명 중 약 네 명 꼴)이 처방 진통제를 오용하는 것으로 시작해서 보다 싸고 쉽게 구할 수 있는 길거리 마약성진통제로 전향한다. 불행히도 불법 물질들은 딱히 정해진 규정이 없다보니 (달리 불법이 아니다) 순도가 천차만별일 수밖에 없다. 그 결과 길거리 마약성진통제 과다복용으로 인한 사망자 수는 2000년부터 2013년 사이에 거의 네 배 증가했으며, 지금도 계속해서 증가하는 추세다.

　조금만 시야를 넓히면 모든 불법 약물이 크게 유행을 탄다는 사실이 명백하게 드러난다. 가령 마약성진통제는 19세기 중반 미국, 특히 아시아계 이민자, 여성, 그리고 (믿거나 말거나) 아동들 사이에서 대유행했다. 그 뒤로도 1940년대에는 힙스터, 1950년대에는 비트족, 1960년대 후반과 1970년대에는 베트남전쟁 참전용사 등 특정한 하위집단에서 아편 사용량이 급증하는 경향이 몇 차례 나타났다. 1980년대와 1990년대에는 생산성과 효율성을 추구하는 문화적 가치에 더 잘 맞는다는 이유로 각성제가 각광을 받으며 전반적인 아편 사용량이 감소했다. 하지만 오늘날에는 확실히 인기를 되찾았으며, 청소년과 청년들의 사용 비율이 점점 더 높아지고 있다. 그러므로 법이나 의료 행위에서 변화가 일어나고 중독을 치료할 수 있는 약물(날트렉손naltrexone이나 날록손과 같은 길항제)이 개발된다고 해도 마약 전쟁에서 승리할 수 있는 것은 아니다. 자신의 주관적인 경험에 변화를 주려는 욕구는 만인에게 공통인 데다 취할 수 있는 물질이라면 무엇이든 서슴지 않고 시도할 나같은 사람도 많다. 그러므로 공급 측면에서 해결 방안을 찾을 것이 아니라 소비 측면에서부터 변화가 필요하며, 여기에는 내적인 작업이 수반되어야 한다.

내 약물사용의 역사에서 아편을 시도한 횟수는 손에 꼽을 정도인데, 극히 이례적인 경우를 제외하면 내 생활 범위에서는 쉽게 구할수가 없었기 때문이다. 내가 즐겼던 저용량과 중용량 사이에서는 따뜻함과 충만감이 느껴져서 마음에 들었다. 아마도 이 약물을 주사기로 직접 주입할 여건이 되었다면 상황이 많이 달라졌으리라.

아편이 사용자들에게 미치는 영향력은 이루 다 헤아릴 수가 없다. 내가 몇 년 전 포틀랜드시에서 헤로인 중독자들을 대상으로 침술요법이 중독치료에 어떤 효과가 있는지 살펴보기 위해 진행한 연구를 예로 들어보자. 연구의 배경에는 '혈점'을 침으로 찌르면 엔도르핀이 분비되어 금단증상으로 인한 통증과 고통을 완화해줄 수 있지 않을까 하는 생각이 깔려 있었다. 치료 중이던 중독자들 중 연구에 자원한 이들은 처치 집단 또는 플라시보 집단(치료적 효과가 없는 것으로 알려진 부위에 시침 받는 집단)에 무작위로 배정되었다. 매일 아침 약 30분 동안 자격증을 갖춘 전문 침술사가 연구에 참가한 모든 입원환자에게 침을 놓았고, 처음 며칠간은 순조롭게 진행되는 듯했다. 환자들에게 하루에 몇 번씩 지필 문항들에 답하는 형식으로 금단증상을 기록하게 했더니 처치 집단에 속한 환자들이 플라시보 통제군에 비해 불안을 조금 덜 느꼈으며 잠도 잘 자는 경향이 관찰되었다.

하지만 대부분의 병원 사람들과 알고 지내던 어떤 젊은 중독자가 병원을 떠난 뒤 곧장 팔에 주사기를 꽂은 채 사망하면서 연구는 중단될 수밖에 없었다. 뉴스가 터지고 겨우 한두 시간 사이에 센터는 텅 비어버렸다. 그의 죽음을 추모하기 위해서가 아니라 약을 손에 넣기 위해서였다. 환자들이 친구의 죽음을 통해 알아차린 것은 다름 아닌 고품질 마약이 존재한다는 신호였다. 아마 여러분도 주변에서 비슷한 현상을 목격한 경험이 있을 것이다. 지역적으로 약물 과다복용이 급증하는 현상은 중독자들이 약물사용의 결과를 모르기 때문이 아니라 반대로 잘 알기 때문에 발생한다. 이들은 헤로인보다 몇 천 배나 강력한 펜타닐fentanyl이라든지 카펜타닐carfentanil과 같은 약물조차 이미 학습된 뇌를 만족시킬 수는 없다는 사실을 미처 인식하지 못해서 비극을 맞은, 약리학 법칙의 희생자들이다(그러나 불행히도 이러한 약물들은 호흡을 억제하기에는 충분한 효력을 지녀 치명적인 결과를 낳을 수 있다).

'꿈결 같은 시간'은 어떻게 우리를 생존하게 하는가

↯

중독성 약물들은 약물이 일으키는 효과에 따라 여러 집단으로 나뉜다. 각성제는 활동을 증가시키고, 환각제는 지각에 변화를 주며, 수면진정제는 뇌 활동을 느리게 만들고 잠을 촉진한다. 아편과 아편계 진통제들은 공통된 분자구조와 효과로 인해 같은 집단으로 분류되었는데, 그중 가장 일관되게 나타나는 것이 통각 상실, 즉 진통 효과다. 양귀비에서 처음 추출된 아편 화합물은 신석기시대부터 시작해 적어도 7,000년 동안 의학 및 오락 목적(이 두 가지 범주가 언제나 서로 명확히 구분되는 것은 아니다)으로 쓰였다. 그리고 여전히 심한 급성 혹은 만성 통증을 다스리기 위한 약으로 가장 많이 선택된다. 하지만 늘 그렇듯 부작용이 존재한다. 그중에는 호흡억제(과다복용으로 사망하게 되는 원인), 변비(덕분에 중증의 설사에 유용한 치료제 역할을 한다), 이상황홀감(인간이란 존재로 살아가면서 피할 수 없는 양상인 불쾌감을 해결해주는 수단) 등이 있다. 물론 이 마지막 효과가 바로 사람들이 아편에 중독되게 만드는 주범이다.

신경과학적인 관점에서 아편계 약물이 지닌 매력을 이해하기란 어렵지 않다. 헤로인, 펜타닐, 옥시코돈oxycodone부터 그보다 덜 강력한 트라마돌tramadol과 코데인codein까지, 마약성진통제는 모두 체내 천연진통제인 엔도르핀endorphin(내인성을 의미하는 *endogenous*와 모르핀morphine의 합성어)을 모방하는 형태로 작용한다. 우리 뇌는 이 천연 오피오이드를 놀랍도록 풍부하고 다양하게 생산하며, 그 엄청난 수와 넓은 분포도로 미루어 이 물질이 우리의 생존에 결정적인 역할을 한다는 것을 짐작할 수 있다.

그 역할이 무엇인지는 직접적인 체험담을 통해 유추할 수 있다. 탐험가이자 선교사였던 데이비드 리빙스턴David Livingstone은 아프리카로 여행하던 중 사자의 습격을 받았다. 리빙스턴은 그 공격에서 살아

남았는데, 이후 그가 들려준 이야기는 체내에서 엔도르핀이 어떤 역할을 하는지에 관해 극적으로 묘사한다. "사자는 뛰어올라 내 어깨를 덥석 물었고, 우리는 함께 바닥에 쓰러졌다. 귓가에서 끔찍하게 으르렁거리던 녀석은 마치 테리어가 쥐를 물고 흔들듯 나를 마구 흔들었다. 그 충격은 돌아가는 모든 상황을 제법 분명하게 의식하고 있었음에도 아무런 고통도, 공포심도 없이 꿈결 같은 기분을 자아냈다."[1]

현재는 이와 같은 경험이 상당히 흔한 것으로 알려져 있다(당연히 사자의 습격이 흔하다는 말은 아니고, 스트레스나 위험 상황에서 이완된 꿈같은 상태를 경험하는 것을 말한다). 리빙스턴 박사가 겪은 사자의 공격을 현대판으로 옮기면 어떤 모습일지 상상해보자. 가령 사무실에서 긴 하루 일과를 마치고 집으로 돌아왔는데 복면을 쓴 침입자가 있었다고 하자. 사투를 벌이다 침입자의 칼에 깊이 베여 고통스럽다. 어떻게 해야 할까?

이때 고통과 공포심에 압도되어 방바닥에서 몸부림치다 과다출혈이든 뭐든 결국 죽는다고 가정해보자. 이 방법은 생존에 도움이 될 리 없으며, 더 직접적으로 말해 미래에 자손이 번식할 가능성이 극히 낮다. 이에 우리 뇌는 두려운 상황을 맞닥뜨리면 90여 초 안에 엔도르핀을 합성하는 유전자 활동을 자극한다. 이는 엔도르핀이 빠르게 분비되어 중추신경계 전반에서 효과를 낼 수 있도록 만든다. 고통의 전달을 차단하고, 공황 반응을 억제하고, 바라건대 회피를 촉진하는 작용이다. 이로써 고통과 괴로움을 조절하는 것이 유기체에게 진화론적으로 어떠한 이점을 주는지 쉽게 알 수 있다.

천연 오피오이드가 생존에 중요한 역할을 한다는 또 하나의 단서는 아편계 신경 화합물이 너무나도 많고 다양하다는 점이다. 이는 곧 오랜 진화의 역사를 가리킨다. 뇌에서 생산되는 오피오이드에는 수십 가지가 있다(실제 모르핀도 포함된다). 많은 실험 결과 이 화학물질들이 성행동, 애착, 학습과 같은 활동을 조절하는 등 광범위한 핵심 기능들을 담당한다는 사실이 밝혀졌다. 리빙스턴 박사의 창조주가 아무리 자비롭다 한들 고작 죽는 걸 돕겠다고 그 다채로운 선택지를 만들었을 리는 만무하다.

통증 민감성의 스위치를 켜고 끄는 환경 단서

⚡

많은 사람이 엔도르핀에 대해서 들어봤을 텐데, 아마 대부분 '러너스 하이runner's high', 매운 음식을 먹은 뒤에 찾아오는 따뜻하고 만족스러운 느낌, 성관계로 인한 황홀감 등에 관여하는 화학물질이라고 알고 있을 것이다. 하지만 엔도르핀의 효과를 **상쇄**하기 위해 진화한 또 다른 거대한 규모의 천연 화합물이 있다는 사실을 아는 이는 많지 않다. 이들을 통틀어 항오피오이드antiopiate라고 하는데, 이 물질들은 마약성진통제와 정확히 반대 효과를 낸다. 어째서 자비로운 창조주는 우리에게 고통과 초조함을 가중하는 화합물이 필요하다고 판단했으며, 우리는 왜 그렇게 진화해온 걸까?

집에 침입자가 들어온 상황을 다시 떠올려보자. 생명에 위협이 될지 모를 상처를 입고도 사랑스러운 엔도르핀의 홍수 덕에 무사히 침입자를 피해 거리로 뛰쳐나왔다고 치자. 눈앞의 위험이 사라진 다음에는 무통의 상태가 계속되기보다는 고통을 지각하는 편이 더 도움이 될 것이다. 그렇지 않으면 앞선 경우보다야 조금 생명이 연장되겠지만 여전히 과다 출혈이나 감염으로 죽는 결말을 맞을 테니까. 뇌는 엔도르핀이 자연히 분해되어 사라지길 기다리지 않는다. 대신 항오피오이드의 홍수로 지각이 매섭게 날이 서게 된다.

사실 고통에는 두 가지 주요한 목적이 있다. 첫 번째는 위험한 자극이나 상황에서 달아나도록 경고하는 것이고, 두 번째는 행여 처음의 경고를 따르는 데 실패할 경우 이를 만회하기 위한 것이다. 항오피오이드가 존재할 또 다른 근거는 앞 장에서 개략적으로 다루었다. 대비 탐지기로서 뇌는 안정적인 기저선을 필요로 한다는 것이다. 항오피오이드는 보다 효율적으로 뇌를 기저선 상태로 되돌린다.

나의 동료인 에릭 위어텔락Eric Wiertelak도 여러 과학자들과 마찬가지로 오피오이드와 항오피오이드의 항상성 체계에 관한 비밀을 밝히고자 힘쓰고 있다.[2] 영리하게 설계한 실험에서, 그는 쥐가 스트레스 자극을 예상하도록 훈련시키고 시행을 반복하면 쥐들이 이에 대처하기 위해 자체적으로 진통 물질을 합성한다는 사실을 발견했다. 아울러 나르칸Narcan처럼 마약성진통제의 효과를 차단하는 약물을 투약하면 진통 상태가 사라지는 것으로 보아 이 진통 물질이 엔도르핀임을 분명하게 확인할 수 있었다.*

위어텔락 교수의 실험에서 주목할 만한 두 번째 결과는 쥐들을 며칠 동안 스트레스 자극(일련의 전기충격)에 반복적으로 노출시킨 뒤 나타났다. 얼마 지나지 않아 실험 맥락 자체가 진통 효과를 일으켜 에릭이 전기충격을 가하지 않아도 쥐들이 엔도르핀을 생성하기 시작했다. 쥐들이 곧 위험이 발생한다는 사실을 빠르게 알아차려 미리 오피오이드를 만들고 분비하여 대비한 것이다.

여기까지의 내용은 위어텔락 교수가 발견한 결과 중 처음 절반에 해당하는 것으로, 진짜 재미있는 건 지금부터니까 조금만 더 참고 따라 와주기 바란다. 이 실험에 동원되었던 쥐들 중 일부에게는 매일 마지막 전기충격 직후 불빛이 주어졌다. 실험적 맥락이 전기충격과 스트레스를 예측하는 요인이 되었던 것처럼 이번에는 불빛이 안전함에 대한 신호가 되었다. 얼마 뒤 불빛 자극은 쥐의 진통 기제를 반전시켜 통증 민감성이 곧바로 정상으로 되돌아오게 만들었다. 이에 에릭은 안전 신호가 항오피오이드의 분비를 야기한다고 추측했고, 이를 증명하기 위해 빛을 가하기 전 쥐들에게 모르핀을 투여했다. 안전을 예고하는 불빛이 켜지고 겨우 **몇 초** 안에 모르핀의 효과는 완전

---

* 마약성진통제는 모두 엔도르핀을 모방하는 형태로 작용한다. 따라서 마약성진통제 차단 약물로 진통 효과가 사라진 것으로 보아 이 약물에 영향을 받은 체내 진통 물질이 엔도르핀임을 알 수 있다.

히 사라졌다.

모르핀의 반감기(대부분 간의 대사작용으로 약물의 혈중농도가 50퍼센트 감소하기까지 소요되는 시간)는 한 시간이 넘는다. 그러므로 모르핀의 효과가 자연적으로 소멸하는 데는 에릭의 실험에서 쥐들이 보여준 것과는 비교도 안 되는 오랜 시간이 걸린다. 따라서 이 쥐들의 경우에는 '안전하다'는 인식이 항오피오이드의 보상적인 분비를 야기한 것이 틀림없었다. 그야말로 **b 과정**의 환상적인 예다. 앞서 많은 연구자가 아편에 대한 내성과 의존이 항오피오이드의 증가를 수반한다고 보고한 바 있다. 에릭은 여기에 더해 환경적 단서가 다른 신경전달물질의 분비를 야기해 통증 민감성을 켰다 껐다 할 수 있다는 사실을 보여주었다. 신경계의 통증 조절과 관련하여 내가 가장 좋아하는 이야기 중 하나는 고등학교 축구 챔피언전에서 정강이뼈에 금이 간 채 아무런 불편감 없이 마지막 몇 분을 소화한 뒤 승리를 자축하기까지 한 어느 학생의 일화다. 이 학생은 경기가 끝난 뒤 집에 가기 위해 가족들이 타고 있는 차에 오르고서야 극심한 통증을 자각했다. 엄마와 아빠가 그에게는 안전 신호였던 것이다. 통증 민감성이 우리가 처한 구체적인 상황에 따라 정밀하게 조절된다는 사실은 우리의 생존에는 좋은 소식이지만 양귀비로 '인생을 날로 먹으려는' 이들에게는 불행한 소식이 아닐 수 없다.

다른 감각들과 달리 통각은 생존에 특히 더 결정적이며, 다른 모든 감각경험의 문을 열고 닫을 수 있는 독자적인 장치에 가깝다.

이를테면 시각이나 청각, 후각 장애인들은 정상 수명대로 살 가능성이 높지만 선천적으로 통증에 둔감하게 태어난 사람은 거의 예외 없이 젊은 나이에 부상을 입고 합병증으로 사망한다.

게다가 시각, 후각, 청각 등은 경로가 비교적 단순하고 개별적으로 분리되어 있으며 특징이 뚜렷해서 뇌신경 한 쌍만 잘라내도 순식간에 눈이나 귀를 멀게 하거나 후각을 잃게 만들 수 있다. 반면 통각은 여러 곳에서 확산적으로 처리되어 어느 한두 곳을 잘라내 만성 통증을 완화할 수 있는 수술 요법이 존재할 수 없다(많은 의사와 환자들이 너무나도 잘 알고 있듯이 말이다). 통각에는 몸과 뇌 전체에 걸쳐 서로 중첩되는 경로와 회로가 관여하며, 이들이 오피오이드와 항오피오이드의 다채로운 신경화학과 어우러져 생존에 결정적인 특성을 나타내게 된다.

에릭의 쥐와 마찬가지로 인간도 환경 내에서 발생하는 우연들을 연합시키는 데 탁월한 능력을 가지고 있다. 그리고 이러한 과정은 우리가 살아가는 내내 하루에도 몇 번씩 자동으로 이루어진다. 약물의 효과도 예외는 아니어서 그 효과가 도래할 것을 예측하게 하는 정보라면 무엇이든 전부 빠르게 합쳐진다. 다만 연합 결과 우리는 예측 가능한 자극이 본래 일으킬 반응과 정반대의 반응을 보이게 된다. 가령 파블로프의 개는 음식, 그리고 식사 시간과 연합된 종소리에 모두 침을 흘렸다. 하지만 만약 어떤 마약이 입에 침을 고이게 하는 작용을 한다면 그 약과 연합된 단서들은 오히려 입을 바짝 마르게 만들

것이다. 이처럼 얼핏 모순된 것처럼 보이는 현상은 어떤 자극이 중추신경계에 작용하여 항상성을 회복하는 과정을 유발하는지 여부를 살펴보면 이해할 수 있다. 마약은 그러하다. 저녁밥은 그렇지 않다.

중독은 맥락에 의존한다

⚡

오리건에서 박사 후 과정을 보내던 시절, 전화를 받는 모습으로 보아 제법 인기가 있는 듯했던 신입 치과의사와 잠시 같은 연구실을 쓴 적이 있다. 그는 약을 후하게 처방하는 성향 덕에 이름이 알려졌는데, 그로 인해 사실상 쉴 새 없이 괴롭힘을 당했다. 그가 무신경하게 중독자들의 약물사용을 부추겼다기보다는 그저 그들의 집요함과 굳은 마음가짐을 눈치 채고 자신을 방어하는 데 소질이 없어 놀아나게 된 것 같다. 그가 '환자들'에게 애원하고 그들을 논리적으로 설득하려 애쓰는 동안에도 이들은 더 많은 약을 처방받기 위해 창의적인 구실을 만들어냈다. 발치할 때마다 새 약통을 처방받을 수 있다는 이유로 수개월에 걸쳐 기어이 모든 치아를 뽑아낸 사례도 한 건이 아니었던 것으로 기억한다. 나의 연구실 동료는 체념 섞인 말투로(연구실을 다른 건물로 옮기고 전화번호를 바꾸기 전) 환자가 호소하는 치통이 정말 타당한지 객관적으로 평가할 방법이 없으며 그렇게 입 안에 남아 있는 마지막 이까지 뽑고 나면 과연 전화하기를 멈출 것인지도 확신할 수 없다는 말을 남겼다.

대체 어떤 절박함이 한 사람으로 하여금 자신의 치아를 모두 희생하도록 이끄는 걸까? 이는 항오피오이드에게 일정부분 책임이 있다. 연구 결과, 항오피오이드가 아편중독으로 인해 발생하는 구역감과 통증의 주원천으로, 중독이 발생하는 데 기여한다는 사실이 드러났다. 항오피오이드 속성을 띤 펩티드(아미노산이 짧게 결합된 화합물)도 수십 가지 규명되었다. 이 중 다이노르핀dynorphin, 오르파닌 FQorphanin FQ, 콜레시스토키닌cholecystokinin, NPFF 등이 잘 알려져 있으며, 모두 신경적응 과정을 촉진하여 내성, 의존, 갈망에 기여한다. 하지만 이들만으로는 여전히 폭넓게 발생하는 아편중독의 특성을 설명할 수 없다. 과학자들은 다른 유형의 신경적응도 몇 가지 밝혀냈는데, 일부는 뇌의 면역체계 문제를 시사하며, 그 외 상당수는 개별적인 뇌세포 내부에서 발생하는 보상적 변화와 연관되어 있다. 마약성진통제를 만성적으로 복용하는 환자들에게서 아편 수용체의 수는 극적으로 감소하지 않지만(대마 흡연자에게서 CB1 수용체가 급감했던 것과 달리) 사용이 잦아짐에 따라 세포 간 신호에 영향을 미치는 능력이 약화되므로 결국 수가 아닌 효과의 측면에서 수용체의 하향조절이 일어난다.

하지만 이 항오피오이드 체계야말로 가장 잔혹한 녀석이다. 중독자의 신경계에는 이상황홀감을 자아내는 화합물이 정기적으로 흘러넘친다. 그러다보니 항오피오이드 체계는 체내 화합물들의 효과가 모두 더해진 결과가 정상적인 감각에 가깝도록 하기 위해 오히려 세를 불려 통증을 **만들어낸다.** 아편계 작용에 대항하는 항오피오이드 체계는 안전한 상황이나 위험이 지나간 뒤 앞으로 안전해지리라 예상되는 상황에도 작동하지만, 정기적으로 아편에 노출되는 것은 이 정밀하게 진화한 망치에 꼭 맞는 못과 같기에 이보다 효과적으로 항오피오이드 체계를 활성화시키는 방법은 아마 세상에 없을 것이다.

더욱이 약물사용을 예고하는 단서들 또한 항오피오이드 체계의 활성화를 야기한다. 예컨대 화장실에 놓여 있는 숟가락을 보는 것만으로도 주류 아편 사용자들은 오한과 갈망을 느끼는데, 약을 사용하지 않은지 몇 년이 흐르더라도 마찬가지다. 일반적으로 다양한 상황에서 약물사용을 경험할수록 항오피오이드 체계를 활성화시키는 촉발 요인이 많아질 확률이 높다. 스트레스는 실제 오피오이드 활동의 '맛보기'를 제공한다는 점에서 특히 강력한 단서가 되지만 그 밖에 시간, 장소, 사람, 돈, 음악처럼 미미한 요인들도 항오피오이드로 인한 갈망 및 신체적·정신적 금단증상이라는 동일한 결과를 낳는다. (항오피오이드의 효과를 종합적으로 파악하기 위해서는 125쪽의 표 두 번째 열을 훑어보자.)

이는 아편중독이 (다른 모든 중독이 그렇듯) 어느 정도는 맥락에 의존한다는 의미다. 이 같은 점은 근대에 들어 베트남전쟁에 대규모로 참전했던 미군의 사례를 통해 더욱 분명해졌다. 당시 참전 용사 중 최대 20퍼센트가 동남아시아에서 쉽게 구할 수 있던 마약성진통제를 복용함으로써 탈출구를 찾으려 했다. 전쟁이 끝날 무렵 군인들이 집으로 돌아갈 날이 다가오자 의회에서는 이들로 인해 닥칠 문제에 대해 경고했고, 닉슨 행정부는 어떻게 할 것인지 논하고자 공청회를 열었다. 이에 약물중독 검사에서 양성 판정을 받은 군인들은 해외에서 중독치료를 받고, 귀국한 뒤에도 세심하게 추적 관찰을 받도록 결정되었다. 이러한 전략은 운 좋게 잘 먹혀들었는데, 집이라는 극적으로 다른 맥락적 환경이 성공적으로 약을 끊는 데 크게 기여했기 때문이다. 실제로 베트남에서 중독에 빠졌던 군인 중 겨우 5퍼센트만이 재발했다(중독과 치료가 모두 한곳에서 이루어진 사람 중에서는 90퍼센트가 재발하는 것과 상당히 비교된다). 이들이 빽빽하고 습한 정글이나 총소리처럼 베트남에서 경험했던 것과 유사한 맥락에 노출되었다면 보다 전형적인 재발률을 보였으리라 추정된다.

약물로 얻은 쾌락에는 반드시 대가가 따른다
⚡

뇌는 자신의 활동에 변화를 주는 모든 외인성 화학물질에 적응하지만 아편 사용자에게 나타나는 내성, 의존성, 갈망의 정도는 전 약물을 통틀어 가장 강력한 수준으로, 가히 전설이라 할 만하다. 항오피오이드의 생성을 비롯하여 아편중독의 바탕이 되는 적응 과정들은 처음 투약할 때부터 시작되어(이는 모든 약물에 공통으로 적용된다) 회를 거듭할수록 빠르게 힘을 키워간다. 어쩌면 통각이 생존에 너무나도 결정적인 탓에 이 같은 반대과정 역시 매우 강력한지도 모른다.

결과적으로 시간이 흐르면서 처음에는 잘 들었던 용량이 더는 아무런 효과도 일으키지 못하게 되고, 같은 수준을 경험하기 위해서는 더 많은 약을 복용해야 한다. 물론 용량을 늘리면 이 커다란 시련에 대처하기 위해 신경적응이 더욱 활발하게 일어난다. 이는 곧 다시 복용량을 늘려야 하는 상황을 의미한다. 연인과 함께하는 시간이 전처럼 뜨겁지는 않지만 그가 자리를 비우면 몸과 마음이 고통에 짓눌리게 된다. 모두 신경계가 이루어낸 엄청난 적응의 결과다. 이러한 괴로움은 자연히 약을 향한 갈망으로 이어지는데, 무엇이든 약이 없을 때 겪는 극심한 비참함보다는 낫기 때문이다.

아편에 대한 내성은 상상을 초월할 정도로 강력하다. 중독자는 약에 경험이 없는 사람이라면 치명적일 양인 정량 대비 **150배** 이상의 고용량을 투약할 수도 있으며, 그러고도 약에 취하는 것이 아니라 겨우 '정상'이라고 느낀다. 동물실험 연구에서는 완전히 내성이 생긴 동물이 모르핀에 대해 가지고 있던 본래 민감성의 절반 수준을 되찾고 약효를 느끼게 되는 데만도 거의 6일간의 '휴약기'가 소요되는 것으로 나타났다(절반 수준으로 느껴지는 약효가 사용자에게 만족감을 줄 턱이 없다는 점은 두말할 필요도 없다). 반면 니코틴에 대한 민감성이 돌아오는 반감기는 약 한 시간이며, 투약 사이에 겨우 세 시간의 간격만 두어도 완전히 회복되어 다시 해당 물질에 민감하게 반응한다. 아편의 경우에는 완전히 회복되려면 수주에서 수개월까지도 걸리는데, 이것이 곧 중독자들이 약을 끊는 데 그토록 어려움을 느낄 수밖에 없는 주요 원인이다.

사람들은 약 기운이 떨어져서 금단증상을 경험할 때 그 약에 의존한다. 아편 습관을 유지하는 일에는 비용과 시간이 많이 들며, 약을 손에 넣고 사용하는 데 모든 자원을 쏟아붓는다 한들 내성 탓에 약이 잘 들지도 않는다. 많은 중독자가 약을 끊으려고 시도하지만 그 과정에서 약의 급성효과와 정반대 양상으로 나타나는 숱한 금단증상으로 고통 받는다. 아편을 중단한 이들은 몸의 모든 구멍에서 분비물을 줄줄 흘리며 안절부절못하게 된다.

세상에 공짜는 없으므로 약물로 혜택을 누리면 반드시 응당한 대가를 치러야 한다. 이 사실을 깨닫는다면 아편 사용자의 딜레마를 이해하는 데 도움이 될 것이다. 이론적으로 최상의 만족감에는 그와 동등한 괴로움이 요구된다. 황홀감을 누리면 불쾌감이라는 빚이 쌓이며, 더 많은 약으로 기분 나쁜 상태를 피하려는 시도는 빚의 크기를 더욱 늘릴 뿐이다. 실제로도 금단 기간 동안 나타나는 증상의 심각성 및 규모는 뇌가 약에 절여졌던 기간 및 강도와 정비례 한다. 첫 번째 경험이 '최고'이듯 약을 끊을 때도 첫 번째 시도가 가장 쉬우며, 사용기간이 짧을수록 더 쉬워진다. 하지만 아무리 쉽다고 해도 이는 지나고 나서야 알 수 있다. 약을 끊는 것은 언제나 자신의 욕구와 정반대인 것처럼 느껴질 것이다. 그러나 약을 사용하고자 하는 욕구를

아편 효과	금단증상
진통	통증
호흡 억제	헐떡임 및 하품
호흡억제	과민성 및 불쾌감
이완 및 수면	안절부절 및 불면증
진정	공포 및 적대감
혈압 저하	혈압 상승
변비	설사
동공수축	동공확장
심부체온 감소	심부체온 증가
분비물 감소	눈물과 콧물
성적충동 감소	성적 자극 없는 경험
상기되고 따뜻한 피부	오한과 소름

표1 아편의 효과와 금단증상 비교

약으로 해결하려는 행동은 불행을 더욱 연장할 뿐만 아니라 더욱 큰
고통을 불러온다.

　몇 년 전까지만 해도 본격적인 중독자들은 대부분 40대나 50대
였고, 이미 많은 시간을 약에 기대온 터라 사실상 중독에서 벗어나기
를 기대할 수 없었다. 메타돈methadone은 바로 이러한 사람들이 대체
약물로 쓸 수 있도록 개발되었는데, 중독자들은 임상 환경에서 매일
이 약을 복용함으로써 좋지도 아프지도 않은 중간상태에 머무를 수

있었다. 아편 대체제 중에서도 메타돈은 경구로 투약하며 반감기가 특별히 더 긴 것이 특징이다. 매일 클리닉에서 '칵테일(혼합약물)'을 마시는 것만으로 금단증상(아울러 절도나 공공장소에서 마약을 투약하는 등 약의 중단을 힘들게 만드는 반사회적 활동들)을 예방할 수 있는 데다 약이 매우 저렴하다는 점 때문에 각광받았다. 물론 지역사회 사람들에 비하면 중독자들이 느끼는 이점은 그리 크지 않았을 테지만 말이다.

하지만 최근에는 메타돈이 점점 더 젊은 중독자들에게 쓰이고 있다. 이를 딱히 비윤리적이라고 할 수는 없지만 신경생물학적 관점이나 사회적 관점에서 보면 큰 비극이다. 메타돈이 지속시간이 긴 아편이다보니 금단증상을 모면하기 위해 뇌를 계속 약물에 절여놓는 목적으로 사용할 경우 엄청난 중독을 야기하기 때문이다. 심지어 헤로인보다도 끊기가 어렵다. 헤로인은 지옥이라지만 비교적 금방 지나가는 편이다. 따라서 겨우 청소년기를 벗어난 사람들에게 이 같은 약물을 처방하는 것은 정신질환을 앓는 환자들을 주립 시설의 뒷방병동에 수용하는 것처럼 이들을 일종의 종신형에 처함으로써 '유지관리'하는 일이다. 나머지 구성원들에게 피해를 끼치는 일은 덜하겠지만 그들 자신의 삶은 없어지게 된다.

신경학적 관점에서 볼 때는, 오히려 반대 노선을 택하는 편이 더 나은 전략이다. 오랜 시간 세포들을 아편에 절이는 대신 오히려 항오피오이드 물질을 잔뜩 투입해 아예 질리게 만드는 것이다! 항오피오이드를 주입하면 뇌는 체내 오피오이드 체계를 상향조절하거나 적어도 정상 수준으로 되돌림으로써 항상성을 유지하려고 할 것이다. 실제로 현장에서는 이와 같은 방법을 시도하고 있고, 마법처럼 성공을 거두기도 한다. 과정은 다음과 같다. 우선 중독자가 병원에 입원하면 전신마취를 하고(그 이유는 잠시 뒤에 알 수 있다) 어마어마한 양의 나르칸을 투여한다. 나르칸은 아편이 작용하는 모든 장소를 대신 차지하지만 해당 수용체들을 활성화 하지는 않는다. 약을 사용하지 않은 중독자에게 마취 없이 나르칸을 주입하면 이들은 즉각 극심한 금단의 고통을 느끼고 **이성을 잃게** 된다. 하지만 뇌가 고용량의 약물에 적셔지는 동안 몸이 마취되어 있으면 세포들은 금세 재적응을 마치고 약을 경험하기 전 순수했던 상태로 돌아간다.

끝내주는 이야기 같지 않은가? 하지만 불행히도 일부 사용자들은 마취에서 깨어난 뒤 자신이 초기상태로 되돌아갔다는 사실을 깨닫고 이를 악용하여 퇴원 후 약을 구하러 가기도 한다. 또 다른 문제는 이 전략이 내가 여름 동안 일하던 플로리다의 고급 정신병원에서 격월로 공백 기간을 즐기던 어느 록 스타처럼 여유 있는 사람들에게나 가능한 일이라는 점이다. 한편 중독에서 벗어난 뒤 로켓 과학자가 되었다는 전직 스트리퍼는 바로 이 살인적인 금단의 고통 덕에 자신이 약을 끊은 뒤 계속해서 약물을 멀리할 수 있었다며 그 고통의 시간을 잠으로 보낼 수 있었다면 결코 이토록 동기부여가 되지는 않았으리라 회상했다.

앞의 두 극단적인 방식의 중간 즈음, 보다 개화된 민주적인 접근법이 있다. 서복숀Suboxone은 나르칸 유사 약물에 부프레노르핀bu-prenorphine이라는 아편계 약물을 혼합한 약이다. 부프레노르핀은 뇌에서 아편계 약물과 같은 수용체들에 결합하지만 그만큼 강력한 효과를 발휘하지는 않는 탓에 여타 남용되기 쉬운 아편계 약물들에 비해 보상의 크기가 작다. 그 이유로 길거리에서는 큰 인기를 얻지 못하지만 치료에는 좋은 선택이 된다. 그 효과만으로도 집착적 갈망을 비롯한 금단증상을 줄이고 중독자가 수면을 취할 수 있도록 해주기에는 충분하다. 메타돈보다 낙인이 덜하다는 장점도 있으며, 무엇보다 중요한 사실은 의사의 관리를 받을 경우 중독을 심화시키는 일이 없다는 점이다. 그렇기에 약을 끊고자 하는 동기가 생긴 사람에게 서복숀은 좋은 출발점이 되어줄 수 있다. 시간에 따라 점차 용량을 줄이기만 한다면 아편중독에서 벗어날 신의 한 수가 될 가능성이 높다.

아편 사용자들과 이 책의 독자들이 기억해야 할 핵심은 결국 우리 자신이 만족할 만큼 충분한 양의 약물이란 절대로 존재할 수 없다는 것이다. 우리 뇌의 굉장한 적응 능력 덕분에 정기적인 사용자는 약으로 지속적인 고양감을 얻기가 불가능하며, 더 많은 약을 향한 게걸스러운 욕망은 기껏해야 금단증상을 모면하려는 작은 희망을 충족시킬 수 있을 뿐이다. 바로 이러한 상황을 막다른 길이라고 한다.

5

✳

가장 단순하고 가장 파괴적인,
인류의 영원한 친구: 알코올

✦

나는 사람의 모습을 하고
세상 한가운데 두 발로 서 있었다.
나는 모두가 취해 있어
누구도 목말라 하지 않음을 알아차렸고,
나의 영혼은 인류의 자녀들로 인해 아파했다.
그들의 마음의 눈이 멀었음에,
그리하여 내면으로부터 세상을 보지 못함에.
그들은 빈손으로 이 세상에 왔으며,
빈손으로 떠나간다.
이 순간에는 취해 있으나
와인의 취기에서 벗어나면
그들 또한 생각이 바뀌리.

말씀 28, 《도마복음: 쌍둥이의 지혜The Gospel of Thomas: Wisdom of the Twin》

축배 없이 최고의 순간을 기념할 수는 없을까

⚡

약을 끊은 지 정확히 7년이 지났을 때, 나는 과학의 대가들로 구성된 심사위원들 앞에서 수 시간의 논문 심사 과정을 마치고 그 비좁은 방을 빠져 나왔다. 내 학위논문의 목표는 모르핀의 내성이 새로운 환경보다 익숙한 환경에서 더욱 커지는 현상의 원인이 되는 기제를 설명하는 것이었다. 그 결과 내 연구들은 모르핀 효과에 대한 기대감이 커질수록 신경계가 천연 항오피오이드 체계를 발동시킬 가능성이 높아진다는 근거를 마련하는 데 기여했다. 안도감과 기진맥진한 기분에서부터 자부심과 고양감에 이르기까지 다양한 감정들이 뒤섞인 채 세미나실을 나서자 나를 축하해줄 수 있기를 바라며 복도를 얼쩡거리던 동료 대학원생들 몇몇이 반갑게 맞아주었다. 첫 번째로 나선

프랭크가 뻣뻣한 미소를 띠고 의례적인 태도로 내 등을 쳐주었다. 그는 안색이 조금 나빠 보였는데, 내가 무슨 일이냐고 묻자 논문이 통과되면 샴페인으로 축배를 드는 것이 관례였는데 나는 술을 마시지 않으니 무리의 어느 누구도 어떤 방식으로 나를 축하해야 할지 몰라 한다고 솔직하게 털어놓았다.

나의 삶은 180도 달라졌다. 반짝반짝 빛나는 새 박사학위가 생겼을 뿐만 아니라 사람들의 눈을 바라볼 수 있게 되었으며, 떳떳하게 할 수 있는 범죄가 아닌 취미들이 생겼다. 매일 아침 내가 어디에 있는지, 오늘 하루가 대략 어떻게 전개될지 아는 채 맑고 개운한 기분으로 잠에서 깨어난다. 이토록 귀한 상태를 누릴 수 있다니 아주 운이 좋다. 나로서는 모든 것이 전보다 훨씬 좋아졌기에 프랭크에게 편하게 웃으며 그저 컵케이크나 플랫아이언즈에서의 하이킹을 제안했다면 좋았을 거라고 말했다. 하지만 내가 술을 마시지 않는다는 사실을 상기시킨 프랭크의 어색한 말을 듣고 가장 먼저 머릿속에 떠오른 생각은 "젠장, 맞다! 요 몇 년을 고생했으니 술 한 잔 마실 자격은 있잖아!"였다. 동료들과 플라스틱 컵으로나마 성취를 기념하는 축배를 들지 못해서 내가 느꼈던 자기 연민의 깊이는 정신이 온전한 사람들이라면 아마 이해하기 어려울 것이다.

사회적 관습 곳곳은 알코올음료에 푹 절여져 있다. 1839년 영국인 여행가 프레드릭 매리어트Frederick Marryat는 미국인들의 음주문화를 두고 이런 일기를 남겼다. "만날 때 한 잔, 헤어질 때 한 잔, 친구를 사귀면 한 잔, 거래가 성사되면 또 한 잔. 술을 마시다 싸우고, 술을 마시며 화해한다. 더우면 더워서, 추우면 추워서 마신다."[1] 이 같은 문화는 몇 세기가 흘렀음에도 사라지지 않았으며, 중독에서 회복하는 과정에 커다란 도전을 안겨준다. 코카인, 아니 대마를 사양할 때도 술을 거절하는 사람들이 일상적으로 경험하는 미심쩍음과 동정 섞인 눈길을 마주하지는 않을 것이다. 강력한 사회적 합의를 따라 선량한 모임 주최자들은 아무리 거절을 반복해도 아랑곳하지 않고 점점 더 많은 선택지를 제시하거나 '딱 한 잔만' 하라며 집요하게 권한다. 프로모션 광고, 나를 위해 마련된 술자리, 그리고 어디에나 존재하는 약물은 그 자체만으로도 전부 거절하기가 불가능한 데다 많은 상념을 자아내는 역설적인 상황을 만든다.

만약 알코올중독이나 다른 약물중독이 몇몇 비극적인 사건들을 제외하면 일어나기 어려운 희귀한 사례였다면 그러려니 할 수 있다. 그러나 우리 가까이에 구체적인 사례들이 넘쳐나는 것은 물론 자신의 가족마저 이로 인해 상처를 입는 상황에서 우리 모두가 단체로 이를 마음 깊이 부정하는 것은 이상한 일이다. 이처럼 명백한 사실을 못 본 체하는 광기 어린 고집은 내가 어린 시절 보던 담배 광고를 연상하게 한다. 알코올이 세상을 더욱 섹시하고 생기 있게 만들어준다는 오늘날의 주장만큼, 혈기왕성한 운동능력과 흡연 습관을 병치하는 광고들은 당시 어린아이였던 나에게도 앞뒤가 맞지 않는 느낌이었다. 특히 멋지게 태닝한 한 무리의 젊은이들이 바위투성이 협곡에서 급류를 타고 래프팅을 즐기며 대중적인 멘솔 브랜드를 홍보하던 광고 하나가 지금까지도 기억에 남아 있다. 진짜로? 래프팅하면서 담배를 피운다고?

이러한 부조화는 곳곳에서 찾아볼 수 있다. 내가 최근 25년 멤버십 배지를 받은 알코올중독 학회의 연차 학술대회만 해도 언제나 연회와 함께 막을 연다. 모두에게 무료 음료 티켓이 두 장씩(사람들과 어울려 마시기 좋아하는 이들에게 딱 맞게) 제공되며, 그 후로도 자유롭게 더 마실 수 있다(티켓을 소진하면 현금으로 결제할 수 있다). 모임에서 알코올이 빠지는 경우는 거의 없기 때문에 그리 특별할 것도 없어 보이지만, 문득 선택지들 간의 지나칠 정도로 극명한 급 차이가 눈에 띄었다. 술을 마시는 이들에게는 온갖 맛있어 보이는 선택지가 주어진 데 반해(내 눈에만 특히 더 그래보였을지도 모르지만 사실 그게 핵심이다) 나를 비롯해 술을 마시지 않는 소수의 사람들에게는 탄산음료나 물만 제공되었던 것이다. 이제는 물이 내 최애 음료라고는 하지만, 적어도 좋은 물을 마실 수는 없는 걸까? 그리고 왜 갓 짠 신선한 주스나 다른 맛 좋은 음료는 제공되지 않는 거지? 어쨌거나 알코올중독의 대가들이 모인 자리잖아!

중독자들을 동정하면서 동시에 사실상 모든 사회적 교류의 장에서 터무니없는 양과 종류의 술을 윤활제 삼는 행동은 아무 생각이 없는 것이 아니라면 몰인정하기 그지없어 보인다. 이러한 문화는 배타적인 특성도 가지고 있다. 마치 자신의 음주 습관을 제대로 다스리지 못하는 사람들이 진정으로 안락함을 느끼는 유일한 장소가 다리 밑인 것과 같다. 내가 술을 마시지 않는 것이 누군가를 불편하게 할수도 있다는 사실은 충분히 이해가 된다. 다 함께 스트레스를 푸는 동안 서로에 대한 평가는 대충 흐리게 만들자는 거대한 사회적 계약을 어기는 것처럼 보이는지도 모른다. 때로는 여럿이 어울려 술을 마시는 자리에 끼여 있기가 힘든 것도 사실이지만, 내가 그들의 술 소비성향이나 술을 마시지 않았을 때 내가 아는 그들의 모습과 어울리지 않는 모습들이 드러나는 것을 함부로 평가해서가 아니다. 그보다는 외로워서다.

나는 특히 진정제로 최고의 순간을 기념하는 이 일반적인 관행이 신기하다. 강한 정서에 압도되기 쉽다는 점도 이해하고 삭막한 현실에서 벗어나고자 하는 욕구도 충분히 공감하지만, 강한 감정들을 억누를 때는 물론 이들을 용인하거나 드높이기 위해서도 술을 마신다는 사실은 이상하게 느껴진다. 그간 참석했던 졸업식이나 수많은 결혼식, 스포츠 경기, 그 밖의 유사한 행사들에서도 최고의 순간이 발하는 빛을 알코올로 흐리게 만듦으로써 그날을 기념하는 것이 일반적인 방식으로 받아들여졌다. 아기가 태어나는 내내 잠들어 있는 것과도 비슷한데 뭐, 그 매력을 이해 못 하는 바는 아니지만 양쪽 모두 경험해본 사람으로서 나는 억누르기보다는 드러내는 편을 더 선호한다. 때때로 삶이 끔찍하고, 좌절감이 느껴지고, 두렵고, 또 정신이 아득해질 만큼 지루한 것도 사실이다. 하지만 마찬가지로 환희나 감사, 기쁨에 압도될 가능성 역시 빈번하게 존재한다. 요컨대 즐거움을 무너뜨리지 않고 공포만을 억누르기란 불가능하다는 것이다. 소크라테스가 말했고 많은 이가 인정했듯, 슬픔과 즐거움은 상호의존적이다. 내 경우에는 기차보다 롤러코스터를 선호하는 편이다.

이 같은 사색의 결과 나는 논문 심사를 자축하기 위해 다른 선택지를 고려하게 되었다. 만취하는 대신 비싸지 않은 비행기 표를 구해 남태평양에서 7주를 보냈다. 배낭을 메고 성취감을 느끼며, 여행길에 만난 사람들을 제외하면 혼자서 말이다. 밀퍼드사운드에서 카약을 타고 그레이트배리어리프에서 오픈워터 다이빙자격증을 따며 피지의 추장에게 프러포즈를 받는 데 비하면 저장고를 가득 채운 샴페인은 어찌나 초라한지!

당근과 채찍으로도 멈출 수 없다

ϟ

사람들이 약물을 사용하는 주된 이유는 약물이 내는 쾌락적인 효과로, 과학자들은 이를 정적 강화positive reinforcement라고 부른다. 약물이 지닌 중독성과 도파민을 매개로 정적 강화를 일으키는 능력 사이에는 높은 상관관계가 있다. 그러나 좋은 기분을 경험하고 싶은 충동만으로는 물질, 특히 알코올남용 현상을 모두 설명할 수가 없다. 사람들은 불쾌한 기분을 줄이기 위해서도 약물을 복용한다. 이러한 경향성을 부적 강화negative reinforcement라고 하며, 여기서 유발되는 동기가 알코올남용을 야기하는 결정적인 요인이다.

알코올 및 진정제들은 불안 수준을 낮춰준다는 점에서 부적 강화를 제공한다고 할 수 있다. 아편이 그토록 매력적인 것도 고통을 줄여주기 때문이다. 각성제 또한 지루함을 감소시킨다는 점에서 마찬가지 이점이 있다. 게다가 알코올이 감소시키는 불안이 선천적으로 불안 수준이 높은 이들에게 더 큰 강화가 되다 보니 불안한 성향의 사람들은 그렇지 않은 사람에 비해 상습적으로 음주를 하게 될 위험이 더 높다. 선천적으로 이 같은 소인을 가진 사람들의 경우 '상호 보완적' 역할을 해줄 수 있는 물질을 남용할 확률이 높다는 연구 결과도 많다.

하지만 뇌는 그 어떤 약물이 초래한 신경 변화에도 적응을 하므로 아무리 약물들로 자가 치료를 해보려고 해도 만성적으로 노출될 경우 그 효과는 약해지기 마련이다. 타고난 불안 성향 탓에 알코올이 주는 보상을 크게 받아들여 음주가 잦아지지만, 그럴수록 점점 더 불안해지고 점점 더 많은 양의 술을 필요로 하게 되다니. 오호통재라.

실제로는 정적 강화와 부적 강화 모두 약물사용이 지닌 처벌적 측면과 균형을 이루는데, 행동을 조성할 때는 처벌이 강화에 비해 덜 효과적이기는 하지만 처벌 역시 두 가지 형태로 중독에서 중요한 역할을 할 수 있다.

정적 처벌positive punishment은 약물을 다시 사용할 가능성을 감소시킬 만한 불쾌한 결과에서 비롯된다. 예컨대 술을 마시고 토하거나 숙취에 시달린다든지 벌금과 대중의 질타 등의 결과를 경험할 경우 상습적으로 음주를 할 경향이 줄어들 수 있다.

알코올중독자들을 겨냥한 첫 번째 치료 약물은 바로 이 정적 처벌을 전제로 한 것이었다. 안타부스Antabuse는 체내 알코올 대사를 방해하고 독성물질인 아세트알데히드acetaldehyde가 축적되게 만든다. 이 대사물질이 쌓이면 몸이 붉어지고 땀이 흐르며 심박이 불규칙해지는 등 불편한 생리적 효과가 발생한다. 지금도 술을 끊고자 하는 동기가 아주 강한 사람들 사이에서 도움이 되고 있다고는 하지만 지난 40년간의 연구 결과를 보면 대체로 대부분의 부모와 반려동물 보호자들이 이미 알고 있는 사실이 재확인되었을 뿐이다. 바로 처벌이 행동을 변화시키는 데 특출나게 효과적인 방법은 아니라는 사실이다.

어떤 이들은 흔한 유전자 변이로 인해 아세트알데히드를 분해하는 효소가 선천적으로 결핍되어 평생을 안타부스를 복용한 것 같은 상태로 살아가기도 한다. 이 돌연변이는 유럽계 사람들에게는 상당히 드문 반면 동북아시아인의 경우에는 인구의 약 절반에게서 나타난다. 이런 사람들은 알코올 섭취 후 한 시간 내에 얼굴이 붉어지고 두드러기가 나고 숨이 가빠지는 등 알코올에 대한 알레르기 반응을 경험한다. 이 돌연변이는 폭음 경향성을 낮춰주지만 그렇다고 알코올중독을 완전히 예방하지는 못하는데, 처벌이 행동에 미치는 영향력이 제한적이라는 사실이 여실히 드러나는 부분이다. 한편 니코틴 대사를 담당하는 1차 효소가 결핍된 사람들도 있다. 이들은 흡연 시 혈중 니코틴 농도가 남들보다 높고 지속시간 또한 길다. 니코틴 과다 역시 불쾌감을 유발하므로 이들도 마찬가지로 흡연을 할 가능성이 적으며, 담배를 피운다고 하더라도 남들보다 금연에 성공하기가 쉽다. 이 부분은 정적 처벌의 1승이다.

부적 처벌negative punishment은 자신이 행동한 결과로 즐거움의 대상을 빼앗길 때 발생한다. 가령 직장을 잃거나 자존심이 꺾이거나 은행 잔고가 고갈되거나 가족과 소원해지는 것 모두 부적 처벌이 될 수 있다. 다시 말하지만 법정과 구치소는 이러한 전략이 실패한 사람들로 가득하다. 모든 걸 잃을지도 모른다는 위협은 보통 약을 계속하려는 중독자들에게 큰 소용이 없다. 그래도 어떤 이들에게는 부적 처벌이 상습적인 사용을 막음으로써 중독에 빠지지 않도록 도울 수 있다. 대마는 지독할 정도로 다양하고 주관적인 효과를 야기하는 것으로 악명이 높으며, 이유는 아직 알 수 없으나 일부 사람들에게서는 잠이 쏟아지는 증상이 나타나기도 한다. 하지만 의식을 잃어서는 '파티'를 전혀 즐길 수 없기에 이들은 일상적으로 대마를 피우지 않게 되는 듯하다.

내 친구 리바이는 훌륭한 사람이지만 만성적인 알코올중독자이기도 했다. 리바이와 아내는 음주를 멈추지 못해서 여섯 자녀에 대한 양육권을 모두 상실했고, 나와 만났을 무렵에는 비탄에 잠겨 콜로라도주 볼더의 거리에서 노숙 생활을 하고 있었다. 그는 술을 끊고 싶어 했지만 아무리 해도 술을 마시지 않는 날을 며칠도 채 이어가지 못했다. 당시 시의 경계 지역에서는 일요일에 술을 살 수 없었는데, 그 친구로서는 직접 도시계획을 새로 짤 수 있는 입장도 아니었으므로 일명 '화이트 라이트닝White Lightning'*이라는 해법을 생각해냈다. 화이트 라이트닝의 하나로 캔 오프너를 이용해 아쿠아넷 헤어스프레이 통 하단부에 구멍을 내고 그 안에 담긴 '칵테일'을 단숨에 들이켰다가 구역질을 한 적도 있다. 또 안타부스를 복용해보기도 했지만 어느 방법도 술을 향한 그의 기세를 꺾지는 못했다. 몸이 안 좋고 안색도 나빠 보였지만 그는 몸이 원하든 원치 않든 뇌가 알코올을 필요로 한다며 만취 상태에 이를 때까지 술을 마셨다. 마음이 참 따뜻했던 그는 그렇게 두 가지 유형의 처벌을 모두 경험했음에도 불구하고 어느 날 밤 볼더 크릭 강둑에서 정신을 잃은 사이 얼어 죽고 말았다.

대부분의 중독자들이 그러하듯 리바이 역시 처벌에 강한 내성을 지녔다고 추측해볼 수 있는데, 처벌 요법이 별로 큰 효력을 발휘하지 못하는 이유도 이러한 요인들이 관여하기 때문이다. 아울러 잦은 음주로 인해 정적 및 부적 강화와 정적 및 부적 처벌이라는 네 가지 힘의 균형에 극적인 변화가 발생함으로써 중독이 더 쉽게 일어나는 것도 사실이다. 특히 정적 강화 효과에는 내성이 빠르게 생기지만

---

* 불법으로 양조한 위스키라는 뜻의 속어로 합법적으로 유통되는 술 이외에 알코올을 섭취할 수 있는 변칙적인 수단을 의미한다.

부적 강화 효과는 보통 금단증상에서 벗어나기 위해 음주량을 늘리는 과정에서 점차 강해진다.

요컨대 중독자들이란 어느 지방법원에서나 볼 수 있듯 유난히 당근에 쉽게 넘어가고 채찍에 면역이 있는 사람들일 수 있다.

알코올은 어떻게 영혼의 구멍을 채우는가

✦

알코올은 직관적으로 연구하고 이해할 수 있으리라 생각하기 쉽다. 술을 본 적 없는 사람은 거의 없는 데다가 분자 자체도 고작 탄소 원자 몇 개로 이루어져 아주 단순해 보이기 때문이다. 에틸알코올 또는 에탄올이라고도 불리는, 우리가 마시는 알코올은 설탕이 이스트와 물을 만날 때 발생하는 발효 작용을 통해 어렵지 않게 생산된다. 썩어가는 과일과 젖은 곡물이 아마도 처음으로 우리 조상들과 술을 맺어줬겠지만, 얼마 지나지 않아 인류는 술의 안정적인 공급을 위해 양조를 시작해 적어도 1만 1,000년 전부터는 직접 술을 만들어 마셨다. 발효는 그 과정이 너무나도 간단해서 사실상 인간의 모든 문화권에서 발견되고 이용되어왔다.

일부 시대적·공간적 배경에서는 천연 알코올음료가 전 국민에게 기본 음용수로 쓰이기도 하고 치료약이나 사회적·종교적 의식의 일부로 활용되기도 했다. 가령 아즈텍 원주민들은 신성한 의식에 사

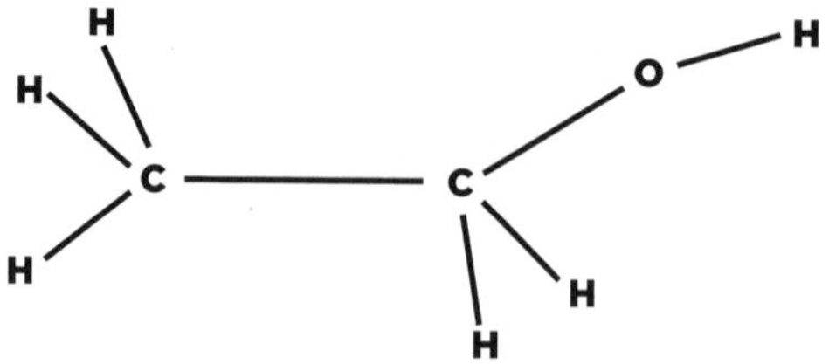

그림 8 에탄올의 분자구조 C_2H_5OH

용하기 위해 용설란의 수액으로 빚은 전통 음료 풀케를 비축해두었는데, 예외적으로 70세 이상 노인들만은 원하는 만큼 자주 마실 수 있었다. 인도에서는 쌀, 밀, 설탕, 과일로 빚은 **수라주**가 수천 년 동안 대중의 사랑을 받으며 지나치게 소비되는 실태에 대한 경고도 나오고 있다.

이스트는 살아 있는 미생물로 알코올의 농도가 10~15퍼센트를 넘어가면 생존하지 못하기 때문에 자연적으로 합성된 알코올음료는 상대적으로 도수가 낮다. 요즘도 맥주나 와인처럼 알코올이 자연 합성된 주종의 경우 원하는 수준의 효과를 내기 위해 제법 많은 양을 소비해야 하므로 남용의 위험이 적은 편이다. 하지만 서기 1세기 경 고대 그리스인들에 의해 증류법이 발견되면서 남용의 위험도 크게 증가했다. 증류는 혼합물을 끓여 가장 먼저 증발하는 알코올만을 따로 모으는 방법이다. 증류주에는 위스키, 럼, 보드카, 테킬라 등 다양한 인기 주종들이 포함되는데, 알코올 도수가 약 40~50퍼센트에 달한다.

역설적이지만 에탄올 분자의 단순한 성질이야말로 알코올을 이해하기 어렵게 만드는 원인이다. 코카인, THC, 헤로인, 엑스터시 등의 분자는 훨씬 크고 구조적으로 복잡하기 때문에 뇌에서 이들이 작용하는 장소가 매우 특정적이다. 반면 알코올은 크기도 굉장히 작고 약삭빠른 녀석이라 작용 위치를 정확히 잡아내기가 어렵다. 비행기보다 스케이트보드를 주차할 만한 장소가 더 많다는 사실을 떠올리면 쉽게 이해할 수 있다. 약물의 효과는 바로 이 '주차', 즉 '결합'에 의해 발생하는데 알코올은 이를 행할 수 있는 곳이 여러 군데이므로 그 효과 역시 훨씬 덜 특정적인 형태로 나타난다.

알코올의 일부는 위에서 대사되는데, 위액에 함유된 효소의 양이 성별에 따라 차이가 나다보니 여성보다 남성에게서 더 많은 대사가 이루어진다. 그렇지만 결국에는 위에서 퍼져 나와 간으로 곧장 향하며, 그 속도는 위 안에 얼마만큼의 음식물이 있는지, 어떤 종류의 음식물인지에 의해 결정된다. 알코올은 농도에 따라 대사 속도가 달라지는 다른 약물과 달리 일정한 속도로 분해되어 한 시간이면 혈액과 뇌에서 평형상태에 도달한다. 사실상 알코올 대사의 전부라고 할 수 있는 이 '초회통과_first pass' 대사의 효율은 개인차가 매우 큰 편으로 특히 유전, 술이나 다른 약물 복용 이력, 나이와 밀접하게 연결되어 있다. 대부분의 사람은 한 시간에 한 잔을 조금 초과하는 양 정도는 간 효소로 감당할 수 있어서, 알코올이 아세트알데히드로 전환된 뒤 식초산으로 변했다가 이산화탄소와 물로 분해되는 과정을 무난히 해낸다.

어떤 약물이 효과를 내는 것은 그 약물의 성분이 뇌 구조물에 화학작용을 일으켰기 때문이다. 대부분의 남용약물은 정확히 어떤 구조물에 변화를 일으키는지 알려져 있으므로, 해당 약물이 어떠한 방식으로 그와 같은 효과를 내는지 연구하는 데도 좋은 출발점이 된다. 가령 코카인은 도파민을 재활용하는 단백질을 차단하는데, 그로 인해 도파민이 평소보다 시냅스에 오래 머물게 되어 사용자가 황홀감을 느끼고 활력이 도는 기분을 경험하게 된다. 반면 알코올은 표적이 비교적 불분명한데, 이는 곧 술에 취하는 기제에 관해서는 아직도 계속 연구가 진행 중임을 의미한다.

지금껏 밝혀낸 사실은 다음과 같다. 친구네 지하실에서 내가 와인을 들이켜며 느꼈던 초월적인 감각은 분자 수준에서의 여러 가지 효과들이 빚어낸 결과였다. 안도감은 아마도 알코올의 신경 효과로 제일 잘 알려진 GABA 신경전달 촉진 덕분이었을 것이다. GABA는 뇌에 가장 많이 분포된 신경전달물질 중 하나로 뇌의 **일차적인** 억제성 신경전달물질이다. GABA에 의한 억제가 알코올 덕에 강화되면 신경활동 속도가 느려진다. 그러므로 적당한 양을 마셨을 때는 불안이 감소하지만 알코올의 도수가 높아지면 진정 작용이 일어나 결국 잠들게 된다(즉 정신을 잃는다). 그러니까 GABA 시냅스의 활동을 증진한 것이 나에게 아주 편안한 기분을 느끼게 해주었을 것이다.

아울러 알코올은 일차 흥분성 신경전달물질인 글루타메이트glutamate 수용체의 활동을 저하한다. 여기에 GABA로 인한 신경억제가 더해지면서 뉴런의 전기적 활동이 완전히 바닥을 치게 된다. 글루타메이트는 새로운 기억을 형성하는 데도 필수적이어서 만약 내가 그날 필름이 끊겼다면(즉 경험했던 시간 중 몇몇 덩어리들을 통째로 잊어버렸다면) 아마도 알코올이 지닌 글루타메이트 활동 방해 능력 탓이었을 가능성이 높다. 글루타메이트와 GABA가 너무나도 많이 퍼져 있다 보니 알코올은 일부 소수의 경로만이 아니라 뇌 전역의 신경활동을 둔화하며, 이로써 인지·정서·기억·운동에서 광역적인 효과가 나타나는 현상이 설명된다.

모든 중독성 약물과 마찬가지로 알코올 역시 행복감이나 무엇이든 할 수 있을 것만 같은 느낌을 비롯해 중변연계가 활성화되면 전형적으로 나타나는 급격한 기분 변화들을 야기한다. 다만 알코올의 경우 이 효과는 체내 오피오이드에 의한 오피오이드 수용체를 활성화가 도파민 분비로 이어진 데서 기인한 것으로 여겨진다.

알코올이 야기하는 약리적으로 엉망진창인 현상 속에는 이 밖에도 다양한 효과가 있으며, 이 같은 화학적 상호작용과 우리가 실제 경험하는 것 사이의 관계성은 다른 약물에 비해 잘 알려져 있지 않다. 가령 알코올은 칼슘이온 통로에 작용해 신경전달물질의 분비를 방해함으로써 신경활동을 둔화시킨다. 칼슘은 시냅스 소낭에서 뉴런 사이의 틈으로 신경전달물질들이 분비되는 과정인 **세포 외 배출** exocytosis에서 필수가 되는 촉매인데, 여기에 알코올이 개입하여 세포들 간의 화학적 소통을 방해하는 것이다. 이 때문에 정상적인 메시지가 발송되지 않아서 말을 하거나 몸을 움직이는 데 혼란 또는 어려움이 발생하게 되는지도 모른다. 알코올 농도가 높아지면 뇌세포들의 물리적인 상태에도 전반적인 영향을 미친다. 이를테면 세포막은 기본적으로 지방으로 이루어져 있다. 따라서 알코올에 푹 적셔지면 세포막이 점점 더 유동적으로 변하며, 그렇게 세포 구조가 손상되면 뉴런이 정보를 전달하는 능력 역시 약화되어 결국 인사불성이 되거나 정신을 잃게 된다. 게다가 알코올은 아세틸콜린 수용체는 물론 특정한 유형의 세로토닌 수용체들과도 상호작용하는 탓에 기분과 인지에도 영향을 미치는 듯하다. 알코올이 뇌에서 일으키는 작용을 명확히 밝히는 일이 그토록 힘든 것도 당연하다. 단일한 신경기질로 이루어져 아주 특정한 방식으로만 상호작용하는 지구의 다른 모든 남용 약물과 비교할 때 알코올은 너무나도 무차별적으로 작용하기에 각각의 화학적 접촉들이 어떻게 취하는 효과를 경험하게 만드는지 분명하게 알아내기가 어려울 수밖에 없다.

더구나 알코올은 앞서 기술한 모든 고전적 신경전달물질에 더해 수많은 펩티드와도 상호작용한다. 펩티드 전달계의 종류에는 수백 가지가 있으며 하나하나가 모두 심도 있는 연구 주제들이다. 여기서 그중 하나인 베타엔도르핀beta-endorphin을 깊이 파고드는 이유는 나의 연구 주제에 관한 이야기를 나누고 싶어서기도 하지만 단순하면서도 복잡한 이 약물을 둘러싼 연구 문제가 얼마나 깊고도 넓은지를

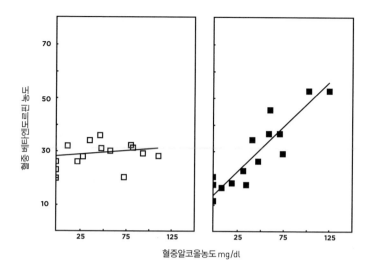

그림 9 유전에 따른 알코올남용 저위험군(왼쪽)과 고위험군(오른쪽)의 엔도르핀 신호 전달 차이(Gianoulakis et al., 1989에서 발췌)

한눈에 보여주기 위해서다.

31개의 아미노산이 한 줄로 연결된 형태의 베타엔도르핀은 중 변연계 도파민 농도를 높이고 '투쟁-도피 반응'을 억제함으로써 도 취감과 안정 효과를 만들어내는 데 기여한다고 여겨진다. 알코올사 용 시 베타엔도르핀의 합성 및 분비가 빠르게 일어난다는 사실은 이 미 오래 전부터 알려져 있었다. 바로 이 아미노산 체계가 알코올남 용에 대항하는 약물 전략 중 하나인 날트렉손의 표적이 된다. 날트렉 손은 나르칸이라는 이름으로 판매되는 날록손과 유사하지만 그보다 작용 시간이 길고 경구 투여가 가능하다. 날트렉손과 날록손은 모두

오피오이드 수용체에 단단히 결합하지만 이를 활성화하지는 않는다. (따라서 오피오이드 길항제로 불린다.) 레비아ReVia나 비비트롤Vivitrol이라는 이름으로 판매 중인 날트렉손은 이 수용체들을 비교적 오랜 시간 차지함으로써 알코올을 마셨을 때 발생하는 모든 엔도르핀 활동을 무력화시킨다. 나르칸과 날록손은 그에 비해 짧은 시간 동안 머무르지만 해당 '주차' 공간에 아편보다도 훨씬 잘 들어맞아 아편을 쫓아내고 아편 과다복용의 영향을 효과적으로 반전시킨다.

내가 이 펩티드에 관심을 가지게 된 것은 수년 전 맥길대학교에서 크리스티나 지아눌라키스Christina Gianoulakis가 이끈 일련의 연구들에 관해 배우면서부터였다. 이들 연구진은 알코올남용 고위험군과 저위험군의 자연적인 베타엔도르핀 활동에 차이가 있음을 발견했다. 다년간 쌍생아 연구에서 얻어진 풍부한 데이터를 통해 알코올중독 위험의 약 50~60퍼센트가 유전적 요인에서 비롯된다는 사실이 드러났다.[2] 이 같은 결과를 낳은 특정 유전자들에 관해서는 대부분이 비밀에 싸여 있지만 그럼에도 가족 중에 알코올중독을 경험한 인물이 있는 사람은 그렇지 않은 사람에 비해 알코올중독에 빠지게 될 확률이 세 배에서 다섯 배나 높다.[3] 지아눌라키스 박사팀은 유전적으로 고위험군에 속하는 사람들의 혈중 베타엔도르핀이 저위험군의 절반 수준임을 보여주었고,[4] 이어 얀 프뢸리히Jan Froehlich 연구팀은 이러한 베타엔도르핀 수준이 대부분 부모에게 물려받은 것임을 보여주었다.[5] 하지만 내가 가장 흥미를 느낀 부분은 알코올이 유전적으로 높은 수준의 알코올남용 위험성을 안고 태어난 사람의 타고난 베타엔도르핀 결핍을 해결해줄 뿐만 아니라 많은 양을 복용할 시 도리어 지나칠 정도로 많은 베타엔도르핀을 생성한다는 사실이었다.[6]

베타엔도르핀은 스트레스를 완화하고 사회적 협력관계를 촉진시켜 안정감에 기여하기 때문에 태생적으로 혈중 베타엔도르핀 농도가 낮은 사람들은 어린 시절부터 안전하고 타인과 연결되어 있다는 감각을 덜 경험할 수 있다. 그러나 그것은 존 발리콘*이 파티에 초대되기 전까지의 이야기다. 이 같은 데이터는 알코올이 타고난 오피오이드 결핍을 치료하는 데 사용될 수 있으며, 일부 사람들의 경우 알코올의 강화 효과를 특히나 더 크게 느낄 수 있다는 것을 의미한다. 어쩌면 내가 친구네 집 지하실에서 '영혼 속 뻥 뚫린 구멍'이 마침내 채워졌다고 느낀 것도 그동안 메말랐던 수용체들의 갈증이 엔도르핀의 홍수 덕에 해소되면서 겪은 현상이었을지도 모른다.

술의 유쾌한 효과와 불쾌한 효과

⚡

알코올이 신경에 작용하는 방식은 마치 오함마와 같다. 알코올은 뇌 전반에 걸쳐 수많은 표적에 작용함으로써 사실상 신경기능의 모든

---

* 술의 의인화.

측면에 영향을 미친다. 술 한두 잔은 사람이 덜 예민해지도록 도와주며, 불안이 감소하면서 긴장도 풀어진다. 하지만 그 이상 넘어가게 되면 피질의 관리감독 기능이 정지되고 피질하의 '정서' 영역들이 평상시의 통제에서 자유로워져 억제 능력을 잃게 된다. 혈중알코올농도가 법적 기준치에 다다르면 행동이 나른해지고 언어 및 신체 협응 능력이 손상된다. 거기서 더 마실 경우에는 의식을 잃을 수도 있다. 이러한 효과들로 인해 알코올은 수면진정제로 분류된다.

대부분의 약물은 밀리그램 단위의 범위에서 효과를 발휘하지만 알코올은 일반적인 약물 투여량의 수백 배를 사용하고 나서야 슬슬 주관적인 효과가 나타난다. 그렇지만 실사용 목적에서 알코올의 효능 자체는 그다지 큰 의미가 없는데, 특히 "설탕 한 숟갈이면 술술 넘어가게 만들 수 있다"[*]는 말에서 유추할 수 있듯, 맛좋게 즐길 수 있는 아주 다양한 방법이 개발된 데다 술을 마시는 것은 대부분의 상황에서 합법적인 일이기 때문이다. 혈액과 뇌 안에서 알코올의 농도가 증가하면 판단력이 손상되고 운동능력이 감소하는 반면 위험한 행동은 증가한다. 동시에 기억과 집중력 문제, 변덕스러운 기분 상태, 불분명해지는 발음 등 신체운동의 협응력 상실과 착란 증상을 겪게 된다. 마침내 최후 영역area postrema, 일명 뇌의 구토중추vomit center가 알코올이라는 독성물질을 배출하기 위해 반사적으로 작용하면서 구역

---

[*]   "Spoonful of sugar to make the medicine go down", 영화 〈메리 포핀스〉 OST 가사.

질이 올라오고 구토를 하게 된다. 종국에는 혼수상태에 빠질 수도 있다. 도수가 높은 술을 빈속에 들이켠다든지 해서 굉장히 빠르게 취한다면 구토반사가 미처 관여하기도 전에 마취 효과가 나타나는 일도 얼마든지 가능하다. 이 경우 뇌가 기능을 멈추면서 과다복용으로 목숨을 잃을 가능성이 있다.

지금까지 설명한 모든 신경화학적 작용들은 알코올 자체에 대한 신경반응이다. 즉 알코올을 처음 접하거나 이따금씩 마시는 사람들에게서 쉽게 발생하는 여러 가지 **a 과정**들을 나타낸다. 하지만 만성적으로 노출되면 뇌가 생리학적 평형을 유지하기 위해 적응을 하면서 이들 각각에 상호보완적인 **b 과정**이 일어나게 된다. 이때 GABA 체계는 덜 민감해지고 글루타메이트는 더욱 민감해지면서, 알코올이 없을 때 뇌가 더 활성화되고, 발작을 비롯한 알코올중독의 위험한 신체적 금단증상의 원인이 되는 신경흥분성이 높아진다. 음주가 잦은 사람들은 엔도르핀 합성에서도 하향조절이 일어나는데, 이로 인해 금주 초기 전신 권태감을 경험할 가능성이 높다. 자연히 이러한 변화들은 음주자가 얻고자 했던 효과들을 약화시킨다.

술에 취해서 발생하는 결과들은 비단 당사자의 뇌에만 국한되지 않는다. 이를테면 판단력의 손상 탓에 부적절한 성행동과 성매개 감염병, 그리고 원치 않는 임신이라는 결과가 초래될 수 있다. 더불어 성폭력, 강간, 성적 트라우마가 일어날 수 있다. 미국에서는 연간 70만 명에 달하는 18세에서 24세 사이의 학생들이 술에 취한 동급생에게 성폭행을 당한다. 그뿐 아니라 미국 내 전체 교통사고 사망사건의 약 3분의 1이 음주와 연관되어 있으며, 수많은 연구 결과 음주여부가 연인 또는 부부 사이의 폭력과 높은 상관관계가 있음이 밝혀졌다.

만성적인 과음은 뇌졸중이나 고혈압 같은 심혈관계 문제, 지방증(지방간), 알코올성 간염, 섬유증, 간경화 등의 간질환, 췌장염, 그리고 다양한 암(구강암, 식도암, 후두암, 인두암, 유방암, 간암, 결장암, 직장암 등) 발생 위험의 증가로 이어진다. 그렇지만 적은 양의 음주도 해롭기는 마찬가지다. 최근 한 연구에서는 전 세계 50만 명 이상의 인구를 대상으로 음주로 인한 효과를 평가했는데, 하루 한 잔의 음주도 조기사망을 초래하는 다양한 질병(암, 심혈관 문제 등)과 연관되어 있음을 발견했다.[7] 음주량이 증가할수록 그 결과는 더욱 심각했다. 하루에 약 두 잔은 1~2년의 수명 감축 효과가 나타났으며, 음주량의 감소는 기대수명을 증가시켰다. 더구나 임신 중 알코올 섭취는 아이에게 다양한 장애를 유발할 수 있는데, 그중 가장 심각한 것이 태아 알코올증후군fetal alcohol syndrome으로 지적장애와 언어지체, 사회성 기술 부족, 때로는 안면기형이 특징적으로 나타난다.

그러나 이렇듯 암울한 결과가 뻔히 보이는데도 우리는 여전히 점점 더 많은 술을 점점 더 빨리 마셔대고 있다. 미국에서는 18세 이상 인구의 4분의 1 이상이 지난달 폭음을 경험했다고 보고했다. 이러한 패턴은 대학생들 사이에서 더욱더 만연해서 대학생 중 무려 40퍼센트에 가까운 응답자가 폭음을 경험했다고 보고했다. 이것이 원인인지 결과인지는 알 수 없으나 이 중 약 절반(20퍼센트)이 알코올사용장애 기준에 부합했으며, 25퍼센트는 음주가 학업에 영향을 미쳤다고 보고했다. 폭음은 누구에게나 위험하지만 아직 뇌가 발달 중인 이들에게는 특히 더 위험하다. 이처럼 '가소성이 높은' 시기에 혈중알코올농도가 높아지면 뇌의 구조와 기능이 영구적으로 변질되며 알코올사용장애로 이어질 가능성이 증가한다. 한편 그 반대 역시 성립한다. 즉 뇌 발달이 빠르게 이루어지는 시기에 술에 취하지 않는 것이 중독의 위험성을 낮추는 가장 효과적인 방법 중 하나다. 나처럼 10대 초반부터 술을 마시기 시작한 사람들은 결국 알코올사용장애 기준에 부합하게 될 가능성이 네 배 이상 높아진다. 실제로 13세부터 21세 사이에는 음주를 시작하는 시기가 1년씩 늦춰질수록 물질남용 및 의존에 빠지게 될 위험이 약 5퍼센트씩 감소한다.[8] 그럼에도 젊은 사람들은 폭음하기가 쉬운데, 신경생물학적으로 이 무렵이 새롭고 위험성 높은 경험을 추구하고 즐기도록 생겨먹었다는 점도 한 가지 이유다. 부모들은 좋아하지 않겠지만 청소년에게는 성인기의 목표를 발달시키고 정체성을 형성하는 데 맞추어 이 같은 경향성이 나타나게 된다.

　폭음은 여성의 경우 네 잔 이상, 남성의 경우 다섯 잔 이상을 두 시간 내에 마시는 행동으로, 이때 혈중알코올농도는 차량을 운전할 수 있는 법적 기준치를 훌쩍 넘는다. 성별 간 음주량 차이는 남성보다 여성이 동일한 혈중농도에 다다르는 데 소요되는 시간이 짧다는 데서 비롯되었다. 이는 앞서 언급한 장내 ALDH 효소의 농도 차이뿐만 아니라 성별에 따른 체지방 비율 차이에서 기인한다. 남성은 보통 같은 체중의 여성보다 혈액량이 많은데, 여성이 남성에 비해 체지방 비율이 높고 지방은 근육보다 필요로 하는 혈액량이 적기 때문이다. 혈액량이 적고 대사가 느리다는 점은 음주가 알코올사용장애로 발전하거나 음주로 인해 사망하는 등 여성 알코올중독자들의 삶이 망가지는 속도가 더욱 빠른 원인을 부분적으로 설명한다.

알코올의 효과는 환경요인에 따라서도 다르게 나타난다. 가령 해고를 당한 뒤 자신을 위로하기 위해 술을 마시는지, 승진을 자축하기 위해 마시는지에 따라 술로 인해 경험하는 진정 효과나 황홀감의 크기도 어느 정도 달라진다. 사람들이 술기운을 드러내는 데는 문화의 차이 또한 크다. 사회적 관행들이 우리의 행동을 만들기 때문에 도쿄와 벨파스트, 코펜하겐의 주점 풍경은 서로 굉장히 다르다. 외지의 방문객이 보면 우리 모두가 동일한 분자 작용을 경험하고 있다는 사실을 받아들이기 어려울지도 모른다. 그리고 한 개인에게서도 뇌의 화학적 상태에 따라 유쾌한 효과와 혐오스러운 효과 사이의 균형이 다르게 나타날 수 있다. 이와 달리 코카인, 암페타민과 같은 각성제는 뇌에서 작용하는 영역이 매우 특정적이기 때문에 상대적으로 훨씬 보편적인 효과를 낸다.

대체로 진정제는 각성제만큼 즐겨 사용되지는 않는데, 그 덕분에 알코올은 이러한 대중성에도 불구하고 다른 약물에 비해 중독성이 덜한 편이다. 전 세계적으로 성인 인구의 85퍼센트 이상이 술을 마시지만 그중 10분의 1가량만이 문제 수준으로까지 발전한다. 아울러 알코올음료 안에 포함된 에탄올이 전부 동일한 분자라고는 해도 보드카보다 테킬라에 더 많은 부산물이 섞여 있듯 각각의 음료에는 원료에 따라 증류 과정에서 저마다 다른 부산물이나 불순물이 함유되므로 이 또한 술에 취한 경험이나 금단증상에 영향을 줄 수 있다(즉 특정 주종의 경우 숙취가 더 심할 수 있다).

주류업계가 음주를 부추기는 법

⚡

중독을 비롯한 모든 행동은 여러모로 맥락 의존적이다. 내가 술을 마시던 때는 20세기의 마지막 4분의 1 무렵으로, 새천년이 밝은 다음과는 사회적으로나 문화적으로 크게 차이가 난다. 음주문화가 얼마나 달라졌는지는 잘 모르겠는데, 아마도 일부 명칭들이나 술 게임에 변화가 있을 것이다. 하지만 술이 미치는 영향력은 확실히 과거와 많이 다르다. 일례로 내가 겨우 열다섯인가 열여섯이었을 때, 새로 연습 면허증을 손에 쥔 나는 어느 날 저녁 식사 후 운전 연습을 하려고 집밖으로 나갔다. 개과천선한 지금은 상상하기 어려운 일이지만 당시의 나는 다리 사이에 맥주병을 끼고 대마를 태우며 빨간불을 가볍게 지나쳐 바다를 향해 동쪽으로 달리고 있었다. 창문 밖으로 담배 연기가 피어오르자 나를 세운 경찰관은 걱정 반, 놀라움 반이 섞인 표정으로 잠시 멍하니 서 있다가 그저 "조심해!"라고 꾸짖었다. 언젠가 친구와 꼭두새벽부터 딕시하이웨이에서 비틀거리며 차를 몰다가 경찰에게 잡혔을 때도 집까지 안전하게 운전할 수 있다고 설득한 끝에 경고만 받고 풀려났다. 분명 지금도 미국 내 곳곳에서 이런 일들이 벌어지고 있을 것이다.

음주로 인해 발생하는 일들에 관해서는 대체로 엄격해졌지만 1인당 알코올 소비량은 내가 한창 술을 즐기던 시절부터 지금까지 전 세계적으로 꽤나 가파른 속도로 증가했다. 알코올 과다복용으로 매년 전 세계에서 약 330만 명이 사망한다.[9] 러시아와 과거 그 위성국에 속했던 나라들에서는 남성 사망자의 5분의 1이 음주로 목숨을 잃는다. 미국에서는 2006년에서 2010년 사이 알코올 과다복용으로 인한 사망자 수가 9만 명에 달하며 20세 이상 64세 이하 성인의 사망원인의 10분의 1을 차지했는데, 이는 기대수명으로 계산하면 총 250만 년 치의 삶을 잃은 것과 같다. 이 중 사망자의 절반과 상실된 기대수명의 4분의 3은 폭음 행동 탓에 발생했다.

알코올사용은 교통사고, 가정폭력, 기타 여러 형태의 폭력 사건에도 크게 기여한다. 2016년에는 응급실을 찾은 전체 환자 중에서 대략 3분의 1 정도가 알코올과 관련된 사고로 부상을 입었다. 또 알코올은 2016년 기준으로 처방 아편과 헤로인 과다복용에 의한 사망자수를 다 합친 것보다 두 배나 많은 사망자를 낳았으며, 음주운전 관련 사망자 수를 포함할 경우 이 수치는 세 배가량 더 높아진다. 이 모든 통계 결과를 살펴보면 알코올이 겨우 두 번째로 치명적인 약물이라는 사실이 놀랍게 느껴진다. 참고로 가장 치명적인 약물은 여러분이 신문이나 잡지에서 읽고 추측하는 것과 달리 아편이 아닌 담배다.

알코올이 뇌에 작용하는 효능이 낮다는 점이 오히려 크나큰 고통을 줄 수 있다는 사실은 잘 알려져 있지 않다. 하지만 알코올중독은 소수집단 및 해당 지역사회의 상당수(10~15퍼센트)에서 대단히 파괴적인 영향을 미치며, 예방 가능한 사망 원인 3위에 해당한다.[10] 알코올은 구성 성분이 작고 어디에나 결합이 가능해 온갖 신경계에 영향을 줄 수 있으며 생산 또한 쉬운 탓에 어마어마한 영향력을 행사한다.

알코올은 문명이 생긴 이래 우리의 문화 속에서 너무도 큰 부분을 차지해왔기에 알코올중독이 이처럼 감당할 수 없을 만큼 확산하는 데 우리가 다 같이 기여했음을 알아차리기란 거의 불가능하다. 우리는 우리의 기여로 인해 벌어진 전쟁터의 모습을 흘깃 쳐다보기만 할 뿐 눈을 내리깔고 시선을 피함으로써 아슬아슬한 줄타기를 이어나간다. 어쩌면 내가 논문 심사를 무사히 마치고 나왔을 때 복도에서 만났던 대학원 동기도 그러했을지 모른다.

그날 동기와 나를 갈라놓은 것은 샴페인 축배를 드는 전통뿐만

이 아니었다. 음주를 중심으로 돌아가는 세상 속에서 살아갈 수 있는 자와 그렇지 않은 자 사이에 존재하는 깊은 골이었다. 하지만 그 역시 우리의 이웃, 친구, 직장 동료들이 태평하게 삶을 이어나가는 동안 너무도 많은 사람이 죽어나간다는 사실이 뻔히 보이지만 않았더라면 이토록 끔찍하지는 않았을 것이다.

그리고 알코올의 해악에 대한 이 같은 집단적인 부정은 실제로 점점 더 큰 사회적 문제를 낳고 있다. 음주량이 증가하는 것은 사실 누군가에게는 좋은 일이다. 세계적으로 알코올 판매에서 거두어들이는 수익은 연간 약 1,500억 달러에 달한다. 세계적인 알코올 생산 기업 디아지오Diageo와 앤호이저 부시 인베브Anheuser-Busch InBev는 직원 고용보다 마케팅에 더 많은 투자를 하면서 25퍼센트가량의 순이익률을 내고 있다. 2013년 보고서에서 앤호이저 부시 인베브는 "소비자들과 우리의 제품을 나눌 새로운 장을 창조해내는 것"이 목표라고 밝혔다. 이건 좀 웃기는 소리인데, 실제로는 이들이 새로운 장을 창조한다기보다 어떤 장에서건 술을 마실 핑계거리를 만든다고 보는 편이 맞기 때문이다. "통찰 덕분에 우리는 특정한 소비의 순간을 위한 제품을 만들고 배치할 수 있었습니다. 친구들과 게임이나 음악 행사를 즐길 때, 일을 마친 뒤 조금 더 느긋한 분위기로 전환할 때, 파티에서 축배를 들거나 함께 식사를 할 때처럼 말이죠"라는 이들의 말에서 알 수 있듯 기업은 심리적 학습 원리를 잘 알고 있으며 이를 이용해 다양한 맥락들과 알코올을 연합시키는 작업을 하고 있다.

같은 선상에서 영국의 주요 맥주 회사들의 조합인 영국 맥주 연맹은 2014년 "영국 내에서 구할 수 있는 맥주의 종류와 이들 각각이 지닌 여러 가지 스타일이 어떻게 다양한 상황 속에서 완벽한 궁합을 보여주는지" 소개하고자 '거기에 딱 맞는 맥주가 있지There's a Beer for That' 캠페인 홍보에 1천만 파운드를 투자했다.

설사 새로운 상황을 만들어낸다고 하더라도 기존 시장이 흡수할 수 있는 소비자 수는 한정되어 있을 수밖에 없으므로 이들을 비롯한 여러 대형 양조 회사들은 기존에 묵혀 두었던 저소득 및 중소득 국가 시장에서 새로운 소비자를 찾아 판매를 확장하는 일에도 심혈을 기울여왔다. 그리고 대중성을 노린 저렴한 제품들을 통해 원하는 바를 달성했다. 이를테면 지금은 앤호이저 부시 인베브의 자회사가 된 SAB밀러의 경우 아프리카 전역에 치부쿠 셰이크 셰이크를 공급했다. 치부쿠는 1950년대 잠비아에서 일하던 어느 독일 양조업자가 수수, 옥수수, 카사바를 이용해 만든 것이 시초이다. 비교적 여과를 많이 거치지 않으므로 전분과 이스트, 식물 미생물 등의 미립자가 고루 섞이도록 흔들어 마시는 형태로, 종이갑에 포장(이 술에 셰이크 셰이크라는 재미있는 이름이 붙고 가격이 저렴해진 이유다)이 다 된 뒤에도 발효가 계속된다. 작은 비닐 용기에 포장된 술도 아프리카의 여러 국가에서 점차 흔하게 볼 수 있게 되었다. 이와 동시에 서구 브랜드 술은 저소득 국가의 중산층 소비자들에게 일종의 사회적 신분의 상징으로 판매 홍보가 이루어지고 있다. 가령 디아지오는 자사의 사과

향 술 '스냅'이 '차별화와 세련미가 돋보이는, 맥주보다 우아한' 음료를 아프리카 여성들에게 제공했다고 주장했다. 마찬가지로 젊은 사람들이 거부감을 덜 느낄 법한 과일 향 맥주를 개발함으로써 다음 세대 소비층을 확보하려는 노력도 이어가고 있다.

미국에서는 업무 생산성 저하, 높은 의료비 지출을 비롯해 형사 사법 절차, 차량 사고 수리, 재물 손괴에 소요되는 비용 등 알코올남용으로 인해 2010년에만 2,490억 달러가 들었다. 환산해보면 한 잔당 2달러가 조금 넘는 금액이 소모된 셈이다. 이 사실은 우리가 주류업계의 기업이윤에 상당한 보탬이 되어주고 있음을 알려준다. 미국의 주류제조업체들은 2014년에 대중을 대상으로 한 마케팅 캠페인 외에도 로비에 2,470만 달러, 특정 정치인과 정당을 지지하는 정치후원자금으로 1,710만 달러를 썼다고 신고했다. 어쩌면 이러한 친밀한 관계가 바로 주류 제조업계가 5년에 10퍼센트 이상 성장이라는 맹렬한 성장세를 지난 몇 십 년 동안 계속 유지할 수 있었던 배경의 일부일지도 모른다. 만약 이윤만이 우리를 움직이게 하는 원동력이라면 이 같은 전략은 누가 봐도 효과적이지만 그 과정에서 발생하는 인적 비용을 따져보면 과연 이것이 윤리적인가 하는 의문이 든다.

어떻게 바뀌면 좋을까? 우선 첫걸음으로 술을 마시지 않는 행동을 불편하지만 참는 정도가 아니라 사회적으로 기꺼이 받아들이도록 노력해야 할 것이다. 그리고 이처럼 수용적인 분위기는 다양한 음료 선택지를 제공하는 데 더해 서로에게 진심을 다해 관심을 기울이며 술자리에 '친목'이라는 요소를 채워 넣음으로써 전달할 수 있다. 이를 실천하다 보면 우리가 만나는 사람들 중 몇몇과는 술이 아닌 우정으로 충만해질지도 모른다.

6

✳

대중화된 처방 약물: 진정제

⚡

**아이가 아픈 것은 아니지만
나에게는 노란 작은 알약이 있지.**

키스 리처드Keith Richards와 믹 재거Mick Jagger(롤링스톤스),
〈엄마의 작은 도우미Mother's Little Helper〉(1966)

안전하고 무탈하다는 착각

✦

1960년대와 1970년대에는 불법 약물을 사용한 사례들도 악명을 떨쳤지만 롤링스톤스의 곡 〈엄마의 작은 도우미〉에 의해 후대에 널리 알려진 바와 같이 합법적으로 처방받은 약물에 중독되는 경우가 훨씬 더 흔했다. 오늘날에도 마찬가지다. 롤링스톤스가 노래한 약물은 수면진정제sedative-hypnotic 계통으로 1955년 출시된 뒤 2년 만에 전체 처방약의 3분의 1을 차지할 정도로 빠르게 베스트셀러 자리를 꿰찬 밀타운Miltown이었다. 1955년에서 1960년 사이에는 전 세계의 인구가 아무리 많은 약물이 공급되어도 부족하다고 느끼기라도 하듯 무려 수십억 정의 밀타운이 제조되었다. 초기에는 이러한 약물들에 중독 위험성이 거의 없다고 여겨졌다(참고로 이 무렵은 사람들이 흡연과 암의 관계를 깨닫기 전으로, 담배가 흥한 시기기도 하다). 한 약물의 특허권이 소멸되기가 무섭게 수많은 유사 제품들이 그 자리를 대체했다. 가령 1970년대에는 발륨Valium이 미국에서 단연 가장 많이 처방된 약물 브랜드로, 여성 인구의 5분의 1이 이를 복용했다. 더불어 이 약으로 인해 응급실에 실려 간 사람은 불법 약물을 사용한 후 응급실에 간 환자 수를 모두 합친 것보다도 많았다. 발륨을 과다복용하여 위험에 처하는 것은 사실상 불가능에 가깝지만 금단증상은 결코 무시할 수준이 아니었는데, 내성과 갈망이 더해져 중독성이 매우 강했다. 그러거나 말거나 발륨은 1980년에는 26억 정이 조제되었고, 이는 거의 한 사람당 100회분 꼴이었다.[1] 그 뒤로 제조법의 사소한 변형들로 꾸준히 특허 제품들이 등장해서 지금은 그 어느 때보다도 이 중독성 강한 약물들의 사용량이 증가한 상태다. 2013년에는 미국 성인의 6퍼센트에 가까운 인구가 수면진정제를 1,300만 회 이상 처방받았다.

과거에도 현재에도 이 계통의 약물이 필요한 것은 분명하다. 가령 양극성장애나 조현병을 앓고 있는 조증 환자들은 수면이 감소함에 따라 망상이 증가하는, 일종의 양성피드백 고리positive-feedback loop에 갇힐 수 있다. 너무 피곤하면 칭얼대기만 할 뿐 쉽사리 잠들지 못하는 아이와 마찬가지로 일부 환자들은 사실상 전혀 쉬지를 못하며, 그 사이 사고와 행동의 문제는 점점 더 커지게 된다. 과거 수 세기 동안은 이런 사람들을 진정시킬 수 있는 유일한 수단이 강제로 신체를 구속하는 것이었고, 그 과정에서 상황이 더욱 악화되곤 했다. 19세기 후반에 이르자 아편이 하나의 선택지로 등장해 여러 가지 식물 추출물과 함께 혼합되어 쓰였고, 그중에는 독성을 지닌 물질도 섞여 있었다. 진정한 의미에서 최초의 수면제는 클로랄수화물chloral hydrate로, 아마 여러분에게는 술에 섞어 상대를 기절시키는 용도로 쓰이는 일명 미키 핀Mickey Finn의 재료가 되는 녹아웃 물약knockout drop으로 더 익숙할 것이다. 그 외 브롬화물과 같은 다른 화합물도 잠시 인기를 끌었으나 이러한 약물들은 모두 치료범위가 매우 좁았다. 이것은 효과가 나타나는 용량과 과용량 사이의 차이가 작다는 의미로, 실제 사용이 반복될수록 그 차이는 점점 더 줄어든다. 바르비투르산염barbiturate이 개발되기 전까지 이러한 유의 약물들이 지닌 높은 독성은 어쩔 도리가 없는 것으로 간주되었다. 부작용에는 구토, 착란, 경련, 심부정맥 등이 있었으며, 심지어 혼수상태에 빠지기도 했다.

그러던 1864년, 아돌프 폰 바이어Adolf von Baeyer(유기화학에 기여한 공을 인정받아 노벨상을 수상한 인물)가 소변에서 추출한 요소와 사과에서 추출한 말론산을 이용해 실험실에서 합성된 최초의 바르비투르산염인 말로닐요소malonylurea를 만들어내는 데 성공했다. 40여 년의 시간이 걸렸지만 바이어는 결국 다이에틸바르비투르산diethyl-barbituric acid을 출시해 소비자들의 열망과 제약 회사의 이윤이 시너지 효과를 내는 시대를 열었으며, 그 추세는 오늘날까지도 이어지고 있다.[2] 바르비투르산으로 더 잘 알려진 말로닐요소는 다루기 어려운 환자들, 특히 중증 정신질환을 앓고 있는 이들을 치료할 수단으로 각광 받았지만 불면증과 뇌전증 치료제 및 수술용 마취제로 쓰이기도 했다.

바르비투르산염의 인기는 빠르게 증가하여 1920년대에는 사실상 진정제의 도움이 필요한 병증을 다스릴 유일한 치료제로 자리를 잡았다. 그러나 1960년 발륨*이 출시되자 약물 혁명에도 두 번째 물결이 일었다. 이러한 유의 화합물은 모두 근육과 정신 양쪽에서 진정 작용을 일으키며, '수면'이라는 명칭이 붙는 것은 이러한 약물을 복용했을 때 잠이 오는 특성 때문이다. 스트레스와 불안, 불면증은 아주 흔한 문제이므로 진정제가 출시된 이래로 줄곧 큰 인기를 누린 이유도 납득이 간다. 하지만 불행히도 이처럼 심각한 문제를 치료하기 위해 개발된 약물들은 꾸준히 사용할 경우 반대과정을 이끌어내, 치료하고자 했던 상태를 오히려 약물이 야기하는 사태를 만들고 만다. 불면증 환자는 잠을 아주 잃어버리며, 불안이 심한 사람은 심신이 너덜너덜해진다.

많은 사람이 그렇듯 나 역시 이 같은 약물들을 꽤나 좋아했고, 일을 해야 하거나 불타는 유흥의 밤을 앞두고 있을 때는 조금 띄웠다가 잠을 청해야 하거나 나른한 기분일 때는 조금 가라앉히는 식으로 각성제와 진정제를 번갈아 사용하곤 했다. 카페인처럼 오래 전부터 애용된 각성제만 봐도 인간은 이미 자연스레 발생하는 각성과 이완에만 기대는 단계를 벗어난 것 같았으며, 나 자신의 각성 상태를 필

---

* 　바르비투르산염이 아닌 벤조디아제핀 계통의 대표 약물.

요에 따라 조정하지 않을 이유는 어디에도 없었다. 진정제 계통 약물을 사용하며 가장 마음에 든 부분은 내 감정들에서 멀리 떨어져 있는 듯한 기분이 든다는 점이었다. 내가 깊이 가라앉았던 시기에 할아버지가 돌아가셨고 나는 장례식에 불려갔다. 난 양가 할아버지를 아주 사랑했는데, 특히 이 분은 그럴만한 근거가 부족한데도 늘 내 안에서 좋은 면만 바라보셨다. 할아버지는 제1차 세계대전이 끝나고 스위스에서 미국으로 이민을 와서 고급 호텔의 파티시에로 일했으며, 한 번은 선물로 '생일 축하해, 주디'라는 문구가 적힌 쿠키를 손수 만들어 주기도 했다. 내가 어떤 상태에 있든 나를 만나면 기쁜 듯 밝은 푸른색 눈을 빛내던 친절하고 다정한 분이었다.

어쨌거나 나는 할아버지가 돌아가셔서 안타까웠다. 아니, 적어도 그렇게 느껴야 한다고 생각했다. 나는 퀘일루드에 절어 완전히 멍한 상태로 장례식에 참석했다. 그러다 어느 순간 그곳에 있는 모든 사람이 진심으로 슬퍼하고 있다는 사실을 깨달았다. 나는 내 얼굴에 그처럼 적절한 표정이 드러나 있지 않겠다는 생각에 걱정이 되기 시작했다. 그도 그럴 것이 나는 정말 아무런 감정도 들지 않았다. 약에 너무 취한 나머지 분명 멍청하게 히죽거리고 있었겠구나 하는 생각이 퍼뜩 찾아왔다. 나는 표정을 '바로잡고' 상황에 맞게 '똑바로 행동' 하려 노력하면서(당시에는 술기운을 유지하는 것과 더불어 최대의 과제였다) 추모객들을 흉내 내어 눈, 코, 입 근육을 각각 그들의 얼굴 근육과 비슷하게 조정함으로써 어떻게든 적절한 표정을 지어내려 애썼다. 그로부터 몇 년 뒤, 치료를 받고 수 년 만에 약을 끊은 다음에야 나는 비로소 진정으로 애도할 기회를 얻었고 이틀 내내 홀로 흐느껴 울었다.

일반적으로 말하는 오락 효과와는 거리가 멀지만 나와 같은 사람들에게 진정제 계통 약물들이 지닌 매력은 실로 굉장한데, 기분이라는 것 자체가 지독하게 불편하게 느껴지는 경우가 있기 때문이다. 의식이 있는 곳이라면 어디든 끼어드는 번민의 늪을 벗어나 아무래도 좋은 영원 속을 둥둥 떠다니기만 하다니, 얼마나 멋진 일인가. 일은 훨씬 견딜 만해지고 골칫거리들은 덜 짜증스러우며 세상의 추한 면들과 고통, 죽음도 그렇게까지 용납 못 할 것은 아니게 된다. 마치 임산부가 사용하는 크고 폭신한 베개처럼 이 약들은 우리가 안전하고 무탈하다는 착각을 하게 하며, 내 경우에는 내면에서 일어나는 모든 일에 무감각해지게 만들어주었다.

이쯤에서 몇 가지 쟁점을 살펴보자. 첫 번째는 20세기 중반에서 후반까지 불었던 수면진정제 붐과 21세기 초반 유행하는 아편 사용 간의 유사성이다. 어느 시대이건 그 시기에 유행하는 것들은 모두 사회적 맥락을 반영하기 마련이다. 항불안제(벤조디아제핀 계통)는 '해방운동' 이전과 운동이 한창이던 시기에 특히 큰 인기를 끌었는데, 해방운동 과정에서 높아진 의식 수준 탓에 발생한 스트레스로 인해 사람들이 마음을 다스릴 수 있는 진정제를 더 많이 필요로 하는 것 같았다(반대로 진정제가 사회적·개인적 불의에 눈감을 수 있게 도와주는 것인지도 모른다). 마찬가지로 아편의 유행 역시 고통을 꺼려하는 우리의 성향을 반영하는 것일지 모른다. 여기서 고통은 비단 개개인의 삶 속에서 경험하는 것뿐만 아니라 전 세계에서 벌어지는 불행에 우리 자신이 일조하고 있다는 사실을 서서히 마주하면서 인류 전체에 대해 느끼는 고통도 포함하는데, 24시간 접하는 뉴스로 인해 크고 작은 비극들이 그 어느 때보다도 우리를 옥죄고 있기 때문이다. 한편 진정제에 대한 부정적인 언론과 더불어 의사들에게 약 처방을 줄이라는 압력이 작용하면서 진정제의 사용이 감소한 것이 알코올사용의 증가 추세와 관련 있다는 추측도 해볼 수 있다. 실제로 그렇다고 해도 별로 놀라울 일은 아닌데, 이러한 유의 약물은 기본적으로 알코올을 알약 형태로 만든 제품이라고 볼 수 있기 때문이다. 요는 그게 어떤 물질이든 살면서 경험하는 것에서 벗어나고자 하는 욕구를 달래줄 무언가가 늘 존재한다는 점이다.

마릴린 먼로와 지미 헨드릭스, 마이클 잭슨의 사인

⚡

20세기에만 2,500가지가 넘는 바르비투르산염이 제조되었고, 이 중 약 50가지가 임상 환경에 도입되었다(당시 이 정도의 성장세는 대단한 것이었다). 이 약들은 매우 흔하게 쓰이게 되었고, 지금도 중증 불면증과 뇌전증을 치료하는 데 가장 많이 사용된다.

바이어가 제안한 '바르비투르산염'이라는 이름은 그의 친구인 바바라의 이름에서 따왔을 수도 있고, 인근 술집에서 약의 발견을 자축하던 중 자신들의 수호자인 성녀 바르바라의 날을 기념하기 위해 그곳을 찾은 포병장교들에게 영감을 받았을 수도 있다. 어쨌든 바이어의 발견에 이어 독일인 연구자 요제프 폰 메링Josef Freiherr von Mering과 에밀 피셔Emil Fischer가 첫 번째 바르비투르산염 제품을 시장에 내놓았다. 1882년 무렵에는 벌써 약물의 수면유도효과가 의사들 사이에서 인정을 받았으며, 1903년에는 다이에틸바르비투르산이 베로날Veronal 이라는 제품명을 달고 수면제로 판매되었다. 이후 미국인들이 제1차 세계대전 중 사용료를 지불하지 않고 자국 내에서 독일 제품 생산을 가능케 하기 위해 약 이름을 바르비탈로 교묘하게 바꾸었다.

바르비탈은 기적의 약이었다. 임상 환자들을 진정시키고 잠을 이루게 하는 능력은 정말이지 대단한 것이었다. 이러한 효과는 1915년 출간된 이탈리아의 정신과의사 쥬세페 에피파니오Giuseppe Epifanio의 논문에서 최초로 보고되었는데, 전시였던 데다 이탈리아어로 쓰인 탓에 널리 알려지지 못했다. 그는 논문에서 난치성 조울병을 앓던 19세 여성에게 페노바비탈phenobarbital을 투여한 결과를 묘사했다. 환자는 깊은 잠을 이루게 되었을 뿐만 아니라 병증을 겪지 않는 기간도 오랜 시간 유지되었다. 결국 장기적인 수면 요법을 포함한 '잠 치유법'이 크게 유행했으며 1920년대의 유일한 정신증 약물요법으로 애용되었다. 또한 자폐증autism, 진전섬망delirium tremens*, 모르핀 금단증상 등에도 사용된다.

아주 초기에는 이러한 약물들이 뇌전증 환자에게도 도움이 된다고 알려졌다. 이는 뇌전증 환자들이 밤에 발작을 일으키는 탓에 수면에 방해를 받던 어느 의사가 환자들에게 페노바비탈을 투여하면서 우연히 발견했다. 그는 환자들의 발작 빈도와 강도가 극적으로 감소하고 그중 상당수가 퇴원하여 그럭저럭 정상적인 삶을 살 수 있게 되는 모습을 보고 경탄했다. 현재 페노바비탈은 전 세계적으로 가장 널리 처방되는 항뇌전증약이며, 그에 걸맞게 '바르비투르산염의 왕'이라는 애칭으로 불리고 있다.

다양한 유사품도 제조되었는데, 일부는 효능이 더욱 강력하고 작용 시간이 짧아 다음날 나른해지는 문제를 없애주기도 했다. 얼마 지나지 않아 아미탈Amytal(아모바비탈amobarbital), 세코날Seconal(세코바비탈secobarbital), 넴뷰탈Nembutal(펜토바비탈pentobarbital), 펜토탈Pentothal(티오펜탈thiopental)이 속속 시장에 등장했다. 정신질환이나 뇌전증 환자가 아닌 사람들도 수면을 돕거나 심신을 이완시키는 데 도움을 받기 위해 이 약들을 복용하기 시작했고, 그중 많은 사람이 일부 비의약적 효과(물론 의약과 비의약적 효과를 구분하기가 애매할 때도 있다)를 악용하며 중독에 빠지기 시작했다. 1938년 미국 식품의약국FDA에서 규제를 도입했음에도 불구하고 이러한 약물들의 인기는 점점 높아져

---

* 대표적인 알코올 금단증상으로 온몸이 떨리고 착란 증상이 나타나는 상태.

만 갔다. 약의 효과를 증가시키고자 바르비투르산염과 알코올을 섞어서 복용하거나 졸린 증상을 완화하려고 각성제와 번갈아 사용하는 사람들도 생겨났다. 최근에는 진정제를 아편계 약물과 함께 처방하는 행위를 약물 과다복용 사망 사례가 급증한 원인 중 하나로 여기고 있다.

미국이 제2차 세계대전에 참전했을 무렵에는 미국인들의 연간 바르비투르산염 소비량이 10억 정을 넘어섰으며, 수요에 맞추기 위해 생산량이 늘어나면서 중독과 과다복용 사례도 덩달아 증가했다. '언제든 자신이 원할 때' 긴장을 풀고 잠들 수 있는 능력은 누구에게나 매력적인 것이지만 특히나 대중 앞에서 일을 해야 하는 이들에게는 더욱 매혹적으로 느껴질 수 있다. 마릴린 먼로Marilyn Monroe의 사망 진단서에는 그가 50정에 달하는 넴뷰탈을 복용했으며 '바르비투르산염 과다복용에 의한 급성중독'으로 1962년 8월 5일 사망했다고 쓰여 있다. 영국에서는 1968년에만 2,470만 건의 바르비투르산염 처방전이 발행되었다. 비슷한 시기 지미 헨드릭스Jimi Hendrix는 런던에서 두 가지 바르비투르산염에 항히스타민제를 섞어 작용 시간을 늘린 혼합 약물 베스파락스Vesparax를 여러 차례 치사량 이상 복용한 뒤 자신의 토사물에 질식해 사망했다. 더 최근에는 마이클 잭슨Michael Jakson이 주치의가 수면을 돕기 위해 투여한 과량의 프로포폴Propofol로 인해 목숨을 잃었다. 작용 시간이 매우 짧은 이 마취제는 바르비투르산염의 구조와는 다른 형태를 띠지만 작용하는 방식은 유사하다. 프로

포폴은 효과가 굉장히 빨리 나타나고 반감기가 짧다는 점에서 아주 훌륭한 마취제지만, 잭슨이 복용하던 다른 약물이나 다른 진정제처럼 내성이 생기면 복용량을 늘릴 수밖에 없어 시간이 갈수록 치료범위가 점차 좁아지고 실수로 과다복용하게 될 위험도 증가한다.

이야기가 나온 김에 덧붙이자면 바르비투르산염을 발명한 화학자 피셔와 폰 메링도 몇 년 동안이나 약에 의존하며 지내다 결국 과다복용으로 사망했다. 이처럼 골치 아픈 문제가 점차 알려지면서 바르비투르산염의 유통과 판매를 규제하는 법들이 제정되었다. 1950년대에 세계보건기구WHO는 이러한 약물들의 금단증상이 큰 문제가 될 수 있으므로 처방에 의해서만 구입할 수 있도록 해야 한다고 권고했다. 하지만 이 같은 노력에도 불구하고 1960년대에도 약에 중독된 사람들의 수는 수십만에 달했으며, 미국에서는 계속해서 매년 1인당 30정 꼴의 약을 생산함으로써 바르비투르산염이 자살의 편리한 수단으로 이용되게 만들었다.

이외에 의도적으로 이 약을 범죄에 악용한 일들도 있었다. 1950년대 중반, 미국 중앙정보국CIA의 지원을 받아 캐나다에서 진행된 일부 연구에서는 바르비투르산염을 투약하고 특정 정보들을 제시해 피실험자들을 세뇌하는 '정신 조종psychic driving'을 시행했다. 언론에서는 이 같은 연구를 크게 비난했고, 연구들은 중단되거나 숨어들었다. 같은 맥락에서 전 세계의 정보기관들이 억제 반응을 감소시키는 데 바르비투르산염의 능력을 이용하기도 했다. 개인의 반응 억제 기전inhibitory control을 억제하여 신경조절 장치의 브레이크 기능을 끄는 효과를 활용해 이 계통의 약물을 '자백제'로 사용하는 일도 있었다. 아미탈 나트륨sodium amytal과 펜토탈 나트륨sodium pentothal은 제2차 세계대전 시기 광범위하게 실시되던 마취정신분석narcoanalysis(환자를 약물로 재운 채 시행하는 정신요법)에 보조제로 쓰였다.

바르비투르산염을 사용하는 사례 중 최악은 정부가 주관하는 살인이다. 미국 내 서른세 개 주에 더해 미군 및 연방정부에서는 사형 집행을 허가하고 있다. 가장 선호되는 수단은 치사량의 약물을 주입하는 방식으로, 이를 통해 1976년 이래 1,483건의 사형이 집행되었다. 이때 세 가지 약물을 혼용하는데 티오펜탈 나트륨sodium thiopental은 의식을 잃게 만드는 데, 또 하나는 근육을 마비시키는 데, 그리고 마지막 약은 심장을 멈추는 데 쓰인다. 티오펜탈 나트륨을 생산하던 미국 제조업체는 생산 공장을 이탈리아로 옮겼다가 이탈리아 정부가 해당 약물이 사형 집행 목적으로 쓰이지 않을 것을 보장하지 않으면 수출을 금지하겠다고 엄포를 놓자 결국 생산을 중단했다. 이 때문에 약이 부족해지면서 사형 집행 속도가 다소 둔화되기도 했다.

바르비투르산염은 여전히 뇌전증 치료와 더불어 외과 마취용으로 활용되고 있으며, 뇌의 외상성 손상 이후 두개내압을 감소시키는 데도 도움이 되고 있다. 그러다 1960년대에 접어들면서 수면진정제의 또 다른 계통으로 GABA$_A$ 효능제 역할을 하는 벤조디아제핀계 약물들이 출시되었고, 바르비투르산염보다 훨씬 안전하고 중독성이 덜

한 약물로 알려졌다. 당연히 이 같은 주장은 거짓이었다. 수백만 명의 사람들이 벤조디아제핀에 중독되었는데, 그나마 희망적인 사실은 벤조디아제핀만으로는 과다복용으로 위험에 처할 리 없다 보니 시장이 굳건하게 유지될 가능성이 높다는 점이다.

수면진정제는 불면과 불안을 해결하지 못한다

⚡

GABA$_A$ 수용체는 모든 수면진정제 약물에 열리는 문이다. GABA는 체내에 가장 흔하게 존재하는 억제성 신경전달물질이며 뇌의 전 회로 및 행동 전반을 조절하는 역할을 한다. GABA 수용체에 작용하는 약물에는 수백 가지가 있다. 이 중 대부분은 염화물이온이 세포 내부로 진입할 수 있게 하는 세포막의 중심세공central pore 주변부를 둘러싼 다섯 가지 단백질의 복합체, 즉 GABA$_A$ 수용체를 표적으로 한다. 염화물이온은 음전하를 띠고 있는데 해당 수용체가 GABA 혹은 이를 모방한 다른 약물에 의해 활성화되어 염화물이 쏟아져 들어가면 세포의 음 전위가 평소보다 커진다. 이는 곧 뉴런의 흥분성을 감소시키고 세포 간의 소통을 둔화한다. 바로 이런 작용 덕분에 수면진정제 약물들이 뇌전증에 효과적인 치료제가 될 수 있다. 뇌전증은 세포 간 전달이 지나치게 활발한 탓에 발작이 일어나는 장애이기 때문이다. 상당수의 항뇌전증 약물들이 GABA$_A$ 채널로 진입하는 염화물의 흐름을 증진해 효과를 발휘한다.

모든 수면진정제가 GABA 수용체의 활동을 촉진하지만 수용체 자체는 사람마다 다를 수 있다. 세포막에는 서로 결합해 수용체 복합체를 형성할 수 있는 개별적인 소단위체가 열아홉 개 있으며 이를 조합하면 해당 수용체의 구조에는 수천 가지가 훌쩍 넘는 경우의 수가 존재한다. 구조적으로 차이가 나는 각각의 수용체에는 저마다 고유의 약리학이 적용되는데, 예컨대 특정 약물에 대해 어떤 수용체는 더 민감하고 어떤 수용체는 덜 민감한 식이다.[3] 약물에 내성이 생기거나 의존하게 되는 것뿐만 아니라 약물의 보상효과 자체에서 나타나는

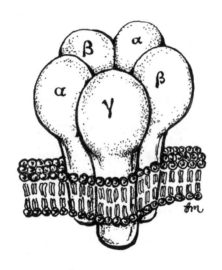

그림 10 GABA$_A$ 수용체의 구조
GABA$_A$ 수용체의 구조적 차이에서 약물과 관련된 모든 개인차가 발생한다고 여겨진다.

개인차까지, 모두 GABA$_A$ 수용체의 구조적 차이와 관련이 있다고 여겨진다.[4] 말하자면 말술이나 일명 '알코올 쓰레기' 등의 특성은 소단위체들의 특정한 결합 형식에 따라 결정된다고 해석된다. 이러한 구조적 차이는 통증 민감성, 불안, 월경 전 증후군 혹은 산후우울, 자폐 스펙트럼으로 진단 받을 확률, 그리고 수면 요구량 등에서도 개인차를 만들어낼 수 있다.

그렇다면 이 GABA$_A$ 수용체의 구조를 결정짓는 요인은 무엇일까? 부분적으로는 유전의 영향도 있겠지만 그 밖에도 다수의 요인이 존재하는데, 바로 이 부분이 문제를 더욱 흥미롭고 복잡하게 만든다. 뇌의 여러 영역 및 세포 유형들은 제각기 다른 수용체로 뒤덮여 있는데, 이들은 연령 및 발달 시기, 선조들의 경험과 관련된 후성유전학적 표지epigenetic mark, 그리고 약물사용을 비롯한 개인의 경험에 의해 달라지기도 한다. 모든 수면진정제에 대한 **b 과정**에는 GABA$_A$ 수용체에서의 변화가 수반되어 약효가 도는 동안에도 일관되게 멀쩡한 상태로 있을 수 있게 해준다(즉 내성이 생긴 것이다). 하지만 약물이 혈액 속을 흐르거나 시냅스에 넘쳐나지 않으면 수용체들은 극도로 적은 자극을 받게 되고, 기존 사용자는 긴장감과 불안을 느껴 발작을 일으킬 수 있다.

벤조디아제핀과 바르비투르산염의 가장 큰 차이는 벤조디아제핀계 약물만으로는 과다복용 사고가 발생하기가 사실상 불가능한 반면 바르비투르산염으로는 과다복용 사고가 꽤나 빈번하게 발생한다는 점이다. 일반적으로 두 약물 모두 GABA와 연합하여 그 수용체에 작용하기 때문에 이들의 효과는 시냅스 내 GABA의 존재 여부에 따라 제한될 수밖에 없다. 그러나 고용량을 사용하면 바르비투르산염은 GABA를 모방하여 직접 중심세공을 열 수 있게 된다. 이는 세포의 활동을 감소시키고 전반적인 신경전달물질의 분비를 억제해 때때로 생명을 유지하기 위해 필수적인 뇌 활동마저 멈추게 만드는데, 바로 이러한 점 때문에 바르비투르산염이 훨씬 치명적이다. 바르비투르산염에 비해 안전하다는 측면 덕분에 불안 증상이나 특정 수면장애의 치료 목적으로 벤조디아제핀을 처방받기는 비교적 쉽다. 또한 근육 이완제나 알코올 금단증상 완화제로도 쓰이며, 수술에 들어가기 전에 신체를 이완하고 기억상실을 유도하는 데 사용되기도 한다. 벤조디아제핀 계열 내의 약물 간 차이는 각각의 약물이 각기 다른 $GABA_A$ 수용체 하위 유형에 작용하는 방식에서 비롯된다.

현재 벤조디아제핀계 약물의 수요는 그 어느 때보다도 높다. 전세계적으로 과도한 불안은 장애를 유발하는 여섯 번째 큰 원인으로 추산된다.[5] 불안은 미래에 있을지 모를 사건들에 대한 막연한 우려라는 점 혹은 뚜렷한 대상이 없는 비이성적인 걱정이라는 점에서 눈앞에 존재하는 명확한 위험에 대한 정서적 반응인 두려움과 차이가 있다. 불안장애는 공황장애, 공포증, 강박장애, 외상 후 스트레스 장애 PTSD 등 다양한 방식으로 나타난다. 불안장애는 우울증과도 연결되는데, 이 때문에 때로는 불안과 우울이 동일한 문제(들)에서 비롯된 두 가지 다른 양상으로 여겨지기도 한다. 불안장애는 주로 초년에 시작되어 간헐적으로 반복되는 단계를 거치며 삶의 만족도, 수입, 교육, 관계에서 많은 희생을 치르게 한다. 아울러 자살의 주요 원인이 되기도 한다. 그러나 적정한 수준의 불안은 에너지 수준을 끌어올리고 오랜 시간 강도 높게 일하거나 무언가에 집중하는 것을 도움으로써 실제 수행 능력을 향상한다. 또한 불안은 중요한 생존 도구가 될 수도 있는데, 불안이 없다면 안전한 생활을 유지할 가능성이 훨씬 낮기 때문이다. 다른 여러 정신장애와 마찬가지로 불안장애 역시 어떤 성질이 지나쳐서 발생하는 현상으로 여겨진다. 불안은 너무 적어도, 너무 많아도 이상적이지 않으며, 불안으로 인해 우리가 가진 잠재력을 충분히 발휘하지 못한다고 느껴질 때 그것이 지나치다는 사실을 알 수 있다.

전 세계 인구의 최대 3분의 1이 살아가는 동안 한 번쯤 불안으로 고통을 겪는데, 불안장애가 발병하는 비율은 여성이 남성보다 두 배가량 더 높다. 사실 여성은 모든 스트레스 관련 장애에 남성보다 두 배에서 세 배 정도 더 취약하며, 이는 지금에야 연구가 이루어지기 시작한 신경생물학적 기제가 작용한 결과다.[6] 불안장애를 치료하는 데 사용되는 약물을 항불안제라고 하는데, 특히 배우자의 죽음, 이혼, 큰 수술과 같이 살아가면서 겪는 커다란 변화와 연관된 일시적인 불안에 효과적이다. 그러나 불행히도 많은 사람이 벤조디아제핀이 있어야만 겨우 정상적인 생활이 가능하다고 느끼며 이에 의존한다. 특정한 사건이나 스트레스에 대처하기 위해 항불안제를 복용하기 시작했더라도 이러한 약물들에 대한 적응이 매우 강력하고 불가항력적이다 보니 한 번만 약을 건너뛰어도 어김없이 더 강한 불안에 시달리게 된다.

불면증을 완화하기 위해 벤조디아제핀계 약물을 정기적으로 복용하는 사람의 경우도 마찬가지다. 제약 회사들에게는 어떨지 몰라도 환자들에게 약이 가져다주는 이점은 시간이 갈수록 점점 저하된다. 이 또한 딜레마인데 불안과 마찬가지로 불면증 역시 심각한 문제이기 때문이다. 성인 남녀의 약 4분의 1이 불면증 증상을 호소하고, 만성적인 수면 부족은 심혈관계 및 대사성질환(심장마비와 비만도 여기에 포함된다)과 암, 물질남용이나 인지 및 행동장애를 비롯한 정신질환의 위험을 높이는 원인이 된다. 미국에서는 매주 약 200만 명의 운전자가 차를 몰던 중 잠들며, 25초에 한 건씩 졸음운전 사고가 발생한다. 그러니까 수면 부족이 문제라는 사실은 틀림없다. 그렇다 보니 원할 때 언제든 약을 복용하고 양질의 깊은 잠을 잘 수 있다는 게 정말 좋은 것처럼 느껴진다. 그러나 불행히도 이는 아주 간헐적으로 시행하지 않는 이상 반대과정으로 인해 실현이 불가능하다. 복용 첫날에는 마치 마법처럼 약이 작용해 빠르고 효과적으로 우리를 꿈나라로 데려간다. 하지만 뇌 활동에 변화를 만들어 효과를 발휘하는 모든 약물이 그렇듯 밀월 기간은 오래가지 않는다.

GABA$_A$ 수용체의 민감성은 소단위체 구성의 변화와 세포 표면에 자리한 수용체의 수가 감소함에 따라 하향조절 되며, 이 두 가지 요인 모두 내성이 생기는 데 기여한다.[7] 0.5밀리그램만으로 효과를 보았던 것이 2밀리그램은 필요해진다. 하지만 그보다 더 큰 문제는 약 없이는 점점 잠 가까이에도 가기 어려워진다는 점이다. 처방을 바꾸는 방법을 시도해볼 수도 있겠지만 그 또한 소용없는 짓이다. 약을 정기적으로 복용한 사람이라면 누구든 다시 밤을 꼴딱 새우게 되는 것으로 그 노력이 헛되었음을 증명할 수 있다(단 액체 형태인 알코올로 대체하는 반칙은 금물이다!). 침대에 누워 간절히 휴식을 원하는 벤조디아제핀 만성 복용자들은 다른 어떤 중독자 못지않게 강한 갈망 현상을 경험할 가능성이 높다.

이 모든 것을 고려하면 벤조디아제핀계 약물들의 처방이 여전히 오름세에 있다는 사실이 놀랍게 느껴질 것이다. 여기에는 문제를 해결하기 위해 약물에 기대려는 우리의 성향 탓도 있지만 그 같은 성향에 부응할 뿐만 아니라 이를 부추기는 데 열과 성을 다하는 기업의 책임도 있다. 최근 보고된 바에 따르면 1996년에서 2013년 사이 벤조디아제핀의 처방은 67퍼센트 증가했으며, 같은 시기 점점 더 많은 사람이 점점 더 많은 약을 복용하면서 약국에서 조제된 벤조디아제핀의 총량은 세 배 이상 뛰었다.[8] 이러한 경향성과 관련된 위험에는 중독만이 아니라 낙상이나 교통사고, 과다복용(다른 약물과 혼용했을 때)을 비롯한 여러 사고도 있을 수 있다.

약물의 역사를 연구해온 니콜라스 라스무센Nicolas Rasmussen은 이렇게 말했다. "진정제의 역사는 매번 아무런 부작용이나 중독성이 없는 척하는 '제품 혁신'의 끝없는 반복이다. 그러다 부작용이 밝혀지면 제약 회사는 그저 다른 새로운 제품을 홍보한다."[9] 신경과학적인 관점에서도 어떤 GABA$_A$ 효능제이든 그 약물로 인해 전역적으로 발생하는 강력하고 불가항력적인 **b 과정** 탓에 상습적으로 사용하기에 적합하지 않다.

심각한 문제들에도 불구하고 사람들은 이 계통 약물들과 오랜 시간 떼려야 뗄 수 없는 관계를 이어왔다. 이제 우리는 불면증이나 불안으로 고통 받는 이들을 도울 더 좋은 방법을 고민해 봐야하는지도 모른다. 혹은 한 걸음 더 나아가 미국에서 적어도 성인 세 명 중 한 명이 겪는, 통계적으로만 보면 오히려 정상이라고 할 정도로 흔한 이러한 증상들이 여전히 이상행동으로 치부된다는 것에 의구심을 품어야 할 때일 수도 있다. 한 가지 가능성은 어떤 사람들의 경우 이 같은 불안 증상들을 일으키는 환경적 요인에 남들보다 더 민감하거나 더 많이 노출되었을 수 있다는 것이다. 일례로 학계에서는 전자기기 화면에서 뿜어져 나오는 빛에 과도하게 노출될 경우 일주기 리듬에 지장이 생겨 기분과 수면을 비롯한 다양한 영역에서 건강에 악영향이 나타날 수 있다고 주장한다.[10] 주로 처방에 의해 소비되는 벤조디아제핀 계통 약물들의 남용이 두 번째 세기에 접어들고도 20년이 지난 지금, 우리는 약물에 기대는 대신 대안을 찾아야 한다. 약물과 달리 문제를 더욱 악화시키지 않는 방법 말이다.

7

✳

오늘만 사는 이들을 위한 에너지 대출: 각성제

⚡

코카인에 해피엔딩은 존재하지 않는다.
그저 죽거나, 감옥에 가거나, 기를 다 빨릴 뿐이다.

샘 키니슨Sam Kinison(1953~1992)

활동적인 기분을 누가 싫어해?

⚡

활동을 증가시키는 계통의 약물인 각성제는 전 세계에서 가장 대중적인 향정신성 약물이자 여러모로 쉽게 손에 넣을 수 있는 중독성 약물이다. 사용자들은 적어도 수천 년 전부터 카트khat나 마황ma huang처럼 암페타민을 생산하는 식물들을 천연 각성제로 이용해왔다. 수면진정제는 같은 계열 내 약물이 모두 동일한 작용 기제와 효과를 보이는 반면 각성제 계통은 오로지 효과라는 측면에만 기반하여 하나로 묶여 있다. 각성제 계열은 상당히 광범위하고 다양해 책 한 권 분량을 몽땅 차지할 정도의 주제가 될 수도 있지만 이 장에서는 카페인, 니코틴, 코카인, 암페타민류*, 그리고 3,4-메틸렌다이옥시메스암페타민 3,4-methylenedioxymethamphetamine, 줄여서 MDMA(일명 엑스터시ecstasy)에만 초점을 맞추어 이야기해보자. 이 중 코카인, 암페타민, 엑스터시는 연구자 입장에서도 다루기 쉬운 약물들인데, 동일한 일반 기제를 통해 매우 정밀하게 작용하여 신경활동에 변화를 일으키기 때문이다.

각성제는 평균적인 각성 수준을 높여 약효가 도는 동안 무언가에 집중하고 기민한 상태를 유지하기가 용이하다. 누구나 활동적이고 고무적인 기분을 좋아한다는 점도 각성제가 널리 애용되는 원인 중 하나지만 흔히 사용되는 각성 성분인 카페인과 니코틴이 합법적인 동시에 규제가 거의 이루어지지 않는다는 점도 주요한 요인이다. 수면, 환각, 분열 증상을 야기하는 약물들은 사회적으로 용인되는 정도가 명백히 덜한 반면 각성되고 활동적인 것이 금기시되는 상황은 그리 많지 않다.

메틸페니데이트methylphenidate(제품명 리탈린Ritalin)와 암페타민amphe-tamine (제품명 애더럴Adderall)은 지금까지 근 60년 동안 주의력결핍과잉행동장애ADHD를 치료하는 데 효과적으로 사용되어 왔다. ADHD 진단은 흔한 편이다. 미국에서는 4세 이상 아동의 약 12퍼센트가 ADHD 진단을 받고, 이 중 대부분인 약 400만 명이 매일 각성제 치료를 받고 있다.[1] 사실 ADHD 진단을 받은 사람들도 특별히 다른 사람들과 다른 증상이 발현되는 것이 아니라 그저 정도의 차이가 있을 뿐이어서 장애 진단을 받은 이들도 약물치료를 하면 인지 수준이 정상범위

*　　필로폰이 여기에 속한다.

에 들어가게 된다. 그러나 ADHD 임상 집단 내에서도 이러한 약물이 필요 이상으로 빈번하게 처방되는데다, 정상 수준을 넘어서는 강력한 각성을 원하는 정상범위의 사람들이 약을 사용하는 비율도 만만치 않다. 이러한 측면은 장기적으로 이 같은 각성제 사용 추세가 어떤 결과를 초래할지 모른다는 우려와 함께 특히나 치료가 향후 중독 위험을 높일 수도 있다는 두려움을 낳았다. 우리가 뇌의 적응 과정에 관해 이미 알고 있는 사실을 바탕으로 하더라도 이 같은 걱정은 실현될 가능성이 높은데, 이러한 약물들이 측좌핵을 비롯한 뇌 전반에서 도파민의 농도를 높이기 때문이다. 그럼에도 연구 결과들은 이 계통 약물들이 ADHD를 위한 처방약으로만 쓰인다면 만성적인 노출에도 행동이나 인지에 영구적인 영향을 미치지는 않는다고 한다.[2]

대부분의 남용약물은 복수의 신경경로에서 상호작용을 일으켜 다양한 효과를 경험하게 하며, 이 약물 중 상당수는 그다지 긍정적이지만은 않은 효과들을 더 많이 내곤 한다. 알코올, THC, 심지어 아편도 작용 효과가 단일하지 않은 것으로 악명이 높다. 어떤 사람들은 모든 효과를 좋아할지 모르나 대부분은 어느 한 가지 효과를 다른 것보다 선호하는 경향이 강하다. 반면 대표적인 각성제들, 즉 코카인과 암페타민은 일반적으로 그렇지 않다. 통제된 실험실 환경에서 이루어진 다수의 연구 결과는 사실상 모든 이가 이 물질들의 약효를 즐기게 된다는 것을 보여주었다(코카인과 암페타민의 주요 차이점은 암페타민의 각성 효과가 훨씬 오래 지속된다는 것이다).

하지만 그러한 즐거움도 약물사용이 반복되면 사라지고 만다. 코카인과 암페타민은 특히 장기적으로 사용할 때 나타나는 특유의 적응 패턴에 주목해야 한다. 여느 중독성 약물들이 그렇듯 이 둘의 경우에도 내성이 즐거움을 망치는데, 내성이 생기면 평상시 도파민의 농도가 정상 수준보다 훨씬 아래로 떨어지므로 보통 약기운이 떨어지면 도파민 결핍 상태에 이르게 된다. 그러나 행동이나 인지에 관련된 효과를 비롯한 그 외의 다른 효과들은 줄어들기는커녕 오히려 더욱 강력해져서 반복적으로 노출되면 결국 민감화sensitization 현상이 발생한다. 각성제 사용자들 사이에서 민감화는 상동증stereotypy 등 시간이 갈수록 점차 심해지는 기이한 행동 및 인지 변화의 원인으로 여겨진다. 상동증은 고용량의 약을 사용하거나 민감화된 사람들이 무의미하고 반복적인 움직임을 보이는 것으로 나타난다. 약물 외에도 상동적 행동을 일으키는 원인은 다양하지만 스피드speed* 사용자들 사이에서는 이를 가리키는 은어가 따로 있을 정도로 흔하게 발생한다. 이를테면 상동증을 보이는 사람들이 아무 생각 없이 사물들을 정렬하고 흩뜨렸다 다시 모으는 행동들을 반복하는 것을 흔히 펀딩punding**또는 트위킹tweaking***이라고 칭한다. 그 밖의 다른 장기적인 영향들은 훨씬 더 심각하다. 각성제로 분류되는 약물들은 교감신

---

*   암페타민을 지칭하는 은어.

**   '멍청이'를 의미하는 스웨덴 속어

***   영어로 '뒤틀다', '미세하게 수정하다'라는 뜻.

경흥분제이다. 이게 무슨 말이냐면 이러한 유의 약물들이 수면을 방해하고 심혈관계에 부담을 줄 수 있는 자율신경계의 교감신경 가지를 자극한다는 것이다. 일부 만성 사용자들의 경우 인지적 각성이 편집증과 환각을 일으키는 수준까지 민감화됨으로써 각성제성 정신증stimulant psychosis 등의 정신과적 문제가 발생하기도 한다. 항상 그렇지는 않지만 이러한 증상들은 보통 사용하던 약을 중단하면 해결된다.

각성제를 사용할 때 벌어지는 또 다른 별난 점은 약에 노출될수록 약에 대한 혐오감이 증가한다는 것이다. 처음에는 순수한 즐거움이었던 것이 더는 원하는 것도 원하지 않는 것도 아닌 상태, 즉 회피성 행동뿐만 아니라 강박적 접근 행동도 함께 측정되는 상태로 변한다. 노출 횟수가 많아질수록 두 감정 사이의 갈등은 커지게 된다. 이 같은 접근-회피approach-avoidance 갈등 패턴은 일반적으로 알코올이나 아편처럼 각성제가 아닌 약물들에서는 보이지 않으며, 훌륭한 동물모델도 존재한다.[3] 가령 쥐는 코카인을 주입받기 위해 통로를 달리는 법을 빠르게 학습한다. 그런데 어떤 연구에서 하루에 한 번씩 총 14일간 연속으로 쥐들에게 코카인으로 향하는 길을 달릴 기회를 주었더니 헤로인 등 다른 약물로 실험했을 때처럼 달리는 속도가 매일 빨라지는 것이 아니라 일단 빠르게 출발했다가 코카인 주입 장치를 코앞에 두고는 뒤돌아서 반대 방향으로 달리는 경향이 관찰되었다. 쥐들은 "그래! 난 이걸 원해"와 "아니야! 원하지 않아"를 되뇌듯 뒤돌아갔다 앞으로 나아갔다를 몇 차례 반복하며 중독자들은 이미 잘 알고 있는 사실을 연구자들에게도 깨우쳐주었다. 코카인 중독은 긍정과 부정의 동기 상태가 혼재되어 있으며 부정적인 결과가 민감화된다는 사실 말이다. 일각에서는 바로 이 괴상하고 불행한 적응이 어쩌면 코카인 사용과 그 빈도가 잦아짐에 따라 생겨나, 중독이 진행될수록 점차 심각해지는 불안장애와의 연관성을 설명해줄 수 있을지 모른다는 가설을 세웠다. 그럼에도 결국은 '원해'가 거의 언제나 이긴다는 점을 명심해야 하는데, 만약 코카인이 무한정 제공된다면 사용자는 통제가 불가능할 정도로 마구 흡입하다 종국에는 목숨을 잃을 것이다. 하지만 아편이나 알코올은 그렇지 않다. 이들 역시 과다복용으로 사고가 발생할 가능성이 있지만 복용을 멈추지 않아서 그런 일이 벌어지는 것은 아닌데, 아마도 아편쟁이나 알코올중독자들은 충분히 많은 양을 복용하면 잠이 들어버리기 때문일 것이다.

전 세계가 사랑하는 향정신성 약물, 카페인

⚡

카페인의 중독성 여부를 두고 일부 논란이 있기는 하나 어쨌든 카페인은 전 세계에서 가장 대중적인 향정신성 약물이다. 정기적으로 복용할 경우 약간의 내성이 생길 수 있고, 의존(사용 중단 시 금단증상을 경험한다)과 갈망이 높은 확률로 발생하지만 해롭다고는 여겨지지 않으므로 중독의 핵심 기준 중 하나인 위해성을 충족시키지 않는다. 사실 카페인을 정기적으로 복용하면 기분, 기억력, 각성도, 그리고 신체 및 인지적 수행 능력이 향상되는 등, 오히려 몇 가지 이점이 따른다고 알려져 있다. 또한 파킨슨병과 제2형 당뇨병의 발병 위험도 감소하는 것으로 보인다. 이는 모두 좋은 소식인데, 특히 카페인은 다른 여러 향정신성 약물과 달리 거의 모든 곳에서 합법인데다 별다른 규제도 이루어지지 않기 때문이다.

카페인의 약리적 효과들은 같은 계열 내 다른 하위 성분으로, 다양한 차나 초콜릿에 함유되어 있는 메틸잔틴methylxanthine이 내는 효과와도 유사하다. 메틸잔틴은 남아메리카와 동아시아에서 자생하는 수많은 식물을 통해 만들어진다. 카페인과 메틸잔틴의 효과로는 가벼운 중추신경계 자극과 각성 효과, 집중력을 유지하는 능력 향상, 반응 속도 증가 등이 있다. 카페인의 원천으로 가장 잘 알려진 것이 바로 커피나무인데, 로스팅되고 곱게 갈려 계속해서 증가하는 거대한 수요를 만족시켜주는 부분은 사실 커피 열매가 아닌 씨앗이다. 커피는 백여 잔을 단숨에 들이켜야 겨우 치사량에 이를 정도로 매우 안전하며, 음료를 마시고 단 몇 분 만에 원하는 효과가 나타나기 시작하여 한 시간 뒤면 최고조에 이른다. 반감기는 약 네 시간에서 아홉 시간으로 제법 긴 편이고, 편차가 큰 것은 대부분 대사에 영향을 주는 유전적 차이에서 기인한다. 다시 이야기하지만 반감기는 체내에 들어온 약물의 양이 50퍼센트까지 줄어드는(대체로 대사를 통해 분해되는) 데 걸리는 시간을 의미하므로 만약 여러분이 수면에 문제를 겪고 있지만 카페에서 즐기는 시간은 포기할 수 없다면 이 정보를 기억해두는 편이 좋을 것이다.

카페인은 잠을 미루거나 예방하며, 심각한 수면 부족 와중에도 간단한 작업들의 수행력을 향상하는 능력으로 널리 인정받는다. 카페인을 복용한 교대근무자들이 복용하지 않은 이들보다 실수가 적으며, 운동능력과 지구력을 향상해 단순히 체육관을 이용하는 정도의 사람들뿐 아니라 운동선수들에게도 도움이 된다. 적당한 양을 복용하면 카페인은 기분을 띄워주고 우울 증상을 줄여줄 수도 있다.

카페인은 부작용이 많은 편은 아니지만 유산의 위험을 끌어올리고 혈압을 높일 수 있다. 게다가 적당한 양을 복용했다고 하더라도 일부는 불안과 초조감을 경험하고 불면증에 시달리거나 잠을 이루기까지 더 오랜 시간이 걸리는 등 가벼운 불쾌 증상을 겪는다. 초고용량을 복용할 경우(이를테면 노도즈NoDoz 다섯 알이나 커피 열다섯 잔) 사용자는 안절부절 못하고 때로는 섬망을 일으킬 만큼 자극에 민감해지며, 구토, 과호흡, 어쩌면 경련까지 경험하게 된다. 뇌에 작용하는데 더해 카페인은 심혈관계, 호흡기계, 신장계의 기능에도 영향을 미친다. 카페인 의존 시에는 피로감, 두통, 자극과민성, 우울한 기분, 집중 불능, 졸음 등의 금단증상이 나타날 수 있다. 커피를 자주 마시던 사람 중 절반이 갑자기 커피를 마시지 않으면 두통을 경험한다.

카페인이 효과를 발휘하는 정확한 기제는 아직 완전히 파악하지 못했지만 분명한 사실은 코카인, 암페타민, MDMA와 달리 직접 도파민과 노르에피네프린, 그리고 세로토닌의 전달을 강화하는 것은 아니라는 점이다. 대신 카페인은 아데노신 수용체adenosine receptor에 대해 길항제 역할을 한다(나르칸이 오피오이드 수용체에 길항제인 것과 마찬가지다). 아데노신은 에너지의 주요 원천인 아데노신 3인산adenosine triphosphate, 이른바 ATP 역할을 통해 더 잘 알려져 있다. 그러나 아데노신은 신경전달물질로도 작용하며, 수용체와 결합이 이루어지는 시냅스 내에 하루 동안 차곡차곡 축적되어 졸린 상태를 촉발한다고 여겨지기도 한다. 카페인은 아데노신의 신호를 차단함으로써 일시적으로 졸음이 오는 것을 막거나 완화하고 각성 상태를 유지하거나 회복시켜준다.

초콜릿이나 핫소스를 빼면 카페인만이 나의 심리적 상태를 조정하는 유일한 물질이다. 마셔도 그만 안 마셔도 그만이라고 말할 수 있다면 참 좋겠지만 그건 말도 안 되는 이야기다. 우리 집은 내가 가끔 여행 가방에 챙길 정도로 특별한 그라인더를 비롯해 커피를 내리는 기계와 특별한 필터, 심지어 특정한 컵까지 갖가지 커피 용품들로 가득하다. 내 '밑바닥'이 처음 드러난 것은 사막에서 캠핑을 할 때였다. 물은 충분히 있었는데, 버너가 망가질 줄은 꿈에도 예상 못했다. 차가운 리프라이드빈*이나 오트밀을 먹는 것은 괜찮았지만 커피가

---

*　멕시코 요리에 많이 쓰이는 으깬 강낭콩.

없는 것은 어찌 한단 말인가? 결국 나는 품위를 잃고 말았다. 커피를 마시지 못한 지 이틀째 되던 날 아침, 나는 이럴 바에야 커피 가루라도 먹자고 결심하고는 한 숟가락을 듬뿍 퍼서 컥컥거리며 삼켰다. 맛이 좋지 않았고 이를 앙다물고 내보이는 미소가 아름답지도 않았지만 15분이 지나자 기분이 나아졌다. 이후 이때의 일이 신경 쓰였다. 다른 약물은 다 끊었으면서 대체 왜 이 습관은 고수하고 있단 말인가? 그리하여 나는 커피를 포기했고, 그 결심은 과테말라를 여행하며 그곳에서 재배된 세상에서 가장 맛 좋은 커피가 따뜻한 우유와 함께 제공될 때까지 얼마간 지속되었다. 나는 속으로 그저 '이 지역 사람들이 하는 대로 하는 것일 뿐'이라고 되뇌었고, 원두 3파운드 사면서 이것을 몇 달에 걸쳐 천천히 마시리라 맹세했다. 그러나 나는 곧바로 예전의 골 때리는 모습을 되찾았고 한층 고급스러워진 입맛 탓에 새로운 브랜드를 찾아 나서야만 했다.

금연은 왜 죽기보다 더 힘들게 느껴질까

✦

세계보건기구에 따르면 11억 명이 넘는 인구가 담배를 피우며 매년 700만 명 이상이 니코틴중독으로 목숨을 잃는다고 한다. 서서히 죽어가는 다른 약물중독자들과 마찬가지로 흡연에 의한 사망은 지나치게 쾌락을 좇다 벌어지는 일이 아니다. 그보다는 뇌가 니코틴에 적응하면서 니코틴이 부족하면 어김없이 겪게 되는 고통 탓에 마치 금연이 죽기보다 힘든 것처럼 느껴져서 생기는 일이다. 나도 과거 흡연자였고, 따라서 충분히 독선적으로 이야기할 수도 있지만 그래도 나는 니코틴이 목숨을 걸 만큼의 가치가 있다고는 생각지 않는다.

평균적으로 흡연자들은 수명이 15년 단축된다. 오늘날 미국 총 보건의료 지출의 5.7퍼센트가 흡연 관련 질환들을 치료하는 데 쓰이며, 전 세계 성인 사망 원인의 12퍼센트가 흡연 습관에서 기인한다. 실제로 흡연 탓에 지출되는 연간 총비용은 전체 GDP의 약 2퍼센트 수준으로, 이는 전 세계 모든 정부에서 지출하는 교육비의 40퍼센트에 해당한다.[4] 종합하면 니코틴중독은 의료서비스 비용 소모와 생산성 손실로 매년 세계 경제에 1조 4,000억 달러 이상의 부담을 가하고 있는 셈이다.

희소식은 몇몇 소수의 지역(가령 동지중해나 아프리카 국가들)을 제외하면 흡연율이 감소하고 있다는 점이다. 이 같은 감소세는 국민들이 높은 자기효능감self-efficacy*을 경험하는 국가에서 가장 빠르게 나타나며, 개인이 아무리 노력해도 자신이 처한 상황에 별 도움이 되지 않는 곳에서는 흡연율이 비슷한 수준을 유지하거나 오히려 증가하기도 한다. (자기효능감은 생활임금만큼을 벌고 가정 및 지역사회에 기여하며 다가올 미래에 희망을 품는 일이 가능한 곳에서 높아진다.)

* 자신이 어떤 일을 성공적으로 해낼 수 있다고 믿는 마음.

미국에서는 여전히 흡연이 질병과 사망에서 예방 가능한 원인 1위를 차지하지만 전보다 흡연자의 수는 감소했다. 이를테면 2013년에는 12세 이상 미국인의 약 21퍼센트가 현재 담배를 피우고 있다고 답했다. 하지만 2016년에는 20퍼센트에 조금 못 미치는 인구가 흡연중이라고 답했다. 다만 이 같은 긍정적인 흐름은 사람들이 그저 연초에서 전자담배나 대마로 전환한 결과가 반영된 것인지도 모른다. 그래도 어느 쪽이든 신체 건강에는 덜 해로울 수 있는데, 연초 담배를 태울 때 느껴지는 대부분의 맛과 향이 발암성 물질로 알려진 타르를 매개로 얻어진다는 것이 가장 큰 이유다. 그렇지만 전자담배가 장기적으로 어떤 영향이 있을지 잘 아는 것도 아니고, 습관성 대마 사용의 부작용은 신체보다 정서적·인지적으로 더 크게 나타나는 경향이 있다. 10대 청소년의 흡연율은 2002년에서 2013년 사이 7퍼센트 이상 줄어들며 빠른 감소세를 보였지만, 같은 기간 동안 전월에 대마를 피웠다고 답한 12학년 학생의 수(22.5퍼센트)가 연초를 피웠다고 답한 학생 수(10.5퍼센트)의 두 배를 넘어 흡연 습관 자체보다는 흡연 물질에 변화가 일어났을 가능성을 시사했다. 그럼에도 불구하고 전 세계 어린이의 절반은 다양한 건강상 위험과 연관된 간접흡연에 정기적으로 노출된다. 아동 이야기를 조금 더 하자면, 약 130만 명의 어린이들이 담배 재배로 착취를 당하며 그 과정에서 담배 농장에 잔뜩 뿌려진 농약에 그대로 노출된다. 담배는 끔찍한 괴물이다.

담배는 아메리카 대륙이 원산지로 5,000년도 더 전에 남아메리카에서 재배되기 시작했다. 담배 흡연은 유럽에서 19세기 중반, 특히 자동으로 담배를 말아주는 장치가 발명되어 담배 생산 속도가 빨라진 뒤로 큰 인기를 끌었다. 숙련된 노동자 한 명이 하루에 최대 3천 개비를 생산했던 데 비해 기계를 사용하면 그 두 배의 양을 **1분**마다 만들어낼 수 있었다. 니코틴은 연초가 불에 타면서 내는 높은 온도에 기화되어 미세한 타르 입자를 타고 폐로 들어가며, 전자담배의 경우 직접 기화된 형태로 흡입된다. 일단 폐에 들어가면 니코틴은 즉시 혈류로 흡수되고 약 7초 뒤면 뇌까지 퍼진다(하루 한 갑 흡연 시 하루에 200회 이상 니코틴을 흡입한다).

니코틴이 매우 중독성이 강하다고 여겨지는 이유 중 하나는 작용이 신속하게 이루어진다는 점 때문이다. 담배 한 개비에는 니코틴이 6에서 11밀리그램 함유되어 있지만 실제 흡연자의 혈류에 도달하는 양은 이보다 훨씬 적은데, 대부분이 간에서 사이토크롬 P450 2A6 cytochrome P450 2A6(CYP2A6)라는 특수한 효소에 의해 코티닌cotinine으로 대사되어 소변으로 배출되기 때문이다. 일부 사람들은 CYP2A6를 생성하는 유전자에 변이가 일어나 니코틴 대사가 남들보다 느리다. 이 경우 체내에 니코틴이 오래 머무르기 때문에 이들이 흡연자가 될 가능성은 적으며, 설사 흡연을 한다고 하더라도 이 효소의 양이 보통 수준인 사람들에 비해 훨씬 적게 피우게 된다.

이러한 사실은 직관적으로 드는 생각과는 정반대인 것처럼 보일 수도 있다. 신경계 내에 니코틴이 더 많으면 중독이 지연되는 것이 아니라 더 심해져야 정상 아닌가? 모든 약물중독에서 그렇듯 유효 농도target concentration란 금단증상을 야기하는 농도와 독성을 일으키는 농도 사이의 이상적인 농도다. 니코틴은 대사가 비교적 빠르게 이루어져 흡연자가 금단증상을 피하기 위해 주기적으로 해당 성분을 체내에 공급하는 번거로움을 겪지만 니코틴 농도가 지나치게 높아서 탈이 나는 경우도 아예 없는 것은 아니다. 내가 담배를 피웠을 때는 하루가 분이나 시간 단위가 아닌 흡연 간 간격으로 나뉘어졌다(물론 이 둘 사이에 높은 상관관계가 있지만 말이다). 그런데 내 경우에는 지나치게 많은 양을 피우면 약간 메스껍고 찝찔한 느낌이 들었던 것으로 보아 아마도 CYP2A6 변이가 있었던 모양이다. 그러다 누가 봐도 니코틴의 대사가 효율적으로 이루어지는 신체 조건을 가지고 의존성은 보통 수준이던 좋은 친구와 함께 자동차 여행을 떠나게 되었다(나는 담배를 끊은 뒤였다). 우리는 남서 지방의 찬란한 계곡 지대 사이로 차를 몰고 있었지만 어느 정도 시간이 흐르자 나는 오로지 친구가 새 담배에 불을 붙이기까지 카운트다운 하는 데만 정신이 팔렸다. 그 친구는 빅벤*보다도 믿을 만했다.

대부분의 상습 흡연자들은 한 시간에 담배 두세 개비를 피우곤 한다. 나는 두 개비 쪽에 가까웠던 반면 친구는 14분마다(앞뒤로 몇 초 정도의 오차는 있었지만) 한 개비씩 불을 붙였다. 어느 방식이든 니코틴의 농도는 하루 동안 계속해서 증가하지만(담배 한 개비가 대사되기까지는 약 두 시간이 소요되기 때문이다) 내성이 생기는 속도가 빠르다 보니 그만큼 효과가 커지지는 않는다. 일부 극성 흡연자들은 금단증상을 막겠답시고 오밤중에 일어나기도 하지만 대다수는 잠에서 깰 때까지 기다렸다 피움으로써 밤새 인내한 데 대한 보상을 받는다. 그토록 짧은 시간 내에도 내성이 생기게 만드는 활발한 적응은 한편으로는 담배를 겨우 몇 시간만 피우지 않아도 내성이 약해지는 결과를 낳으므로 결국 처음 몇 모금이 그날의 담배 맛 중 최고로 느껴지게 된다. 여기서 핵심은 시간적 대칭성이다. 빠르게 생겨난 내성은 반전 또한 빠르게 일어나는 반면, 오랜 시간 누적되어 발생하는 변화는 오래도록 지속되는 경향을 보인다.

상습 흡연자들은 심신을 이완하고 스트레스를 푸는 데 담배가 도움이 된다고 생각하지만 사실 니코틴은 각성제로 분류된다. 이러한 모순은 빠른 내성과 관련이 있다. 처음에는 니코틴이 아세틸콜린 수용체를 자극하여 효과를 발휘하지만 수용체들이 둔감해지는 것으로 빠르게 대처해 이 같은 양방향성 효과가 나타나는 것이다. 아세틸콜린 수용체에는 크게 두 가지 유형이 있으며, 니코틴은 그중에서도 니코틴성 아세틸콜린 수용체nicotinic acetylcholine receptor, 줄여서 nAChR이라는 명칭의 수용체와만 상호작용한다. nAChR은 $GABA_A$수용체의 사촌인데 마찬가지로 중심세공을 둘러싼 다섯 개의 소단위체로 구성되어 있다. 다만 이 수용체는 염화물 대신 나트륨을 통과시키는

---

*   영국 런던에 있는 국회의사당 하원 시계탑의 대형 시계.

데, 나트륨 이온은 염화물과 달리 양전하를 띠므로 nAChR은 억제성인 GABA$_A$ 수용체와 반대로 흥분성을 띤다. 니코틴은 아세틸콜린을 대체함으로써 이 수용체들을 활성화하고, 그에 따라 신경활동이 증가한다.

이와 더불어 GABA$_A$ 수용체를 연상시키는 부분이 또 있으니, 바로 nAChR의 구조 및 기능적 다양성이 상당 부분 소단위체들이 조합되는 여러 가지 경우의 수에 기인한다는 점이다. nAChR의 소단위체에는 열여섯 가지가 있다. 이 소단위체들의 조합으로 제각기 다른 nAChR 하위 유형이 형성되고, 그렇게 생성된 각 유형의 수용체들은 다양한 기능적 속성과 고유한 약리적 특성을 띠며 뇌 전반에 걸쳐 저마다 다른 패턴으로 발현된다. 아세틸콜린 신호가 뇌 곳곳에서 이루어지는 데다 nAChR의 발현 또한 굉장히 광범위하게 나타나다 보니 실질적으로 뇌의 모든 영역이 니코틴의 영향을 받게 된다.

한편 닫히거나 열리는 등 두 가지 상태만이 가능한 GABA$_A$ 수용체와 달리 nAChR은 세 가지 상태, 즉 닫힘, 열림, 둔감화가 가능하다. 이 중 열림 상태가 각성 효과를 담당하며, 둔감화 상태가 담배의 안정 효과를 만들어낸다. 수용체가 이 상태 사이를 오가는 속도나 양전류를 전달하는 능력은 소단위체의 구성에 따라 달라진다. 그리고 이들의 조합으로 만들어진 수용체의 기능적 속성 중 적어도 하나는 만성흡연자가 될 위험을 줄여주는 역할을 한다. 대부분은 더 많은 연구가 필요하지만 nAChR 소단위체(들)의 구조에서 유전적 변이가 니코틴 의존의 위험 정도를 상당 부분 설명해준다는 사실은 분명하다.[5] 측좌핵 내에서는 a6 소단위체가 포함된 수용체들이 도파민 뉴런이 활동을 오래도록 유지하는 데 관여함으로써 중독을 조장하는 것으로 보인다.

다른 중독성 물질들과 마찬가지로 니코틴도 중변연계 도파민 경로를 자극하여 중독을 일으키지만 그 밖에 사고와 주의, 학습, 기억, 정서, 각성, 동기 등 다수의 과정에 기여하는 회로들에도 nAChR이 분포해 있는 까닭에 흡연은 이 모든 행동에 영향을 미친다. 이 같은 효과 중 일부는 니코틴 패치를 이용하면 노인들의 인지 저하를 치료하는 데 도움이 될지 모른다는 발상으로 이어졌고 실제로 주의 및 기억의 일부 양상들이 개선될 수도 있지만 그 효과를 감쇄하는 신경 적응이나 중대한 부작용 없이는 무엇인가를 장기적으로 복용하는 일이 불가능에 가깝기에 아직까지 임상에서는 쓰이지 않고 있다.

금연은 매우 힘든 것으로 악명이 높은데, 원래 습관은 바꾸기가 어렵다는 점과 더불어 니코틴의 금단증상이 내포한 특정 형태가 어우러지기 때문이다. 일단 니코틴에 만성적으로 노출이 되면 금단증상으로 과민성, 불안, 주의력결핍, 수면장애, 식욕 증진 등이 특징인 심각한 갈망 증후군이 발생한다. 이는 물론 **b 과정** 탓으로, 흡연자들의 경우 대부분 nAChR의 상향조절이 원인이다. 보통은 니코틴처럼 수용체를 자극하는 역할을 하는 약물은 하향조절이 이루어진다고 생각하기 마련이다. 수용체를 활성화하는 것이 어째서 수용체를 더욱 민감하게 만들고 수용체의 수를 늘게 하는 걸까? 이것이 상식에 반하는 결과로 느껴질 수도 있지만, 니코틴은 체내에 오래 머무르면 대부분의 경우 nAChR의 둔감화를 초래한다는 사실, 그리고 둔감화된 수용체가 항상성을 이루기 위해서는 상향조절로 반응해야 한다는 사실을 한번 떠올려 보자. 그렇다면 결국 이 초민감성 니코틴 수용체들이 어떤 결과를 만들어낸다는 걸까? nAChR은 사실상 모든 주요 전달물질의 분비에 영향을 주는 셈이므로 만성노출로 인한 신경적응은 뇌 전역의 신경전달 작용에서 광범위하고 전반적인 변화를 낳는다.[6] 글루타메이트, GABA, 도파민, 오피오이드 등 아세틸콜린 전달에 의해 조절되는 여러 신경전달물질들의 활동은 아세틸콜린 신호가 변화함에 따라 달라지며, 이 모든 조정 과정이 한데 모여 의존이라는 경험을 만든다. 그러다 약을 끊으면 이러한 적응적 변화들이 더 이상 필요가 없어지면서 몇 시간 안에 신체적·정서적 금단증상들이 나타난다.

이 대중적인 약물을 논하며 마지막으로 짚고 넘어갈 것은 그의 단골 파트너, 알코올이다. 많은 사람이 술을 마시면 담배를 찾거나 혹은 그 반대의 상황을 경험하며 왜 그럴까 궁금해 하곤 한다. 여기에는 몇 가지 가설이 있는데, 각각 둘 사이의 관계에 관한 일부 측면을 설명해준다. 그중 하나는 도파민을 자극하는 약물이라면 무엇이건 간에 다른 약물을 위한 길을 터주는 역할을 한다고 가정한다. 또한 둘 다 중독성 물질이다 보니 서로가 중독을 떠올리게 만드는 부분도 있을 텐데, 특히나 바에서 흡연하는 행위가 용인되던 시절에는 둘의 맥락 단서들이 상당 부분 중첩되기도 했다. 아울러 니코틴이 일으키는 각성 효과가 알코올의 진정 효과를 상쇄함으로써 본래 각성제와 진정제를 번갈아 사용하던 사용자의 익숙한 패턴이 반영될 수도 있다. 일각에서는 흡연자들이 술을 더 많이 마실 수 있다며, 어쩌면 니코틴이 소화를 촉진하고 그로 인해 장에서 흡수되는 알코올의 양이 감소되기 때문이라는 가설을 내놓았다. 그러나 앞으로 더 많은 연구 결과가 나와야 두 물질이 최종적으로 서로의 효과를 증진하는지 상쇄하는지가 분명해질 것이다.

코카인, 몰락으로 가는 폭주 기관차

✦

약을 끊기란 굉장히 어렵다. 담배를 끊을 때는 특히 처음 며칠이 아주 고생스러웠고, 그 후로도 스트레스를 받을 때마다 담배를 못 견디게 갈망했으며, 수십 년이 흐른 지금도 여전히 이따금 담배를 태울 때 찾아오는 그 쾌락과 이완감을 원하곤 한다. 술은 14개월 동안 매일 같이 그리워하며 어마어마한 양의 벤앤제리스 아이스크림으로 그 자리를 대체하여 이를 악물고 참아냈다. 내가 이미 언급했는지 모르지만 대마는 더 힘들었다. 그런데 코카인의 경우는 오히려 신의를 저버린 비열한 연인을 떠나는 것과 비슷했다. 절박한 후회가 점차 커져가는 안도와 어우러지는 느낌이랄까. 나조차도 내 충동이 혐오스럽다는 점에서는 나도 코카인과 메스암페타민을 하는 대부분의 사람들과 별다를 바 없었지만 그래도 계속해서 어금니를 꽉 깨물고 버텼는데, 내 삶을 구원한 것은 스티브가 남긴 짧은 게시였다. 그는 앞서 세상의 모든 코카인을 가져와도 우리의 욕구를 채우기에는 부족하다는 예상치 못한 통찰을 건넨 인물로, 어떻게 한 것인지 지금도 전혀 알 수 없지만 둘 다 이후 몇 달 간은 약을 멀리함으로써 결국 그 사이 내가 치료를 받을 수 있는 계기를 만들어주었다.

코카인과 나의 애증 관계는 중독자들이 전형적으로 경험하는 형태로, **b 과정**을 아주 잘 보여준다.[7] 처음에는 약물이 황홀한 행복감을 내달리게 만들지만 곧 불안과 우울, 그리고 더 많은 약을 향한 갈망이 뒤따르게 된다. 코카인은 마치 몰락한 마을의 유일한 성인용품점과 같다. 그런 곳에 방문한다는 데 자괴감을 느끼지만 결국은 가고 또 가게 되는 것이다. 특히나 많은 양을 한꺼번에 할 경우에는 더한데, 코카인을 사용하는 동안에는 스스로 멈출 수도, 멈출 의지도 없는 채로, 심지어 아무려면 어떠냐는 마음으로 화강암 벽을 향해 죽어라 가속페달을 밟는 느낌이다. 이는 자기혐오에 빠지는 지름길이며, 약봉지를 더할 때마다 영혼은 점차 공허해져간다. 코카인은 내가 다시 하고 싶다는 생각이 가장 덜 드는 약이다.

코카인의 작용 기제는 여타 대부분의 약물에 비해 굉장히 직관적이어서 이래도 되나 싶을 정도로 단순해 보인다. 하지만 신경계에 대한 작용이 매우 특정적이라는 점이 바로 약의 효과를 그토록 강력하게 만드는 요인이기도 하다. 지금까지 다룬 모든 약물 중에서 코카인이 가장 '부작용'이 적은데, 이 같은 약의 효율성이 지난 날 내가 겪었던 시궁창의 원흉이 아닐까 하는 생각도 종종 든다. 앞서 보았듯 무엇이든 상승이 있으면 하강이 따르기 마련이고, 코카인의 경우에는 그 양방향의 기울기가 똑같이 급격하다. 아마 내가 깊게 빠진 약물이 알코올이나 아편계였다면 그보다 조금은 더 버티지 않았을까 싶다. 작용 방식이 구체적이고 잘 알려져 있음에도 코카인은 식품의 약국의 승인을 받은 중독치료 약물이 없다.

코카인, 암페타민류(메스암페타민 포함), 엑스터시는 모두 작용 기제가 유사하다. 카페인이나 니코틴뿐만 아니라 THC, 아편류, 수면 진정제 등 지금까지 다룬 약물과는 달리 이 약물들의 주된 효과를 담

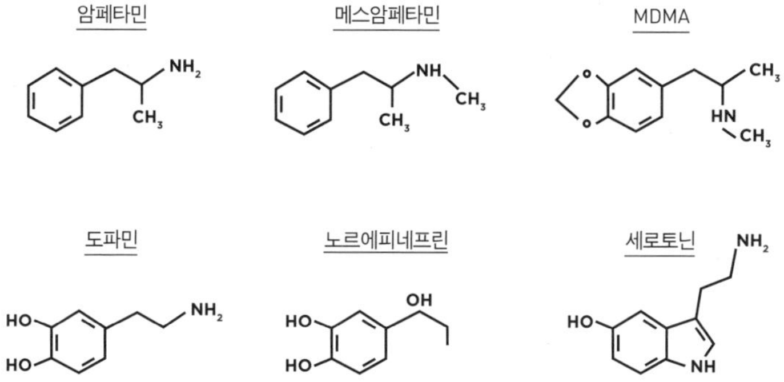

그림 11 모노아민 신경전달물질과 각각의 수송체 기질
약물은 모노아민 수송체를 차단해 신경전달물질 재순환을 방해한다.

당하는 일차 작용은 수용체와 상호작용을 수반하지 않는다. 대신 모노아민 신경전달물질들의 재순환 기제에 간섭을 일으킨다. 모노아민이라는 용어 자체는 낯설지 몰라도 이 계열에 속하는 신경전달물질들은 대부분 익숙할 텐데 도파민, 노르에피네프린, 에피네프린(아드레날린), 세로토닌, 멜라토닌 등 기분과 수면에 주요한 역할을 담당하는 화학물질들이 여기에 해당된다.

코카인(일명 코크), 메스암페타민(일명 스피드), 엑스터시(일명 E)는 다 수송체를 차단함으로써 작용한다. 수송체는 수용체와 마찬가지로 세포막에 위치한 단백질이지만 수용체와는 다르게 기존에 방출된 신경전달물질을 다시 시냅스 전 뉴런으로 수송(혹은 재순환)하여 재정비 및 재사용 될 수 있게 한다. 수송체의 작용은 효소 분해와 더불어 시냅스가 활동을 중단하게 만드는 주요 요인이다.

신경전달물질을 분해하는 수송체나 효소가 없다면 시냅스 전달이 지금보다 훨씬 오래 지속되어 신호가 지금과는 상당히 다른 형태를 띠게 될 것이다. 이 약물들은 수송체의 자리를 차지하고 모노아민이 재흡수 기제를 활용하는 것을 방해해 그 효과가 연장되도록 만든다. 예컨대 도파민의 경우 뭔가 새로운 일이 일어나면 팝업창 알림을 띄우는 정도가 아니라 가택 경보음이 울리는 것처럼 느끼게 된다.

그렇다. 고작 도파민이 시냅스 안에 머무르는 시간을 연장하는 코카인의 능력이 타인과의 관계, 생계, 그리고 치아처럼 비교적 덜 중요한 자극들을 기꺼이 내버릴 만큼 대단하게 여겨진다는 이유로 수천 명의 사람들이 가정과 직장, 집, 그리고 삶을 잃었다. 반감기도 아주 짧다(보통 한 시간도 채 되지 않는다). 약리학자들은 주관적인 효과가 30분 정도 지속된다고 이야기하지만 내 경험상 3분처럼 느껴졌고, 이는 겨우 다음 약을 준비할 만큼의 시간밖에 되지 않았다.

게다가 코카인남용은 코로 흡입하거나 목구멍으로 삼키거나 연

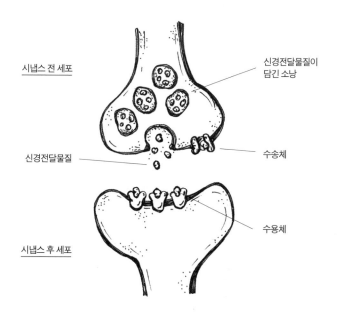

그림 12 모노아민 시냅스
모노아민 신경전달물질인 도파민, 노르에피네프린, 세로토닌 등은 소낭에서 시냅스 틈으로 분비되어 수용체들과 상호작용함으로써 효과를 발휘한다. 이후 효소들에 의해 분해되거나 재사용 목적으로 다시 시냅스 전 세포로 수송된다. 코카인, 암페타민, MDMA(엑스터시)는 수송체들을 차단하여 전달물질의 효과를 지속시킨다. 암페타민과 MDMA는 재순환 기제를 통해서도 세포내로 운반될 수 있는데, 아마도 이것이 해당 약물의 잠재적인 신경독성의 원인일 것이다.

기를 들이마시거나 주사기로 주입하는 등 그 사용 방법에 따라 각각 심폐질환, 발작, 뇌졸중, 감염의 위험을 높이며, 코의 연골을 손상시키고 자가면역질환의 위험을 높일 수도 있다. 코로 흡입하는 방식은 상대적으로 반응이 느리게 나타나는 편이지만(그렇다고 해도 여전히 효과는 있어 경구로 투약하는 방법과 비슷한 수준이다) 연기를 마시거나 주사할 경우에는 수 초 안에 모노아민의 재흡수를 차단한다. 아울러 정맥주사는 C형 간염이나 에이즈HIV 같은 다른 질병들의 전염과도 관계가 있다. 메스암페타민의 남용 역시 이와 유사한 결과들을 낳으며 도파민성 뉴런을 현저하게 변질시켜 파킨슨병의 위험을 높이기도 한다.

남용약물들 모두 사람과 상황에 따라 저마다의 매력을 뽐내지만 코카인이야말로 여태껏 인간이 발견한 약물 중에서 가장 보편적으로 즐길 수 있는 물질일 것이다. 한창 코카인을 사용하던 무렵 나는 플로리다주 파크랜드에서 나와 비슷한 몇몇 사람들과 일 년 가까이 같이 살았다. 딱 잘라 선을 긋기는 뭐하지만 엄밀히 말하자면 공식적인 룸메이트는 두 명뿐이었던 것 같다. 직접 물건을 구입하기는 꺼려했지만 나 같은 사람들에게 방을 빌려줌으로써 풍족한 약 생활을 유지했던 집주인 로리, 그리고 로리 입장에서는 나보다 훨씬 좋은 하우스메이트였던 토미다. 토미는 딜러 가문 출신이었다. 내가 기억하기로 그 친구 할머니는 감방 생활 중이었고 부모님 중 적어도 한쪽은 돌아가셨던 것 같다(다른 한쪽에 대해서는 그도 확실치 않아 했다). 지금이야 물론 잘 정비되어 있겠지만 1980년대 중반만 해도 그 지역은 고도만 낮을 뿐이지 안데스 벽지의 전초지나 다를 바 없었다.

하루는 자전거를 타고 가는데 기관총을 든 군복 차림의 남자가 길이 폐쇄되었다며 나를 막아 세웠다. 그곳은 공용도로였으므로 잠깐 항의했던 것 같기도 하지만 그때만큼은 나도 입씨름해봐야 소용없다는 사실을 알 수 있었다. 지역 전체가 완전히 예측 불가능한 상태였고, 이따금씩 헬리콥터들이 여럿 날아다니는 것으로 보아 그곳이 지역 병원인가보다 했을 뿐이다. 내가 결국 그런 동네까지 흘러들어가 살게 된 이유는 그 전에 살던 델레이에서 체인 레스토랑의 웨이트리스 교대근무를 마치고 집에 도착한 어느 날 밤, 내 짐이 몽땅 꾸려져 문밖 진입로에 놓여 있었기 때문이다. 내가 대체 무슨 짓을 저질렀기에 그런 대우를 받는 처지에 놓였는지는 몰라도 내숭쟁이에 따분한 사람이라고 생각했던 내 룸메이트까지 나를 내쫓는 일에 동조해 팔짱을 끼고 무표정한 얼굴로 나를 맞았다. 그런 내가 파크랜드에서 쉽게 방을 구할 수 있었다는 사실은 약쟁이들 사이에 무언의 연대의식이 있음을 말해준다. 사회적 규범에서 멀어질수록 마치 물이 흐르듯 나와 같은 유의 인간들과 더욱 쉽게 연결될 수 있었다.

그러던 어느 날 밤 집에 돌아오니 토미가 야자나무 뒤에 AK-47 소총을 들고 숨어 있었다(우리는 다들 제법 날씬했다). 그 녀석 눈은 마치 CD처럼 커다랗고 생기가 없어 완전히 미친 것 같았다. 그가 꽤나 오랜 시간 동안 그러고 있었다는 것은 그의 행색뿐만 아니라 그가 사람들이 자신의 개를 훔치려 한다는 편집증적 망상에 푹 빠져 있었기 때문에 금세 알 수 있었다. 토미에게는 확실히 분에 넘치게 훌륭한 두 마리의 로트와일러, 록시와 베어가 있었다. 그는 사람들이 도처에 숨어 호시탐탐 그 개들을 노리고 있다고 믿으며 총을 장전하고 격발 준비까지 마친 상태였다. 하지만 나의 뇌는 그가 아니라 약이 얼마나 남았는지, 그 약을 어떻게 손에 넣을 것인지 하는 문제에 초점을 맞추고 있었다. 다행히 토미는 약을 다 사용하지는 않았다. 불행히 몇 주 뒤, 아마도 약 거래를 하면서 이성을 잃은 누군가가 개들을 총으로 쏘았다.

코막힘 약에서 마약계의 블랙리스트로

메스암페타민남용은 전 세계적으로 크나큰 문제이다. 미국에서는 만성 사용자 수가 100만여 명으로 어느 정도 안정권에 들어섰지만 동아시아 및 동남아시아에서는 시장이 빠르게 성장하고 있다.[8] 메스암페타민은 2급 규제약물로 ADHD, 극심한 비만, 기면증narcolepsy에 처방될 수 있지만 내과의사들은 메스암페타민보다 강화 효과가 덜한 암페타민을 더 선호한다(메틸기가 더해지면 체내에 흡수되고 퍼지는 속도가 빨라진다). 어느 쪽이든 고용량을 복용할 시 신경독성을 일으킬 수 있으며, 이러한 뇌손상은 치료할 방법이 없다. ADHD에 흔히 쓰이는 애더럴이 바로 암페타민의 일종으로, 주로 서방정*형태로 투여된다.

유엔마약범죄사무소는 메스암페타민이 세계에서 가장 인기 있는 합성 약물 중 하나로 코카인과 헤로인(각각 1,700만 명)의 두 배가 넘는 3,700만 명 이상의 사용자를 거느리고 있다고 지적했다. 메스암페타민은 처방전 없이 살 수 있는 코막힘 약과 기관지 확장제로 널리 쓰였는데, 일부 영리한 사용자들은 이 약들이 등장하자마자 흡입기 하단부에 있는 약에 적신 솜 마개를 제거함으로써 빠르게 고용량을 들이켤 수 있는 방법을 터득했다. 이후 남용 가능성이 널리 인식되기 전 한 차례 더 약의 사용량이 급증한 때가 있으니, 바로 제2차 세계대전 시기다. 3대 열강(일본, 독일, 미국)이 모두 자국 군인들의 몸에 '각성제'를 가득 장전한 탓이었다. 전쟁이 끝난 후에도 이 세 나라의 참전 용사들은 계속해서 약을 사용했고, 그로부터 이십여 년 간 별다른 규제 없이 방치되었다. 그러다 1960년대 들어 약의 합법적인 제조와 유통이 둔화되자 음지의 제조 시설들이 그 작업을 넘겨받았다. 1990년 무렵에는 메스암페타민이 코카인보다 흔히 쓰이게 되었으며, 마약단속국의 마약과의 전쟁 명단 최상단에 올랐다. 그러나 단속하고 처벌법을 만들고 기소를 하는 행위는 그다지 큰 영향을 미치지 못했고, 작은 주방 규모의 제조 시설로도 얼추 수요를 맞출 수 있

---

*   유효성분이 천천히 방출되는 알약 종류.

었다. 내 친구 스티브는 사망 당시 혈액 속에 치사량의 열 배가 넘는 메스암페타민이 녹아 있었다.

메스암페타민의 반감기는 약 10시간(코카인의 열 배)이지만 암페타민의 반감기는 사용자의 소변 pH 농도에 따라 7시간부터 30시간까지 편차가 크다. 다만 행동에 미치는 영향은 대체로 그렇게 오래 지속되지 않는데, 이 모든 과잉 자극이 시냅스 내의 모노아민을 고갈시킴으로써 급성으로 내성이 생기게 만들기 때문이다. 짧은 시간 동안 저용량에서 중용량의 약을 복용할 경우 황홀감, '북받치는' 격렬한 기분, 각성, 항피로감, 자신감 증진, 과잉행동, 식욕상실 등의 효과가 나타난다. 고용량 사용 시 여기에 더해 말이 많아지고, 과격해지며, 안절부절 못하고, 상동증을 보이게 된다. 아주 높은 용량(폭음을 할 때 경험하는 것과 같은 상황)에서는 동요, 혼란, 불안, 과민성, 불쾌감, 폭력적인 행동, 정신운동 및 인지 기술의 손상, 환각, 상동증, 편집증이 나타나거나 피부에 뭔가가 기어가는 듯한 느낌을 겪을 수 있다. 폭주 막바지에 이르면 사용자들은 공허감에 더해 극심한 불쾌감과 불안을 경험한다. 급성으로 찾아온 금단증상은 보통 잠과 음식의 도움으로 며칠이 지나면 회복되어 본래의 상태로 돌아간다. 마지막으로 약을 사용한 시간과 갈망 경험 사이에 크든 작든 선형적인 관계가 성립하는 대다수의 약물들과 대조적으로 코카인과 메스암페타민을 향한 갈망은 시간이 지날수록 급격하게 커져 대부분의 사용자들이 수 주 이내에 다시 약에 손을 대게 된다.

약을 끊은 지 몇 년이 지난 뒤, 나는 나처럼 각성제 중독으로 괴로워하던 친구를 알게 되었다. 그는 아름다운 여성이었고, 재주가 많았으며, 자신의 딸과 함께 있는 것이 가장 큰 기쁨인 사람이었다. 우리는 보통 그 친구가 폭주를 끝낼 즈음, 처참한 기분이 휴대폰 전파를 넘어 설 정도로 심할 때 함께 이야기를 나누곤 했다. 그 친구는 딸의 생일 선물을 사는 데 필요한 돈까지 몽땅 써버렸다는 둥 미래의 건강을 해치고 직장 생활을 위태롭게 했다는 둥 후회를 하며 약을 끊겠다고 맹세했다. 심지어는 딜러의 전화번호를 차단하기까지 했다. 정신을 차리고 며칠이 지나면 똑똑하고 문제해결력이 뛰어난 그는 이미 여러 차례 반복된 이 기간 동안 틀어진 뱃머리를 아주 멋지게 올바른 방향으로 돌려놓았다. 하지만 대부분 월급날과 겹치는 격주 간격으로, 한 번씩은 그와 무관하게, 때로는 나에게 전화를 하기도 하고 때로는 그러지 않기도 하면서 끝내 벗어나지 못하고 번번이 중독에 무릎을 꿇었다. 지켜보는 입장에서는 마치 폭포를 향해 미칠 듯한 스피드(약의 애칭도 스피드이니 중의적인 의미인 셈이다)로 헤엄쳐가는 사람처럼 보였다. 그는 슬픔과 불안에 가득 차 코앞에 다가온 자신의 추락이 사랑하는 사람이 세균성 감염병과의 전쟁에서 지는 모습을 지켜보던 것과 같다고 묘사했다. 때때로 연락을 끊기 직전이면 "또 도질 것 같으니까 그냥 해치워버려야겠어"라고 말하며 언제든 이 음울한 루틴의 최대 수혜자가 될 준비를 마친 딜러의 연락처를 차단 목록에서 지우고 며칠간 급류로 여행을 떠난다는 작별 인사를 건넸다. 그의 삶은 절망이라는 지렛목을 중심으로 회한과 충동을 오가는 시소와 같았다.

친구의 사례는 이 장 초반에 다룬 동물 연구에서 나타난 접근-회피 패턴과 매우 유사해 보인다. 나의 훌륭한 친구는 중독의 당연한 진행 수순 탓에 금세 메스암페타민이 주는 쾌감 효과에 내성이 생겼고, 민감해진 인지적 스트레스 체계는 굶주린 실험실 쥐가 음식을 얻기 위해 전기충격을 감내할 때 느낀 것처럼 그가 약물사용을 고문으로 느끼게 만들었다.

엑스터시는 어떻게 영구적인 뇌손상을 일으키는가

⚡

MDMA는 어떤 때는 각성제로, 또 어떤 때는 환각제로 분류되곤 한다. 사실 이 녀석은 양쪽의 특성을 모두 조금씩 가지고 있다. 이 약물은 사용해본 적이 없으므로 주관적인 효과에 관해 전문가인 양 굴지는 않겠지만, 화학구조나 작용 기제에 관해서는 각성제 쪽에 조금 더 잘 들어맞는다고 말할 수 있다. 암페타민과 메스암페타민, MDMA는 모두 모노아민 수송체들과 급성으로 상호작용하여 신경종말*에

---

*   뉴런의 가지 끝부분으로, 신경전달물질을 분비해 연결된 뉴런들의 활동 변화를 야기한다.

서 도파민, 노르에피네프린, 세로토닌이 재흡수되지 못하게 막고 오히려 더 분비되도록 만드는데, 그중에서도 MDMA는 세로토닌 체계에 상대적으로 더 큰 영향을 미친다. 순수 MDMA는 다음 장에서 다룰 사이키델릭 환각제의 대표 주자 중 하나인 메스칼린mescaline과 약리적인 속성이 일부 겹치기도 한다. 이러한 구조적·기능적 공통점은 MDMA가 치료적으로 활용될 가능성을 제안하는 일부가 희망을 거는 부분으로, 최근 미국에서 이를 활용한 임상시험이 최초로 승인을 받았다. 하지만 엑스터시는 LSD나 실로시빈psilocybin과는 전혀 닮은 구석이 없으며, 다른 각성제들과 마찬가지로 모노아민의 재흡수를 차단하는 능력 덕분에 에너지, 지구력, 사교성, 성적흥분을 증진해 완벽한 파티 약물이라는 명성에 걸맞은 효과를 자랑한다.

암페타민 및 메스암페타민과 구별되는 가장 주요한 특징은 메틸렌다이옥시기-O-CH2-O-로, 이로 인해 메스칼린과 유사한 효과를 내게 된다. 다만 암페타민과 마찬가지로 MDA와 MDMA는 합성물질이다. 암페타민은 1885년에 개발되었고 MDA는 1910년, MDMA는 그보다 겨우 몇 년 뒤에 만들어졌다. 1985년, MDA와 MDMA는 미국에서 1급 규제약물로 지정되었으며, 캐나다(3급 규제약물)와 영국(A등급)에서도 비슷하게 분류되고 있다. 미국 마약단속국과 식품의약국은 약물의 인정 가능한 의학적 용도 및 남용 또는 의존 가능성에 따라 물질들을 1급에서 5급으로 분류한다. 1급은 남용과 의존의 위험이 매우 높은 것으로, 5급은 가장 낮은 것으로 여겨진다. 하지만 이처럼 정부 차원에서 개입을 한다고 해서 시중에 판매되는 모든 약물을 정부가 세심하게 관리감독하고 있다고 받아들여서는 곤란하다. 순도 높은 화학용 등급의 MDMA는 대중적으로 사고파는 엑스터시와 현저한 차이가 있다. 일반적으로는 십중팔구 다른 각성제나 향정신성 약물들이 혼합된 약을 사게 될 확률이 높으므로 오락용으로 사용하는 이들은 어떤 약물의 특성을 강하게 경험할지 모른 채 일종의 룰렛을 돌리는 셈이다.

MDMA는 대체로 경구로 투약하거나 코로 흡입한다. 입을 통할 시 약 2시간이면 혈중농도가 최대치에 다다르며, 반감기도 약 8시간으로 제법 길다(일반적으로 **어떤** 약물이든 95퍼센트가 사라지기까지는 반감기를 다섯 차례 정도 거쳐야 하므로 이 경우 체내에 이틀가량 머무른다는 의미다). MDMA를 복용하고 한 시간이 지나면 세로토닌과 모노아민들의 양이 어마어마하게 증가하며, 약물이 서서히 대사되면서 다시 며칠에 걸쳐 기저선 아래로 떨어진다. 그 결과 흔히 엑스터시에 '취하고' 며칠 뒤에는 무기력감, 우울, 기억 또는 집중력 문제 같은 후유증을 경험하게 된다.

그렇지만 많은 사용자는 약물의 강렬한 효과로 인한 단기적인 침체를 충분히 감수할 만한 사소한 가라앉음 정도로 느낀다. 이 약물은 안정감을 크게 증진하고 외향성과 행복감, 그리고 타인과의 친밀감을 드높이는데, 어느 정도는 슬픔, 분노, 공포 등 부정적인 정서를 알아차리는 능력을 손상시키는 특성이 작용한 덕분이다. 정서신경과학^{affective neuroscience}*에 따르면 우리는 우리가 인식하지 못하는 감정은 느끼지 못한다. 그러다 보니 긍정적인 정서만 느끼는 친사회적 편향이 완벽하게 인지과정을 지배하게 되며, 어쩌다 엑스터시가 사랑의 묘약으로 불리며 부부 상담에 쓰이게 되었는지도 잘 알 수 있다. 한편 이 약이 가져올 수 있는 불쾌한 급성효과로는 지나친 열감, 이갈이, 근육경직, 식욕상실, 하지불안증후군이 있는데, 특히 댄스플로어에서는 어느 것 하나 금기할리 없는 것들이다.

내가 자주 다니던 공연에서는 E가 대중적으로 쓰였고, 조명과 기타 리프가 선사하는 감각경험을 한층 끌어올리는 것은 물론 그 소굴 속에서 서로에게 전반적인 동지애를 느끼게 하는 역할을 했으리라 여겨진다. 이러한 형태의 상승작용을 옆에서 구경하던 입장에서는 확실히 몰리(MDMA의 애칭) 사용자들이 무작위로 건네는 허그와 다정한 분위기가 술쟁이들의 시끄러운 질척거림이나 대마쟁이들의 혼수상태에 가까운 '평온함'보다 훨씬 좋았다. 때로는 엑스터시 사용자들이 아니었다면 앙코르 무대까지 남아 춤을 추는 것은 맨정신인 사람들뿐이리라는 생각도 든다(더구나 그런 사람들은 생각보다 많다!). 그러니까 적어도 약의 급성효과를 경험하는 동안에는 그럭저럭 모든 면에서 나쁠 것이 없어 보인다.

그러나 불행하게도 약의 복용량이 늘어갈수록 **b 과정** 또한 커

---

*   기분과 감정에서 뇌가 수행하는 역할을 연구하는 학문.

지기 마련이고, 이 약의 반대과정은 실로 끔찍하다. 상습적인 사용자 중 상당수는 평생 우울과 불안을 달고 살게 되는 듯하다. 쥐와 영장류를 대상으로 한 연구 결과들을 보면 중용량에서 고용량의 MDMA를 투여하면 신경종말이 손상됨을 알 수 있으며, 어쩌면 이는 영구적일지도 모른다. 가령 나흘 동안 하루에 두 차례씩(총 8회분) 엑스터시를 투여한 영장류의 경우 **7년**이 흐른 뒤에도 여전히 세로토닌성 뉴런의 수가 줄어든 상태인 것으로 나타났다.

이를 보면 MDMA는 특히 세로토닌성 뉴런에 복구가 불가능한 손상을 일으켜 세포의 축삭을 감소시키고 세포 간 연결을 상실하게 만드는 듯하다.[9] 이 같은 신경독성 효과는 곧 MDMA도 백해무익하다는 사실을 드러낸다. 상습적 혹은 준상습적인 오락 목적의 약물 사용이 인간의 뇌에 어떤 영향을 미치는지 알아보기 위해서는 해부 연구가 필요하기 때문에(투약집단뿐 아니라 통제집단까지 말이다) 정확히는 알 수 없지만 내 견해로는 그다지 좋을 것 같지 않다. 예를 들어 인간의 경우에도 MDMA 사용 정도와 세로토닌이 관여하는 기능의 감소 사이에 정적상관관계가 나타난다.

행여 이 약물을 사용하고픈 마음이 있는 사람이라면 누구나 린 타우라Lynn Taurah와 동료들이 2014년에 발표한 연구를 읽어봐야 한다.[10] 연구진은 MDMA가 인간에게도 영구적인 영향을 미치는지 확인하고자 했다. 세로토닌 및 노르에피네프린의 기능 상실은 특히 우울, 충동성, 인지 손상을 초래할 것으로 여겨지는데, 세로토닌의 전

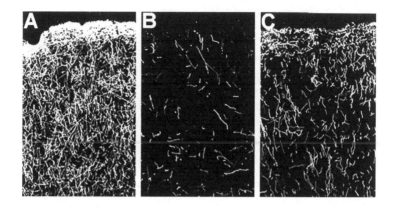

그림 13 MDMA 신경독성
염색 및 식염수 처리한 원숭이의 피질 내 세로토닌성 뉴런들(A), 연속 4일간 하루에 2회씩 5mg/kg의 MDMA에 노출되고 2주가 경과한 모습(B), 같은 조건으로 MDMA에 노출된 뒤 6년에서 7년이 경과한 상태(C).

달이 기분, 행동 조절, 사고에 매우 결정적인 역할을 하기 때문이다. 이 연구에는 1,000여 명에 달하는 피험자가 참여했고, 그중 약 20퍼센트는 기존에 약을 접해본 적이 없는 사람들이었다. 나머지는 오락용 약물사용자들로 다섯 개의 집단에 균등하게 배치했다. 첫 번째 집단은 알코올과 니코틴을 함께 또는 각각 사용하던 사람들, 두 번째는 대마를 사용하면서 알코올이나 니코틴을 곁들이던 사람들, 세 번째는 MDMA는 한 번도 해본 적이 없으나 암페타민, 코카인, 헤로인, 케타□ketamine 중 하나 이상을 사용해온 사람들이었다. 마지막 두 집단은 MDMA 사용자 집단으로, 하나는 지난 6개월 중 약을 한 적이 있지만 적어도 최근 3주 동안은 하지 않은 사람들이었고, 하나는 과거 엑스터시를 사용했지만 **최소 4년간**은 약을 끊은 상태인 사람들로 구성되었다. 연구자들은 기분 및 인지 관련 검사를 비롯한 다양한 검사를 통해 이들의 상태를 측정했다. 결과는 크게 두 가지였다. 첫째, MDMA 사용자들은 예전에 약을 사용하던 사람이나 최근까지 사용하던 사람이나 사실상 거의 동일한 상태였다. 둘째, 이들은 우울, 충동성, 수면장애, 기억 손상에서 다른 집단들보다 임상적으로 유의한 정도가 두드러졌다. 다시 한 번 강조하지만 이들은 어디까지나 오락용으로 약을 하던 사람들이었고 그중 상당수가 몇 년 동안이나 약에 손을 대지 않았음에도 놀라우리만치 명백한 기능장애를 보였다.

개인적으로 내가 MDMA 사용자들과 교류하며 경험한 바도 타우라 연구팀의 연구 결과와 일치했다. 내가 잘 알던 한 명은 더그라는 이름의 학부생이었다. 엄청나게 총명하고 외향적이었던 그는 연구 경험을 쌓는 데 열의를 보였고 어느 여름 나의 연구실에서 일하게 되었다. 그는 주가 거듭될수록 조금씩 신용을 잃어가기는 했지만 실험설계와 해석에 관해 영리하고 통찰력 있는 아이디어들을 내놓으며 엉터리 출석으로 잃은 점수를 만회했다. 할 때는 정말로 잘하는 친구였다. 그러다 나는 그가 띄엄띄엄 나오는 이유가 인근 도시에서 열리는 광란의 파티에서 DJ로 일하기 때문이라는 사실을 알게 되었다. 1990년대 후반이었고, DJ는 당시로서는 꽤나 새로운 문화였다. 더그는 믹싱 능력이 뛰어났고, 파티가 이어지는 긴 시간 동안 MDMA가 줄곧 흥을 유지할 수 있게 도와준다고 말했다. 여름이 지난 뒤에 더그의 성적이 살짝 떨어지기는 했지만 그 후로 우리는 서로 별다른 교류 없이 지냈다. 그러다 어느 날 그가 다가오는 여름에도 우리 연구실에서 일할 수 있는지 물어왔다. 나는 그를 받아주는 것이 별로 달갑지 않았지만 이 분야에서는 학부 때 연구를 진행해보는 경험이 매우 중요해서 가능하면 학생들에게 기회를 주려고 하는 편이었기에 결국 다시 자리를 마련해주었다. 결과는 별로 좋지 못했다. 그가 내놓는 아이디어는 엉망진창이었고, 대부분의 신참들이 한 학기 동안 저지르는 만큼의 실수를 첫 주에 저질렀으며, 함께 논의했던 내용들은 하루는 고사하고 한 시간도 기억하지 못했다. 그는 연신 사과를 했지만 우리 연구실은 살아 있는 동물(쥐)로 연구를 진행하고 있어 이들의 안녕이 과학적으로나 윤리적으로나 매우 중요한 사안이었다. 나는 더 이상 그를 연구실에 둘 수 없었다. 이 무렵에는 우리 둘 다 그가 극심하게 망가졌음을 깨달았고, 그가 먼저 "몰리를 너무 많이 했나 봐요"라고 말하기에 이렇게 된 원인에 관해 함께 이야기를 나누기도 했다. 그로부터 몇 년 뒤 그가 바텐더로 일하던 도시에서 열린 학회에 참석했다가 우연히 그와 마주쳤다. 그리고 최근에는 더 그가 만성적인 절망 상태에 시달리다가 자살했다는 소식을 들었다.

수많은 연구자가 향후 수십 년간 엑스터시 관련 정신병리가 증가할 것이라고 경종을 울린다. 그러나 다른 한편에서는 심리 장애, 특히 트라우마와 관련된 장애들에 MDMA를 치료제로 활용하는 임상시험을 실시하자는 견해에 지지를 보내고 있다. 최근에는

MAPS<small>Multidisciplinary Association for Psychedelic Studies</small>(사이키델릭 환각제 연구를 위한 다학제적 협회)라는 민간단체에서 외상 후 스트레스 장애의 치료에 MDMA를 보조제로 사용하는 연구를 미국 식품의약국으로부터 승인받았다. 이 단체에서는 타인을 향한 신뢰와 연민의 감정을 증가시키는 MDMA의 효과가 치료에 도움이 될 것이며 순수 MDMA를 중용량으로 제한된 횟수만 사용한다면 안전할 것이라고 말한다. 이들은 영리 목적의 제약 회사들이 해당 약물의 특허가 만료되었기 때문인지 미래에 있을지 모를 분쟁을 피하기 위해서인지는 몰라도 MDMA를 치료약으로 개발하는 데 관심이 없다는 점에 주목하며, 2021년까지 식품의약국 승인을 받은 처방약을 내놓는 것을 목표로 연구에 약 2,500만 달러를 투자했다.

이 책에 너무 불행하고 암울한 이야기들만 가득한 것이 아닌가 하는 생각이 들기는 하지만 어떻게 보면 그중에서도 이번이 가장 우울한 장이 될 것이다(공교롭게도 지금이 사회적으로도 가장 우울한 시기다). 우리의 기분을 변화시키기 위해 중추신경계에 작용하는 모든 약물은 반대과정을 일으킨다. 이 책에서 다룬 대부분의 약물들은 사용을 중단할 시 **b 과정**이 점차 소멸되고 뇌가 대략 초기상태 언저리까지 되돌아간다. 하지만 불행히도 각성제에는 이러한 특성이 적용되지 않으며, 특히 암페타민이나 엑스터시 사용자들의 경우 문제는 더욱 심각해진다. 앞서 설명했듯이 코카인과 메스암페타민, 그리고 엑스터시는 수용체가 아닌 수송체와 상호작용을 하지만 그 자체만으로 이들이 위험한 약물이 되는 것은 아니다. 사실 선택적 세로토닌 재흡수 억제제나 그보다 역사가 깊은 삼환계 항우울제tricyclic antidepressant 또한 수송체 차단 약물로 잘 알려져 있지만 두 가지 약 모두 영구적인 뇌손상을 일으킨다는 증거는 나타나지 않는다. 심지어 코카인도 암페타민이나 엑스터시처럼 장기적인 손상을 일으키는 것 같지는 않은데, 아마도 코카인은 더 독성이 강한 다른 각성제들처럼 세포 내부로 운반되는 것이 아니라 항우울제들과 유사하게 시냅스 틈에 머무르기 때문일 수 있다. 즉 암페타민이나 엑스터시 같은 약물의 독성 효과는 이들의 성분이 시냅스 틈을 지나 세포의 신경종말 내부로 침투하기 때문에 발생하는 것일 가능성이 크다.

엑스터시는 반대과정이 태생적으로 품고 있는 아이러니를 완벽하게 보여준다. 약에 취해 있는 동안에는 자기 자신 및 자신을 둘러싼 환경에서 가장 좋은 면만 바라보며 다 괜찮다는 깊은 안도감을 경험한다. 이 긍정 편향의 결과, 약물사용자들은 주변 상황과 자기 자신을 비롯한 모든 사람의 그 놀랍도록 아름다운 상태를 있는 그대로 받아들인다. 하지만 그에 따르는 뇌손상은 반드시 정반대의 경험을 초래한다. 바로 소외감과 절망감이다. 오늘날 사회가 점점 더 분열되고 단절되어가는 와중에 이 약물의 인기가 치솟는 현상은 결코 우연이 아닐 것이다. 우리는 이웃과 잘 모르고 지내며, 미국에서는 사람들이 금속제 성냥갑을 타고 돌아다니고 밤낮 없이 기계와 교류하면서 하루 대부분의 시간을 자연계를 비롯한 지역사회와 동떨어진 채 살아간다. 물론 이는 고통스럽고 부자연스러운 일이다. 하지만 그렇다고 해서 일시적으로는 베일을 걷어 올리고 서로에게 자기 자신을 보여주게 하지만 그 후에는 도리어 서로를 가로막는 벽을 더욱 두텁게 만드는 약물이 그 해결책이 될 수 있을까?

8

✳

예측 불가능한 신비로운 세계로의 초대:
사이키델릭 환각제

✦

**보랏빛 연무가 뇌를 뒤덮어,
요즘은 모든 게 달라 보여.**

지미 헨드릭스, 〈퍼플 헤이즈Purple Haze〉(1967)

LSD가 인류를 구원할 수 있을까

⚡

정도의 차이가 있을 뿐, 세상에는 우리의 지각에 변화를 가하는 물질들이 수도 없이 많다. 이처럼 유사한 효과가 나타나는 탓에 일부 전문가들은 MDMA, 케타민, 벨라도나belladonna, 살비노린 Asalvinorin A 같은 물질들을 LSD, 실로시빈, 메스칼린, DMT 같은 약물들과 뭉뚱그려 하나의 유형으로 분류하기도 한다. 하지만 각각의 약물이 뇌에 영향을 미치는 기제 및 구체적인 효과, 중독에 대한 취약성 등 행동 상으로 드러나는 결과는 너무나도 다르므로 보다 세분화하여 구별하는 편이 적절하다. 내가 제안하는 분류법에 동의하지 않는 연구자들도 있을 수 있지만 이 장에서는 오직 특정 유형의 세로토닌 수용체를 활성화하는 방식으로 색다른 경험을 가능케 하는 좁은 범위의 환각성 약물만을 다루기로 하자. 이들을 일컬어 사이키델릭psychedelics이라고 칭하겠다. 아울러 넓은 의미의 '환각제hallucinogen'라는 용어는 환각을 유도하되 세로토닌 2A 수용체의 효능제가 아닌 방식으로 작용하는 화합물들을 지칭하는 데 사용하며, 차후에 다루도록 하겠다.

사이키델릭이 특이한 것은 남용약물을 연구하는 과학자들 대다수가 이를 중독성 있는 물질로 여기지 않는다는 사실이다. 전 세계적으로 강하게 규제하기는 하지만 LSD, 메스칼린, DMT, 실로시빈 같은 화합물은 분명 다른 여러 물질보다 훨씬 덜 해로우며, 오히려 이로운 면도 있다. 정치적으로나 사회적으로 반대하는 목소리가 높고 연구는 부족하지만(각종 규제로 인한 제약이 원인이다) 학계에서는 이 화합물들이 내는 효과에 여전히 큰 호기심을 품고 있으며, 개방적인 자세로 이들이 가져올지 모를 잠재적인 치료 효과에 주목하고 있다.

이 계통 약물들의 역사는 1898년 독일 화학자 아서 헤프터Arthur Heffter가 미국의 동료로부터 구한 페요테 선인장에서 메스칼린 성분을 단리해내며 막을 열었다. 그보다 십여 년 앞서 디트로이트의 제약 회사 파크데이비스앤컴퍼니에는 화학자들이 뭔가 특별한 것을 발견할까 궁금했던 텍사스의 신원 미상 인물이 발송한 페요테 선인장의 혹 부분(일명 '버튼')이 도착했다. 회사에서는 이 중 일부를 정신약리학 분야의 창시자로 추앙받던 독일의 루이 레빈Louis Lewin에게 보냈다. 레빈 교수는 페요테가 일으키는 정신화학적 작용에 흥미를 느껴 이듬해 미국의 남서부로 날아가 손수 채집을 시작했는데, 이후 그를 통해 헤프터의 손에까지 페요테가 들어가게 되었다. 헤프터는 이 식물에서 몇 가지 순수 알칼로이드 성분들을 단리해 각각의 특성을 파악하는 데 성공했고, 동물실험 및 '자가 실험'을 통해 한 번에 하나씩 시험해본 결과 메스칼린이 바로 페요테가 내는 심오한 향정신성 효과의 화학적 원인임을 밝혀냈다. 오늘날 실험연구에서는 자신이 연구 주제로 삼는 물질을 직접 삼켜서 효과를 시험하는 전략을 꺼리는 분위기지만, 헤프터는 일찍이 동물모형이 독성학 연구는 차치하고 사이키델릭 약물들의 약리적 효과를 특징짓는 데도 크게 도움이 되지 않는다는 사실을 알아차렸다. 헤프터의 실험 결과, 마침내 1919년 에른스트 슈페트Ernst Späth가 메스칼린 합성에 성공했고 1900년대 초반 이 물질의 임상 효과를 연구하는 밑거름이 되었다.

실로시빈, 메스칼린, DMT는 수천 년간 토착민들이 신성한 의식을 행할 때 사용하던 천연 화합물인 데 반해, LSD는 스위스의 화학자 알버트 호프만Albert Hofmann이 1938년 만들어낸 합성 화합물이다. 호프만은 5년 뒤인 1943년에 무심코 소량의 LSD를 삼켰는데, 그것이 바로 "비범한 형상들과 강렬한 색감이 뒤섞인 만화경의 조화가 그 무엇에도 방해받지 않은 환상적인 장면들의 물결로 다가왔다"는 유명한 말의 근원이 되는, 그의 인생을 뒤바꿀 발견을 낳은 사건이 되었다. 그는 3일 뒤에도, 그리고 그 후로도 여러 차례 약의 효과를 시험해 보았고, 그렇게 계속해서 LSD를 소량씩 복용하며 '보다 심오하고 포괄적인 현실에 대한 신비로운 경험'을 하는 데 도움을 주는

LSD의 '성스러운' 가치를 널리 알렸다. 그는 훗날 이 같은 묘사를 한 마디로 요약해 LSD를 '영혼의 치료제'라고 칭했다.[1]

아울러 그는 스타니슬라프 그로프Stanislav Grof와의 인터뷰에서 LSD는 위험한 파티 약물이라는 세간의 인식에 맞서 자신의 견해를 피력했다.

> **그로프**　보통 사이키델릭에 관한 문헌들을 읽어보면 다양한 식물에게서 얻어지는 실로시빈, 실로신, 메스칼린, 하르말린, 이보가인 등 소위 천연 사이키델릭과 실험실에서 인공적으로 만들어지는 합성 사이키델릭을 구분합니다. 그리고 반합성Semi-synthetic 물질로 실험실에서 제조되는 LSD는 흔히 후자로 분류되는데요. 이에 대해 선생님은 굉장히 다른 생각을 하시는 듯한데 어떠십니까?
>
> **호프만**　맞아요. 올롤리우키(덩굴 꽃의 씨앗)에서 처음 리세르그산 아미드를 발견했을 때 LSD는 멕시코에서 아주 오래 전부터 사용하던 신성 약물에 그저 미세한 화학수식을 가미한 결과물임을 깨달았습니다. 그러므로 LSD는 화학구조 면에서나 활동 면에서나 메소아메리카*의 마법 식물로 분류되는 것이 옳습니다. 자연 상태에서는 발생하지 않지만 자연 물질에서 아주 사소한 화학적 변이가 이루어진 대표적인 사례라고 볼 수 있죠. 그러니 천연 화학 물질의 일종으로 보는 것이 맞으며, 물

＊　식민 지배를 받기 전 중앙아메리카를 말한다.

론 그 효과와 영적 잠재력으로 보아도 두말할 것 없습니다. 이에 약물 사용 현장에서 LSD를 한다는 것은 곧 신성 물질을 모독하는 행위로 간주될 수 있습니다. 또한 이러한 신성모독이야말로 약물사용 현장에서 LSD를 사용할 때 긍정적인 효과를 얻지 못하는 원인입니다. 많은 사람이 잘못된 LSD 사용으로 인해 긍정적인 효과보다 섬뜩하고 해로운 효과를 경험하곤 하는데, 바로 신성모독을 저질렀기 때문입니다. 이 물질은 인디언들이 그랬던 것과 동일한 터부와 경외심으로 대해야만 합니다. 만약 이 같은 접근법이 LSD에도 그대로 쓰였다면 LSD가 지금처럼 오명을 뒤집어쓰는 일은 결코 없었을 것입니다.[2]

호프만은 몇 가지 중요한 사항들을 지적했다. 첫째, LSD는 토착민들이 사용하던 소위 신성 약물들과 같은 부류로 묶여야 마땅하다. 사실상 모든 향정신성 약물들이 그렇지만 이러한 물질들은 공동체에서 사회적·영적·의료적 목적으로 처음 쓰이기 시작했다. 세계 각지에 거주하던 토착민들은 현지에서 얻을 수 있는 약전을 이용해 자신의 존재 의미를 탐구했는데, 이는 주로 의식 행사에서 샤먼과 지도자들의 지도하에 이루어졌다. 정확히 언제 어떻게 이 같은 '환각 체험'이 시작되었는지는 알 수 없지만 확실한 것은 역사를 기록하기 훨씬 전부터 거행되었을 거라는 사실이다. 아주 오래 전 예술 작품 일부에 이를 묘사한 장면이 남아 있다. 북아프리카 사하라에서 발견된 석화를 보면 무려 기원전 7,000년부터 그 지역 토착 부족들이 환각성 버섯을 먹었다는 사실을 알 수 있다. 스페인에서 발견된 그림들은 그보다 조금 뒤에 제작되었다. 메스칼린은 적어도 5,700년 전부터 멕시코 및 남아메리카 서부 지역에서 페요테, 산페드로, 페루횃불선인장을 비롯한 여러 종류의 선인장에서 추출되어 쓰였다. DMT 성분이 함유된 아야와스카는 페루 및 기타 남아메리카 지역에서 오랜 기간 애용되었다.

이어 호프만은 무분별하게 LSD를 사용하는 약물 문화에 불만을 토로했다(나 역시 그중 하나임을 인정한다). 이러한 점을 꼬집은 인물이 그뿐만은 아니다. '저항문화counterculture'라는 용어를 제창하고 히피 운동의 연대기를 기록한 테오도르 로작Theodore Roszak은 1969년에 다음과 같이 지적했다.

어쩌면 약물 경험은 성숙하고 교양 있는 마음에 뿌리를 내릴 때 비로소 의미 있는 과실을 맺는지도 모른다. 그러나 실제로는 느닷없이 문화를 짓밟고 대체로 얼빠진 동경 외에는 아무것도 갖추지 않은 채 약물을 경험하는 젊은 세대들 손에 쥐어져버렸다. 이들의 행태는 좋게 보면 치기 어린 반항심으로 잘 알지 못하는 타국의 전통에 열광하며 기성세대의 타락한 문화를 떨쳐내고 서구 사회가 지켜온 유산의 본체를 내던진 것이지만, 나쁘게 말하자면 채 발달이 끝나지도 않은 17년 혹은 18년의 인생에서 자기 내면의 혼란을 좇는 일에 매몰된 것이다.

독한 말이지만 아마도 맞는 말일 것이다. 으레 다른 좋은 것들이 그러하듯 약물 또한 '젊은이들이 그 가치도 모르고 흥청망청 낭비하고 있는 것'일 수도 있다. 그렇지만 호프만이 전하고자 한 말의 핵심은 사이키델릭이 어쩌면 인류에게 이로울 수 있다는 점이다. 그는 과학자로서, 또 작가로서 걸출한 경력을 이어가는 내내 여러 차례에 걸쳐 다양한 방식으로 이 같은 견해를 주장했는데, 자신의 100세 생일 축하 자리에서는 다음과 같은 말을 남겼다. "이 약은 내게 내적인 즐거움, 개방적인 마음가짐, 감사하는 자세, 또렷한 시야를 가지게 해주었으며, 우주 만물의 기적에 대한 내적 감수성을 일깨워주었습니다. (…) 인류가 진화하는 동안 LSD가 지금처럼 필요했던 적은 없다는 생각이 드는군요. 이건 그저 우리를 우리가 본래 있어야 할 상태로 돌려놓는 하나의 도구지요."[3]

곧 알게 되겠지만 나도 여기에 동의하는 편이다.

나쁜 환각도 긍정적 경험으로 만드는 사이키델릭

↯

리세르그산 다이에틸아미드lysergic acid diethylamide, 즉 LSD*가 이와 유사한 천연 화합물 실로시빈, N,N-다이메틸트립타민dimethyltryptamine, DMT,

---

*   줄여서 산성이라는 뜻의 애시드acid로 불리기도 한다.

메스칼린과 비교해 가장 다른 점은 약의 효능이다. LSD는 지금까지 알려진 향정신성 화합물 중에 가장 효능이 강한 물질로, 두 번째로 강력한 물질이 다른 물질들과 큰 차이가 없는 데 반해 다른 화합물이 요하는 농도보다 200배 낮은 농도만으로도 효과를 발휘한다. LSD는 주로 사전에 소량의 액상 약물을 묻혀둔 종이를 핥는 방식으로 사용되는데, 고작 50~100마이크로그램(50마이크로그램은 0.00005그램과 같다)의 양이면 6시간에서 12시간 동안 환각이 지속되게 만들 수 있다. 메스칼린의 작용 시간도 이와 비슷한 수준이지만, 실로시빈의 지속시간은 절반에 불과하다. 메스칼린과 실로시빈은 모두 경구로 투약되며, 빠르고 극심한 내성을 유발한다. 사실 이 약물들은 측좌핵에서 도파민 분비를 야기하지 않는다는 점과 더불어 내성이 너무나도 빨리 생기는 특성 탓에 상습적인 복용이 의미가 없다.

이에 비해 DMT는 작용이 지속되는 시간이 훨씬 짧으며, 오락용 사용자들이 보통 사용하듯 태워서 연기를 들이마실 경우 효과가 나타나는 속도도 매우 빠르다. 그러다보니 회사에서 취하는 짧은 휴식 정도의 시간인 5분에서 15분 정도밖에 효과가 지속되지 않아 '회사원을 위한 환각 체험 약'이라는 별칭을 얻게 되었다. 하지만 DMT가 소화기관에서 자연스럽게 분해되지 못하도록 모노아민산화효소 monoamine oxidase, MAO를 차단하는 다른 화합물과 함께 복용할 경우에는 효과가 몇 시간까지도 이어질 수 있다. 이 같은 MAO 억제제를 얻을 수 있는 것 중 하나가 아야와스카 덩굴인 **바니스테리오프시스 카아피**

다. 이 식물의 덩굴과 DMT를 함유한 식물(주로 사이코트리아 비리디스가 쓰이지만 그 밖에도 최소 50종의 식물과 3종의 포유류 및 특정 산호에서 추출이 가능하다)의 잎으로 빚은 신성한 음료는 역사적으로 종교와 치료 의식에서 사용되었으며, 근래 들어서 여행자의 소비도 점차 늘어나고 있다. 매년 수천여 명이 견문을 넓히기 위해 아마존 열대우림을 방문하면서 남아메리카에서는 '아야와스카' 산업이 호황을 누리고 있다. DMT는 생생하고 신비로운 경험, 황홀감, 그리고 주로 기하학적인 형태와 영혼, 외계인, 요정, 신과 관련된 환각을 야기한다고 보고된다. 대부분의 국가에서 불법으로 지정되었으며, 조금 더 효능이 강한 5-MeO-DMT를 비롯하여 구조적으로 유사한 대용 물질들도 존재한다. 미국에서는 의식에 활용할 목적으로 일부 종교 집단에서 사용 허가를 받은 것을 제외하면 1급 규제약물로 관리되고 있다.

　　DMT는 합성된 형태로도 시중에 돌아다니는데, 나는 DMT는 경험해보지 않았지만 나머지(LSD, 실로시빈, 메스칼린)는 해본 적이 있다. 요정 같은 것을 본 기억은 없으나 만약 보았다면 분명 상냥한 요정들이었을 것이다. 처음 환각을 경험했을 때부터 매번 약을 할 때마다 내가 사는 곳보다 훨씬 더 거대하고 불가사의한 어떤 장소로 향하는 문을 여는 것만 같은 느낌을 받았다. 약을 혀 아래 집어넣거나, 페요테 버튼을 씹거나, 마법의 버섯을 먹고 20분에서 30분이 지나고 나면 주변의 모든 경계를 허물어뜨리는 아주 달콤한 초대와 함께 환각성이 가미된 즐거움이 내 안 깊은 곳에서부터 보글보글 올라왔다.

나쁜 환각을 경험한 적은 없어도 강렬하고 썩 유쾌하지만은 않은 환각은 몇 차례 있었는데, 그래도 환각의 세계는 탐구심이 강했던 나로서는 언제나 대단히 흥미로운 일이었기에 약이 어디로 나를 데려가든 그럴 만한 가치가 있다는 생각이 들었다. 내가 운이 좋았던 것은 어쩌면 체질적으로 긍정적이었던 데다 1980년대를 특징짓던 조금은 바보 같은 순진함을 품고 있었기 때문일지도 모른다.

이 약물들을 복용하는 것은 마치 통제할 수 없는 차량을 타고 미지의 장소로 여행을 떠나 기존의 상식을 완전히 벗어나는 것들과 전혀 통제 불가능한 만남을 하는 것과 같다. 사람은 누구나 통제력을 상실한다는 느낌을 받으면 불편을 느끼기 마련이지만 나는 새로움과 스릴을 추구하는 편인 데다 남들은 감히 하지 못하는 일을 해보고 싶다는 뿌리 깊은 충동을 품고 있었던 탓인지 단단한 지면에서 휩쓸려 날아가는 감각을 즐기는 성향이 보통 사람들보다 강했다. 돌이켜 생각해보면 사이키델릭을 사용한 경험은 내가 어디를 향해 가고 있으며 어떻게 가야할지를 명확히 알 수 있었던 각성제 사용 경험과는 정반대로, 아무런 거침이 없었다.

LSD를 통한 환각 여행은 심리사회적 발달 과정의 결정적 시기에 나 자신이 세상의 중심이 아니라는 사실을 깨닫도록 도와주었다. 어찌나 마음이 편해지던지! 게다가 자기중심적인 망상에서 일시적으로나마 자유로워졌기 때문인지는 몰라도 그 뒤로 나는 이 세상 생명체 하나하나의 내면 및 그를 에워싼 주변부, 그리고 그 모두를 관통하는 무한하고 놀라운 에너지의 존재를 더욱 잘 인식하게 되었다. 비록 환각을 경험하던 때만큼 강렬하게 불러일으킬 수는 없지만 이 같은 느낌은 계속해서 내 안에 머물러 있다. 그리고 이토록 오랜 시간 지속되는 후광 때문에라도 사이키델릭이 어디까지나 깨달음의 길로 향하게 해주는 보조 수단일 뿐 그 자체만으로는 아무것도 아니라던 사람들의 주장에 어느 정도 동의한다. 이 둘을 혼동하는 것은 마치 달을 가리키는 손가락을 두고 달이라고 하는 우를 범하는 것과 같다.

환각(대부분 시각적)과 더불어 강렬한 감정과 신비로운 깨달음이 사이키델릭 '환각 체험'의 특징이라는 점에서 내가 했던 경험은 아주 전형적인 것이었다. 흔히 모든 사물이 활력 에너지로 가득 차 있다고 지각하는 경향을 보이는 데 더해 단단한 표면에서 원자들의 진동하는 성질을 관찰한다든지 나무들이 유체로 이루어진 듯 구부러지고 물결치는 장면을 목격하기도 하며, 바다 같은 일체감을 느끼며 타인 및 세상에 존재하는 모든 것과 서로 긴밀하게 연결되어 있다는 감각이 커지곤 한다. 한편 이와 동등하게 심오하면서도 심리적으로나 영적으로 힘든 '나쁜 환각'을 경험하는 일도 있는데, 바로 이러한 점 때문에 사이키델릭이 매우 예측하기 어려운 약물이라는 인식이 생겨나게 되었다. 부정적인 경험 또한 긍정적인 경험과 마찬가지로 굉장히 다양하게 나타난다. 꿈과 비슷하게 환각에는 대뇌피질이 비교적 제약 없이 활동한 결과물들이 반영된다. 해변에서 나와 함께 환각을 체험했던 친구 한 명은 바닷물이 끓고 있다고 확신하며(**실제로** 더운 날이기는 했다) 자신의 두 다리가 모래 속으로 녹아드는 모습을 보고는 우리 모두 끝장났다는 결론을 내렸고, 또 다른 친구는 도마뱀이 피자에서, 곧이어 자신의 기숙사 벽에서 태어나는 장면을 목격했다. 나로서는 이럴 때 나 자신이 환각을 통제할 수 있다는 착각을 버리고 그 경험을 온전히 받아들이는 것(**정말로** 녹아버린다면 어떤 느낌일까?)이 가장 효과적인 전략이었다. 그렇지만 결국에는 찾아올 자기 자신의 죽음이나 난해한 실존적 깨달음처럼 도전적인 개념들을 직면하는 하나의 방식이라는 측면에서 나쁜 환각들도 지나고 보면 긍정적으로 느껴지는 경우가 많다. 이러한 특성은 다른 계통의 약물이 일으키는 부정적인 경험들과 극명한 대조를 이룬다. 이를테면 술에 취해 인사불성이 되어 실제로 토하는 경험도, 다음 장에서 다룰 해리성 마취제의 영향으로 모든 지각에서 단절되는 경험도, 결코 좋게 볼 만한 부분이 없다.

인간이 아닌 동물들은 일반적으로 이러한 약물을 스스로 투약하는 일이 없다는 사실과 이 모든 고차원적 효과 탓에 그동안 사이키델릭 환각제의 약물 역학적 특징은 파악하기 어려웠다. 기억하겠지만 이를 발견한 인물들은 자기 자신을 피험체로 이용하여 약물의 구조와 기능을 알게 되었다. 여담이지만 나는 인간만이 사이키델릭을 시험해보겠다고 기꺼이 나서는 유일한 종이라는 결론에서 단 하나의 예외가 비인간 영장류라는 오래된 문헌을 읽고 깊은 인상을 받았다. 이들은 사회적인 교류를 비롯하여 일상적인 외부 자극이 단절된 상황에서뿐이기는 해도 우리 안에 홀로 앉아 사이키델릭을 투약하며, 나로서는 그저 상상에 맡길 수밖에 없는 장소를 헤맨다.

사이키델릭이 탈출구가 될 수 있을까

✦

내가 사교적인 분위기에서 일상적으로 약물을 사용하는 것조차 할 수 없도록 타고났다는 사실을 깨달으면서 느낀 절망감도 심히 괴로웠지만 앞으로는 **어떤** 약물도 하지 않아야 한다는 생각은 정말 견디기 힘들었다. 몇몇은 사실 있으나 없으나 큰 차이가 없었다. 알코올은 마치 산소처럼 당연히 늘 거기에 있는 존재였고 그 속성을 누렸지만 그다지 진지하게 신경을 쓰지는 않았다. 코카인은 쓰레기 같은 마지막 한 줄을 흡입할 무렵에는 다시는 꼴도 보기 싫어졌지만, 그 외에는 대체로 대부분의 물질에 대해 느끼는 정서적 유대감도 다 고만고만한 수준이었다. 반면 대마나 사이키델릭과의 관계는 깊은 감정들로 가득했다. 대마를 끊을 때 느꼈던 비탄은 헤어나오기까지 몇 년의 시간이 걸렸지만 솔직히 말해 환각 여행을 멀리하는 일은 상상조차 할 수 없었다. 하루하루의 노력이 쌓여 끝내 바라는 바를 이루리라는 '하루하루' 철학을 대부분의 물질에 적용할 수 있었고, 심지어는 대마도 흡연을 하지 않을 때의 불안과 지루함을 누그러뜨리기 위해서일 뿐이라는 사실을 마음 깊은 곳에서는 알았기에 어떻게 해볼 도리가 있었다. 하지만 사이키델릭과 영원히 헤어진다는 사실은 타격이 컸다. LSD가 있다면 그것만으로도 모든 날이 특별해지리라는 사실을 분명히 인지하고 있었고 내심 그래도 정말 특별한 날에는 약을 해도 괜찮지 않을까 하는 생각을 놓지 못했다.

나는 종종 '내가 진정으로 하고자 하는 마음을 먹지 않는 한 하고자 하는 약은 무엇이든 할 수 있다'는 선문답 같은 논리에 사로잡히곤 한다. 이 명제의 역은 마찬가지로 비극적이게도 '약을 할 수 있는 여건이 되는 사람은 가장 약을 할 자격이 없는 사람이다'가 된다. 내 남편이 바로 여기에 속한다. 남편이 힘든 하루를 보낸 날이면 나는 한 잔 하겠느냐고 권하고, 남편은 별 생각 없는 표정으로 나를 바라본다. 공연장에서는 화장실을 자주 가기에는 통로 자리에서 너무 멀다는 이유로 맥주를 남기거나 아예 거절하곤 한다. 주차장에서 못 빠져나갈 위험까지도 기꺼이 감수할 준비가 된 나로서는 그런 유의 논리를 차마 이해할 엄두조차 낼 수 없다.

나는 아직도 사이키델릭을 향한 희망을 버리지 못했다. 몇 년 전, 수십 년이나 약물을 멀리한 후에 나는 가까운 친구들에게 내가 가진 환상을 들려주었다. 그 친구들은 신경과학에 거의 문외한이었으므로 나는 어째서 이 계열의 약물들이 다른 약물과 다르며 사실은 중독성 약물로 분류되어서는 안 되는지 구구절절 변론을 늘어놓았다. 이 약들은 측좌핵에서 도파민 분비를 유발하지 않아서(그렇다면 더 말할 것도 없지 않나?) 인간이 아닌 동물들은 자발적으로 복용하지 않는다. 내성이 빠르고 강력하게 형성되어 상습적인 사용을 막으므로 충동에 이끌려 복용하는 일이 없으며, 의존성이 있다는 증거는 코딱지만큼도 없는 데다 인간에게 해롭다는 설득력 있는 근거도 부족하다. 끝으로 나는 순리대로 잠깐 발을 담그는 것이 정신적으로 꽉 끼인 채 몇 년 동안 앞으로 나아가지 못하는 답답함에서 벗어나는 데 꼭 필요할지도 모른다는 그럴 듯해 보이는 주장으로 이야기를 마무리 지었다. (중년이란 젊음의 찬란한 힘 및 순수함과 조금 더 성숙해진 이후의 지혜 및 자유 사이에 끼인 '중간 시간'으로 묘사할 수 있는데, 당시 나는 앞으로 나아가고 싶어 안달이 나 있었다.) 친구들은 그저 웃었고, 그들이 내 논거를 제대로 이해하지 못했다는 사실에 유치한 좌절감을 느낀 나는 계획이 잠정적으로 실패했다는 사실을 알았다.

이제는 중년의 터널 끝의 빛이 내게도 보이는 듯하며, 친구들에게 호소하던 그때보다는 더 나은 상태에 놓여 있다. 지금은 사이키델릭에 관해서도 대부분의 약물을 대할 때와 같은 전략을 취하며 1986년 이래로 한 번도 손을 댄 적이 없다. 하지만 그렇다고 해서 모든 가능성을 완전히 차단한 것은 아니다. 이는 내가 나 자신을 비롯한 세상의 모든 사람이 해서는 안 된다고 말하는 것에 끌리는 청개구리 성향을 가졌기 때문인데, 그러다 보니 행동에 규칙을 정하는 방법은 내 경우 별로 효과적이지 못하다. 아울러 내가 사이키델릭의 도움을 받은 것은 틀림없는 사실이고, 반복사용 시 약의 효용이 점차 감소한다는 사실도 알고 있다. 내가 사이키델릭을 통해 얻은 것은 항상 곁에 있지만 평소에는 감추어진 존재들에 빛을 비추었다. 이 우주 속에서 내 주제를 약간이나마 파악하고(아, 이 얼마나 미약한가!) 우주라는 존재를 조금은 이해하게 된(아, 이 얼마나 충만한가!) 나는 계속해서 애착 젖꼭지만 빠는 것은 미성숙한 행동일 수 있겠다는 생각을 하게 되었다. 이 자체만으로도 이 약물들에는 중독성이 없음이 증명되는데, 그도 그럴 것이 이전에는 약의 효과를 만끽하고 난 뒤에는 절대 멈추지 못했기 때문이다.

불안과 우울을 치료할 새로운 가능성

✦

알버트 호프만이 조금만 더 오래 살았더라면 하는 아쉬움이 남는데, 사이키델릭 약물을 더 나은 삶을 위한 보조제로 활용하길 바라던 그의 희망이 곧 현실로 다가올 가능성이 농후해 보이기 때문이다. 지난 몇 년간 소규모의 임상시험들이 우울, 알코올 및 니코틴 중독, 죽음을 앞둔 불안에 사이키델릭이 도움을 줄 수 있다는 결과를 내놓았다.[4] 연구는 존스홉킨스, 뉴욕대학교, 임페리얼칼리지런던 등 유수 의과대학들에서 시행되었으며, 엄격한 절차와 관리 하에 세심하게 이루어졌다. 지금까지의 연구는 대부분 세 시간 안팎의 짧은 환각 지속시간이 실험실을 방문하는 참가자들에게 적용하기 용이하다는 이유로 실로시빈을 사용했다. 딱 한 연구에서만 LSD를 사용했으며 미국 식품의약국에서는 최근 아야와스카를 우울증 치료에 활용하는 최초의 임상시험 프로토콜을 승인했다. 필요한 식물들은 이 책이 출간될 즈음 연구를 시작할 수 있도록 하와이에서 재배되고 있다.

그중 가장 흥미를 끄는 것은 불치병 진단을 받은 환자들 치료에 약물을 사용한 연구다.[5] 이 연구에서는 훌륭한 음향시스템을 통해 편안한 음악이 흘러나오는, 근사한 호텔 객실 같은 양질의 임상 환경에서 통제된 용량의 사이키델릭 화합물을 투여한다. (1960년대에 하이츠 애쉬베리에서 행해진 '애시드 테스트acid tests*'와 비슷하게 느껴지는 것도 무리는 아니지만 가장 큰 차이는 복용하는 약물의 용량을 엄격하게 통제했다는 점과 훈련받은 임상 전문가가 함께했다는 점이다.) 참가자들은 지시에 따라 서너 시간가량의 환각 체험 회기를 수 주에서 한 달 간격으로 두 차례 진행한다. 임상적 지시들은 환자들이 몇 시간에 걸쳐 자신을 깊이 들여다보는 동안 안전하게 환각을 경험할 수 있도록 돕는다. 환자들은 무사히 회기를 마치고 나면 대체로 새로운 통찰을 얻었다고 보고한다. 아울러 시험이 종료된 뒤에도 환자들이 유의미한 통찰을 지속적으로 탐구하게 한다. 실로시빈을 활용한 치료를 받은 말기 환자들은 죽음을 더 잘 수용하고 이에 대한 우울과 불안 수준이

교* 《뻐꾸기 둥지 위로 날아간 새》로 잘 알려진 작가 켄 키지Ken Kesey가 주도했던 일련의 LSD 투약 파티.

낮아졌다고 보고한다.

이 같은 연구들은 아직 예비단계 수준에 불과하지만 눈앞에 닥친 죽음으로 고통받는 이들에게 제공할 만한 딱히 더 나은 대안이 없다는 사실을 명심하는 것이 중요하다. 어떻게 보면 기존의 치료법들만으로 충분치 않기 때문에 불안, 우울, 중독이 이토록 만연한 것이고, 우리 모두 언젠가는 죽는다는 사실도 이러한 현상을 부추기는 데 한몫한다. 여기서 소개한 두 번째 세대의 연구에서는 아직까지 부정적인 부작용은 없으며(초대 연구에서는 부정적인 경험에 관한 애매한 보고가 몇 차례 있었다), 많은 참가자가 이 경험을 통해 진정으로 한 발짝 나아간 듯 보인다.

상관연구 또한 재미있는 결과를 내놓았다. 상관연구로는 인과관계를 판단할 수 없지만 각각의 변인들 사이의 연관성을 파악하는 데 도움이 되곤 한다. 최근 한 연구에서는 이러한 약물을 사용하여 얻게 된 통찰이 친사회적행동에 잠재적으로 긍정적인 영향을 미칠 가능성을 평가했다.[6] 앨라배마대학교의 피터 헨드릭스Peter Hendricks 교수 연구팀은 2002년부터 2014년까지 국립 약물사용 및 건강 실태 조사National Survey on Drug Use and Health에 응답한 약 50만 명에 달하는 미국 성인 중 사이키델릭 경험자들을 분석한 결과, 절도나 기타 재산범죄를 저지를 확률이 약 25퍼센트 감소했으며 강력범죄를 저지를 확률 또한 약 18퍼센트 줄었음을 발견했다. 흥미롭게도 코카인, 헤로인, 대마, MDMA를 비롯한 다른 약물사용 경험은 이러한 범죄를 저지를 위험을 **높이는** 것으로 나타나 범죄 가능성 감소 효과는 오직 사이키델릭 물질에만 국한되었다.

같은 맥락에서 또 다른 연구팀은 친사회적행동과 관련된 다양한 범위의 심리측정들에 실로시빈이 어떤 영향을 미치는지 살펴볼 수 있는 실험을 설계했다. 참가자들이 배정된 집단 중 하나는 플라시보를 투약하는 통제집단이었으며, 나머지는 실로시빈을 투약하되 약물의 효과를 높이는 데 지시적인 안내가 도움이 되는지 확인하기 위해 매일 정신적인 활동을 수행할 때 안내하는 지시의 양에 차등을 두어 두 개의 투약집단으로 나누었다. 각 집단에는 25명의 참가자가 할당되었고, 약 한 달 간격으로 같은 절차를 2회 시행했다. 연구 결과 실험적 처치가 안전하고 즐겁다는 사실이 증명되었을 뿐만 아니라 6개월 뒤 진행된 후속 면담에서도 이타적 행동, 정신성 증가, 삶의 만족감 향상 등 몇 가지 측면에서 약물의 이로운 효과가 지속됨이 드러났다.[7] 이 같은 결과는 데이비드 E. 니콜스David E. Nichols가 심층적으로 논평했던 기존의 연구들을 반복 검증 및 확장한 것이다. 이를테면 호세 카를로스 보우소José Carlos Bouso 연구팀은 100명이 넘는 아야와스카 상습 사용자들과 그 외의 인구통계학적 특성들이 유사한, 활발하게 종교 활동을 하던 대조집단이 안정감, 인지, 여러 가지 정신병리적 지표를 비롯한 다수의 심리적 변인들에서 어떤 차이를 보이는지 살펴보았다.[8] 아야와스카 사용자들은 강박장애, 불안, 적대감, 편집증, 우울 등 모든 정신병리 평가에서 대조군에 비해 더 경향성이 낮은 것으로 나타났다. 인지 측정 결과에서는 두 집단 간의 차이가 없었지만 심리적 안정감에서는 사이키델릭을 사용한 집단이 약을 사용하지 않은 종교인 참가자들보다 높은 점수를 받았다.

자, 그렇다면 이 약물들은 대체 어떻게 지속적인 우울감을 완화하고, 중독을 감소하며, 침착한 자세로 자기 자신의 죽음을 직면하게 할 뿐만 아니라 친사회적행동을 증진하는 작용까지 하는 것일까? 여기에 대한 답은 아직 분명치 않지만 최근 발표된 개관 논문에서는 이 같은 작용이 어떤 세로토닌 수용체(세로토닌 2A)와의 특정한 상호작용을 통해 이루어질 가능성을 시사했다.[9] 이 약물들은 신경가소성과 관련된 유전자의 활동을 유도하고 뉴런 집단들 간에 본래 확립되어 있던 연결을 끊는데, 이를 통해 "광역적인 가소성의 상태에 재진입함으로써 정신과적인 질환의 징후를 초래했던 부적응적 패턴들을 초기화하는지도 모른다."[10]

사이키델릭 약물들이 정확히 어떻게 뇌와 상호작용하여 그 같은 효과를 발휘하는지, 그리고 어떻게 실질적인 도움이 되며, 어떻게 효과가 오랜 기간 지속되는지 단정 짓기는 너무 이르지만 이 물질들을 연구하는 사람들의 미래는 수십 년 전 과거에 비해 훨씬 밝아 보인다. 인간에게 약용으로 사용해온 천 년의 역사, 그리고 인생이 완전히 달라졌다는 사람들의 경험담에 더해 고무적인 초기 실증적 연구 결과들이 우리가 정신병리를 치료하는 보다 인도적인 방법으로 나아가는 길에 들어섰음을 시사한다. 급속히 번져가는 우울이나 불안, 반사회적 성격장애를 효과적으로 치료할 수 있다면, 특히나 기존의 약물요법에 비해 비용이 덜 들고 부작용도 더 적다면, 과연 어느 누가 그 같은 가능성에 마음을 열지 않을 수 있을까?

9

✳

뜻이 있는 곳에 길이 있나니: 기타 남용약물들

⚡

그게 내가 화학 폐기물을 삼키게 된 하나의 이유였다.
일종의 나 자신을 축소하고픈 욕구였고 (…)
'나는 더 작아지고 싶다. 고로 나는 더 마신다' 라는 간단한 논리였다.

캐리 피셔Carrie Fisher,《희망 음주Wishful Drinking》(2008)

취하기 위해서라면 무엇이라도

⚡

내가 막 실험 삼아 이런저런 약들에 도전하기 시작했을 무렵, 바나나 껍질을 태워 연기를 들이마시면 뽕 간다는 도시 괴담이 전해지고 있었다. 나는 바나나 태운 연기를 잔뜩 들이마시며 이를 시도했고, 제대로 뽕 가보고 싶은 초짜의 어설픈 노력으로 아스피린과 콜라도 함께 곁들였다. 이 미신이 지금까지도 남아 있는지는 모르겠지만 아마 이처럼 의미 없는 시도를 한 사람이 나뿐만은 아니었으리라.

무언가 새로운 경험을 하고자 하는 욕구는 늘 있었다. 심리적 기능에 변화를 주기 위해 의도적으로 물질을 투약하는 행위는 역사가 기록되기 시작할 때부터 존재했다(그리고 그 전에도 충분히 존재했을 것이다). 뇌의 작용 기제에 관한 이해가 진보를 거듭할 때마다 우리는 늘 그것을 교묘하게 이용할 천연물이 존재한다는 사실을 발견했다. 식물은 자연적으로 모르핀, 코카인, 니코틴, 카페인, 대마 등 수많은 환각성 화합물을 만들어냈고, 이 물질들은 적어도 고고학 기록이 시작된 시기부터 줄곧 사용되었다. 술은 약 1만 년 전, 발효시킨 꿀로 주조한 밀주가 시초가 되어 꾸준히 인기를 누리고 있다. 오락용 또는 의례용으로 화학물질을 사용한 사례는 약물을 활용하는 기술과 더불어 인류가 있는 곳이면 어디에서든 발견된다.

게다가 약물을 복용을 하는 것은 인간만이 아니다. 영장류에서 곤충에 이르기까지 수많은 종이 화학물로 인한 경험의 변화를 즐기는 것으로 보인다. 고양이가 캣닢의 효과를 향유하는 모습은 익히 보아 알고 있겠지만 그 외에도 많은 동물이 아편을 먹으며, 발효된 과일에 함유된 알코올은 포유류, 조류, 곤충들에게도 인기가 좋다. 동물의 왕국에서 찾아볼 수 있는 사례 중 내가 가장 좋아하는 것은 딱정벌레(로메추사)를 키우는 특정한 개미(**황개미**) 종류인데, 이들은 개미를 **굉장히** 차분하게 만든다는 점 외에는 사실상 아무런 의미도 목적도 없어 보이는 찐득찐득한 딱정벌레의 분비물을 정기적으로 취하기 위해 (무려 자신들의 군체까지 희생해가며) 성체 딱정벌레를 먹이고 유충을 기르는 공생관계를 맺는다. 모든 동물을 아우르는 약물복용의 보편성은 마치 식욕이나 성욕 같은 생물학적 충동을 반영하는 것처럼 보인다.

이 장에서는 식물이나 동물에서 유래된 천연 화합물과 점점 더 종류가 다양해지는 합성 화합물을 비롯해 여러 계통의 광범위한 약물들에 관해 이야기해보도록 하자. 그중 일부는 대단히 해로운 반면 어떤 물질들은 상대적으로 덜 해롭지만, 모든 약물은 상습적으로 투약할 경우 앞서 여러 차례 설명했던 바대로 뇌의 특정 영역에서 약효를 상쇄하는 적응이 일어나 중독의 위험을 초래한다.

인간이 사랑하는 다양한 천연 각성제

⚡

니코틴, 코카인, 메스암페타민, 엑스터시MDMA 등 대중에게 잘 알려진 대부분의 각성제는 앞에서 이미 다루었다. 많은 사랑을 받는 각성제에는 그 밖에도 다양한 종류의 천연 화합물이 있다. 이 중 일부는 통제물질로 규제받는 것을 피하기 위해 '배스솔트bath salt(입욕소금)'로 포장 및 판매되면서 지난 10년 간 반짝 인기를 누렸다. 이 약물들은 입욕제 알갱이처럼 생긴 데다 흔히 '섭취금지'라는 문구를 달고 판매되었으므로 주유소나 인터넷상에서 주고받는 일이 가능했다. 그렇다 보니 의료기관의 독극물 센터마다 항의가 빗발쳐 당국이 주시하기 전까지는 담배나 알코올보다도 더 구하기 쉬운 약물이었다.

드론drone 또는 MCAT로 불리는 메페드론mephedrone도 그중 하나다. 메페드론은 카트라는 식물에서 추출되며 암페타민과 유사한 천연 화합물인 카티논cathinone을 합성해 구현한 물질이다. 최초로 합성된 것은 1920년대지만 보다 널리 쓰이고 남용된 것은 21세기에 재발견되면서부터였으며, 다시 몇 년 뒤에는 대부분의 지역에서 불법 약물로 지정되었다. 배스솔트에서 발견된 또 다른 합성물질로는 메틸렌다이옥시피로발레론methylenedioxypyrovalerone, MDPV이 있다. 두 가지 약물 모두 암페타민과 구조적으로 유사하며 모노아민 수송체를 차단하는 동일한 기제로 작용하여 흡사한 효과를 낸다. 카트는 아프리카 동부 지역 끝자락 및 아라비아반도에서 자생하는 관목으로 카티논의 원천이다. 사용해온 역사가 긴 탓에 카트가 중독성이 있다는 사실은 꽤나 오래 전부터 알려져 있었다. 이를테면 세계보건기구에서 1980년부터 카트를 남용약물로 분류하면서 서구권 대부분에서는 사용을 규제하고 있는데, 그럼에도 소말리아, 예멘, 에티오피아 등 여러 지역에서는 여전히 합법이다. 이스라엘과 같은 일부 국가에서는 카티논을 법으로 금지했지만 남아프리카 일부 지역에서 코카나무 잎을 대하는 것과 마찬가지로 자연 상태의 카트를 씹는 등의 방식으로 소비하는 행위는 허용한다. 카티논 또한 암페타민과 유사하게 행동상의 흥분, 인지적 각성, 황홀감, 식욕상실을 야기한다. 의존으로 이어질 가능성도 있다.

전 세계적으로 500만에서 1,000만 인구가 매일 카트를 사용하는 것으로 추산된다. 카티논은 하루 이틀이 지나면 카틴cathine으로 분해되어 빠르게 효능이 사라지므로 신선한 잎을 씹어야 약효를 최대로 얻을 수 있다. 카틴 또한 향정신성 효과가 있지만 분해되기 전 형태에 비하면 효능이 덜하다. 잎을 촉촉하게 유지하면 카틴으로 변하는 속도를 늦출 수 있는데, 재배 시 많은 양의 관개용수를 필요로 하는 특성까지 더해지면서 일부 지역에서는 카트를 재배하고 유통하는 과정이 물 공급에 큰 부담으로 작용한다. 일례로 예멘에서는 카트가 너무나도 대중적인 나머지 국가 전체 물 공급량의 40퍼센트가 카트 재배에 소모된다. '하루치'의 카트 한 봉지를 생산하는 데 500리터의 물이 필요하다고 추산되며, 이로 인해 사나 분지의 수위가 낮아지는 결과가 발생했다. 하지만 불행히도 농민들은 카트를 경작하는 일에 열을 올리는데, 직접 사용하기 위해서가 아니라 생계를 유지하기 위해서다. 카트는 가장 수익성이 좋은 작물로 과일 재배보다도 훨씬 수익성이 크다. 충분한 관개용수만 갖춘다면 카트는 1년에 네 번까지도 수확이 가능하다.

마황 또한 암페타민과 유사한 여러 가지 유효성분을 함유한 식물종이며, 그중 에페드ephedrine과 수도에페드pseudoephedrine이 가장 주목할 만하다. 이 화합물들은 중국이 원산지인 마황 속屬 식물들에서 유래되어 한나라(AC 206년~BC 220년) 때부터 사용되었다. 이들은 교감신경계를 자극하여 뇌와 행동을 활성화하고, 심박과 혈압을 증가하며, 기관지를 확장하고, 대사를 증진한다. 체중감량에도 유용한 마지막 효과와 더불어 훈련하려는 동기와 에너지를 끌어올림으로써 운동 성적을 향상하고 보디빌딩에 도움을 주기 때문에 많은 사용자에게 매력적일 수밖에 없다. 사용자들에게 위험한 반응이 발생할 확률이 높다는 증거에도 불구하고 건강보조식품 산업에서 수백만 달러를 들여 마황이라는 허브와 이를 제품화한 상품들이 안전하다고 주장하면서 마황 규제 자체에도 논란이 있었다. 결국은 과학이 승리했고, 마황 성분이 함유된 건강보조식품들은 미국에서 불법으로 지정되었다. (다만 마황 추출물을 함유하고 있으나 유효성분인 에페드린이 빠진 상품의 판매는 합법이다.) 에페드린이 규제되는 또 하나의 이유는 메스암페타민을 합성하는 데 쓰일 수 있기 때문이다. 처방전 없이 구할 수 있는 관련 약물 중 이와 유사한 부작용을 품은 것이 수도에페드린이다. 수도에페드린은 슈다페드Sudafed와 같은 코막힘 약의 유효성분이다. 그리고 이 또한 메스암페타민을 만드는 데 이용될 수 있다는 점 때문에 미국에서는 더 이상 약국 진열대에서 자유롭게 손에 넣을 수 없게 되었다.

위의 약물들은 모두 도파민, 노르에피네프린, 에피네프린을 비롯한 카테콜아민catecholamine(모노아민의 하위범주에 속하는 화합물로 카테콜 고리를 포함한 화학구조로 구별이 가능하다)의 재흡수를 차단하는 방식으로 작용한다. 잉여 도파민은 황홀감 효과를 일으키는 근간으로 여겨지는 한편, 노르에피네프린이 범람하는 시냅스는 각성 효과를 가져오며, 에피네프린의 상승은 심박과 혈압을 자극하는 등 말초적 효과에 기여한다. 캡타곤Captagon이라는 이름으로도 '시판'되는 페네틸린(일반적으로는 fenethylline으로 쓰지만 phenethylline이나 fene-tylline으로 쓰기도 한다) 화합물은 이들과는 조금 다른 약리적 특성을 띤다. 이 약은 1960년대에 독일에서 합성된 물질로, 우리의 오랜 친구인 암페타민과 차의 자연 유래 각성제 성분인 테오필린theophylline을 결합한 것이다. 캡타곤의 작용 기제는 최근까지도 불분명했는데, 현재는 연구자들이 이 약물의 약리적·행동적 특성이 테오필린과 암페타민이 기능적 시너지를 일으킨 결과라는 사실을 밝혀냈다.[1] 테오필린이 더해지면 암페타민의 효과가 강화되는 것이다. 연구자들은 이를 증명하기 위해 본래 상태의 화학물질과 그 분해 산물이 지닌 측면들에 대응하는 항체를 활용하는 참신하고 기발한 기법을 도입했는데, 여기에서 얻어진 부차적인 이득 중 하나가 바로 약물중독을 막는 백신이었다. 항체들은 매우 특정적으로 작용하기 때문에 이렇게 개발된 백신 제제製劑가 캡타곤을 무력화할 수는 있지만 그것만으로는 전반적인 각성제 수요를 감소시킬 수 없다. 그렇다 보니 결과적으로 새로운 백신이 도입되지 못하도록 약물 개발 작업이 더욱 음지로 숨을 가능성이 높다.

그럼에도 캡타곤은 이미 거대한 암시장이 형성되어 있어 백신도 유용하게 쓰일 수 있다. 캡타곤은 대단히 많이 남용되는데, 대학생들 사이에서 대중적으로 쓰이는 중동에서 그 정도가 특히 심하며, 사용자 중 약 40퍼센트가 중독에 빠진다. 이 약의 주요 생산국 중 하나인 시리아에서 캡타곤은 크게 두 가지 목적으로 쓰인다. 첫째, 병사들에게 신체적 에너지를 주고 신경계를 각성하며 종종 자신감 증강 효과까지 가져다줌으로써 전쟁을 계속하는 데 유용하게 사용된다. BBC 아라빅의 다큐멘터리에서 인터뷰에 참여한 병사는 "내가 세상을 다 가진 것만 같았습니다. 캡타곤을 복용하고 나면 아무것도 두렵지 않았습니다"라고 말했다. 국가 입장에서 약물의 또 다른 이점은 약물 판매가 전쟁 자금을 대는 데 도움이 된다는 것이다.

감각과 나를 분리하는 해리성 마취제

✦

펜시클리딘phencyclidine과 케타민은 해리성 마취제로 알려진 약물 계통의 대표 주자다. 펜시클리딘은 PCP나 천사의 가루angel dust라는 이름으로 더 친숙하며, 케타민은 스페셜 K, 킷캣Kit Kat, 고양이 바륨 등으로 '시판'되고 있다. 원래 PCP는 바르비투르산염에 비해 과다투약의 위험이 적은 마취유도제로 개발되었다. 처음에는 비교적 안전해 보였지만 얼마 안 가 일반적인(바르비투르산염에 의한) 마취와 달리 깊이 이완된 무의식 상태를 만들지 않는다는 사실이 명백해졌다. 피험자가 반응을 보이지 않고 정상적으로 호흡하는 것처럼 보였지만 동시에 기이한 가수면 상태, 다시 말해 긴장증catatonic*상태에 있었던 것이다. 눈은 초점이 없었지만 근육은 수면진정제로 정신을 잃었을 때

---

* 　신경정신병적 행동장애로, 마취 상태와 달리 명확하게 의식이 있음에도 전혀 움직이지 못하고 침잠하거나 동일한 행동을 반복하는 상동운동을 보이며 일반적으로 조현병의 임상병형 중 하나로 분류된다.

처럼 축 늘어지는 대신 깨어 있는 듯 탄력을 유지했다. 이 약은 몇 년 동안 임상적으로 사용되었는데, 분명 전통적인 마취제들보다 치료지수$_{therapeutic index}$**가 훨씬 높아 과다투약의 위험이 매우 낮기는 했지만 조금씩 문제가 보고되기 시작했다. 일부 환자들은 수술대 위에서 동요를 보였고, 또 다른 환자들은 수술 중에는 조용했지만 마취에서 깨어난 뒤 시야 흐림, 환각, 어지럼증, 공격적인 행동과 같은 반응들을 보였다. 이에 1965년부터는 임상 환경에서 사용이 배제되었지만 몇 년도 안 되어 길거리로 퍼져나갔다.

그 사이 파크데이비스앤컴퍼니의 화학자들은 지속시간이 짧고 섬망을 일으킬 위험이 덜한 약물을 개발하려다 이와 유사한 제품들을 다수 만들어냈다. 이렇게 상대적으로 안전한 대안이랍시고 내놓은 약물 중 하나가 케타민이었다. 케타민은 마취제로서 성공적으로 자리를 잡았고, 특히 바르비투르산염 사용 시 과다투약으로 위험에 처할 확률이 높은 소아 및 노인의 수술이나 전시처럼 바르비투르산염을 투여하고 지켜볼 시간적 여유가 없는 상황에서는 인간을 대상으로도 종종 쓰인다. 아울러 케타민은 수의학에서 널리 쓰이고 있으며, 케타셋$_{Ketaset}$, 케탈라$_{Ketalar}$, 베탈라$_{Vetalar}$와 같은 이름들로 판매된다.

**   의약품이 원하는 효능을 나타내면서 독성에는 미치지 않는 농도로, 치료지수가 클수록 안정성이 높은 약물이다.

마취가 잘 되었는지를 평가하는 방법 중의 하나는 뇌전도electro-encephalogram, EEG를 통해 신경활동을 살펴보는 것이다. 거친 파도처럼 주파수가 높은 파동은 각성을 나타내는데, 점차 이완 상태에 접어들다가 깊은 수면 상태에 빠지면 뇌파는 서퍼들이 매력을 느끼는 웨스트코스트의 거대한 너울성 파도처럼 점차 느린 파동의 형태를 띤다. 이러한 변화는 뉴런의 활동이 주변 환경에서 일어나는 일들이 아니라 뇌 심부 피질하구조물들의 리듬에 영향을 받아 동기화됨에 따라 나타난다. 이들 약물의 영향으로 발생하는 독특한 EEG 패턴은 복합적인 파동들이 혼재된 형태처럼 보이는데, 이는 곧 감각기관과 변연계, 즉 감각과 느낌 사이에 해리가 일어났음을 시사한다. 실제로 이러한 뇌파 기록 형태는 이 약물 계통의 명칭인 해리성 마취제의 특성을 잘 보여준다. 이들은 감각과 '나'를 분리된 상태로 만듦으로써 작용한다. 해리성 마취제 사용 시 이 같은 분리된 감각과 더불어 때로는 자신의 몸을 떠나는 듯한 느낌이 들면서 기억상실이 나타나기도 하는데, 약물의 영향 아래 있는 사이 일어나는 일들이 의식적인 기억에서 지워지는 것이다.

그렇게 임상 환경에서 퇴출된 뒤, 놀랍게도 PCP는 저항 문화와 반전을 부르짖던 이들에 의해 평화의 약Peace Pill이라는 이름으로 다시금 쓰이기 시작했다. 하지만 그 명성은 오래 가지 못했고, 몇 년 뒤에는 통칭 천사의 가루로 전국에 퍼졌다. 1965년 무렵에는 불법 사용이 유행 수준에 다다라 워싱턴 D.C.를 비롯한 일부 도시에서는 알코올남용과 조현병을 합친 것보다 더 많은 수의 환자가 PCP에 대한 독성 반응으로 정신병동에 입원했다. 여기서 조현병을 비교 대상으로 들어도 전혀 터무니없지만은 않은 것이, '가루'를 과도하게 사용한 결과 나타나는 효과들이 환각, 신체의 형태와 크기, 재질에 대한 왜곡된 지각(가령 자기 자신이 고무나 플라스틱으로 이루어져 있다는 느낌), 시간 감각 상실 등 조현병의 일부 증상과 유사했기 때문이다. 게다가 PCP의 효과 중 적어도 몇몇은 신경전달물질인 글루타메이트의 농도가 증가한 탓에 발생하는데, 조현병 또한 과다한 양의 글루타메이트와 연관이 있다는 설이 있다. 지금까지 묘사한 효과들만으로는 이 약물을 사용해서 얻어지는 결과가 그다지 유쾌하게 느껴지지 않을 텐데, 그 밖에 의미 있는 통찰을 얻거나 초자연적인 존재를 목격하는 등 사용자들이 즐거움을 느낄 만한 인지적 변화들도 있다. 물론 약에서 깬 뒤에는 이러한 경험들도 다 흐릿해진 상태겠지만 말이다.

이 계통의 약물들은 글루타메이트 수용체의 일종인 NMDA 수용체로 이온이 흘러들어가는 것을 차단한다. NMDA 수용체는 뇌 전반에 걸쳐 광범위하게 분포하며 인지와 기억 형성을 비롯한 다양한 기능에서 결정적인 역할을 수행한다. 그러나 글루타메이트는 이 외에도 수많은 전달 체계에 영향을 미치기 때문에 앞서 대부분의 경우와 마찬가지로 나타나는 심리적 효과들을 신경활동과 연결 짓는 일이 그렇게 간단하지가 않다. 일부 쾌락적인 감각들은 글루타메이트 신호의 직접적인 작용을 통해서도 일어날 수 있겠지만 많은 증거가 이 약물이 중변연계 도파민성 뉴런들을 자극할 가능성이 있음을 가리킨다. 이를테면 전신 투여 이후 측좌핵에서 도파민의 농도가 증가하면 약물 경험이 전무한 연구 참가자들은 단연 약을 마음에 들어 해 더 많은 약을 원하며, 실험동물들도 기회만 주어진다면 기꺼이 스스로 약을 복용한다. 예상 가능하겠지만 이 같은 실험에서 피험자들은 자신의 의지대로 신체를 유지할 능력을 상실하면서 기이한 모습으로 비치게 된다. 그래도 어쨌든 대부분은 간신히 쓰러지지 않게 버티고 앉아서 어떻게든 약물을 얻을 수 있는 레버를 작동시킨다.

이 계통 약물들은 어느 것 하나 특출나게 대중적이지 않지만 케타민은 일부 오락 목적의 사용자들에게 열렬한 사랑을 받고 있다. 그러나 불행히도 만성적인 케타민 사용은 뇌에 해롭다. 글루타메이트 신호가 미치는 손길이 뇌의 구석구석 닿는 덕에 상습적인 사용자들에게는 실금, 인지능력 상실, 뇌 구조의 총체적 이상, 도파민 신호 장애, 도파민 및 글루타메이트 시냅스 상실과 같은 문제가 뚜렷하게 나타나며, 동물을 대상으로 한 유사한 연구 결과도 이를 뒷받침한다. 비록 인간을 대상으로 한 연구 결과들이 뚜렷한 결론에 이르지는 못했으나 이 약물들이 여전히 임상 환경에서 쓰이고 있는 탓에, 특히 소아 마취와 관련해 혹여 이 물질들이 뇌의 구조와 기능에 영구적인 영향을 미치지는 않을까 하는 우려도 제기되고 있다.[2]

아마도 많은 사람이 자기도 모르는 사이에 이와 유사한 또 다른 약물을 약상자 안에 구비해두고 있을 것이다. 덱스트로메토르판

dextromethorphan은 'DM'이라는 말이 쓰인 대부분의 약에 포함된 기침억제제이다. 이 약은 벌써 수 년 동안 시중에 유통되고 있는데, 처음에는 알약으로 판매되었지만 그 형태로는 남용하기가 쉬웠다. 제약회사에서는 한 번에 병 안의 내용물을 모두 삼켜야 한다면 번거로워서라도 남용을 단념하리라 생각하며 시럽 형태로 약을 바꾸었다. 균형을 잃고 황홀감을 느끼며 환시를 보는 효과를 얻기 위해서는 일반적인 복용량의 스무 배에 달하는 양을 마셔야 한다. 물론 충분히 예상할 수 있듯, 동기 수준이 특히나 높은 일부 청소년들에게 달고 끈적끈적한 액체를 삼키는 일은 아무것도 아니었다. 하지만 기침 시럽에는 이들이 원하는 약물 외에도 많은 성분이 함유되어 있어 생각지 못하게 거담제나 항히스타민을 다량 복용하여 원치 않는 부작용이 발생할 수도 있다. 이에 대응하기 위해 진취적인 사업가들은 기침 시럽에서 해당 물질을 추출하여 인터넷을 통해 재판매하는 방법을 강구했다. 2000년부터 2010년 사이 DM 남용은 두 배 이상 뛰었고, 아직 공식적인 규제약물로 지정되지는 않았지만 마약단속국에서도 요주의 약물로 예의 주시하고 있다.

베일에 가린 요주의 약물

⚡

샐비어salvia라는 거대한 속屬에는 박하처럼 생긴 관목 약 900여 종이 속한다. **샐비어**는 '치유하다'라는 의미의 라틴어에서 유래되었으며, 크게 세 갈래로 나뉜다. 가장 규모가 큰 갈래는 중앙아메리카 및 남아메리카에 자생하는 종들로 500여 종이 있다. 중앙아시아와 지중해에 자생하는 종들이 전체의 절반 정도 규모이며, 동아시아에는 100여 종이 있다. 이처럼 다양성이 매우 크다 보니 그중에 향정신성을 띤 종이 하나쯤 있다고 한들 그리 놀랄 일은 아닐 것이다.

샐비어 디비노럼_salvia divinorum_은 작은 다년생 관목으로, 멕시코 남부의 오악사카가 원산지다. 본토에서는 잎에서 추출한 즙을 섞거나 잎을 으깨어 물에 타 차처럼 마시거나, 신선한 잎 한 움큼을 씹어 삼키는 식으로 사용한다. 이와 같은 방법은 흡연에 비해 효과가 나타나는 속도가 느려 일반적으로 10분에서 20분의 시간이 소요되는데, 그런 만큼 경험이 지속되는 시간도 30분에서 1시간 반까지 긴 편이다. 반면 오락 목적의 사용자들은 대부분 빠르고 짧지만 강렬한 효과를 낸다는 이유로 흡연을 선호하며, 이 경우에는 1분 내에 효과가 나타나기 시작해 5분에서 10분이면 절정에 다다랐다가 점차 사그라진다. 이때 경험하는 환각 효과로는 통제되지 않는 웃음, 추상적인 동체動體 따위가 빠르게 변화하는 생생한 환시, '유체이탈' 경험, 공감각, 감각의 혼화, '자기'라는 감각의 변화 등이 있다.

이렇게만 보면 전형적인 사이키델릭의 효과처럼 보일 수도 있지만, 두 계통의 약물을 비교할 수 있는 경험자들을 대상으로 조사한 결과 18퍼센트 미만의 응답자만이 둘의 효과가 유사하다고 답했다.[3]

샐비어의 주된 유효성분은 살비노린 A salvinorin A인데, 이 화합물은 아직까지도 과학자들이 골머리를 썩일 만큼 약리학적으로 아주 독특한 속성을 가졌다. 밝혀진 바에 의하면 살비노린 A는 지금껏 발견된 천연 환각제 중에서 가장 효능이 강하다(LSD보다야 못하지만 LSD는 합성 화합물이다).

샐비어는 오래 전부터 오악사카 원주민인 마자텍 사람들이 종교의식에 활용해왔다. 이 식물이 실로시빈이 함유된 버섯으로 영적 의술을 행하던 지역에 자생하며, 같은 사람들에게 사용되었다는 사실은 정말이지 엄청난 우연이 아닐 수 없다. 또한 마자텍 사람들은 설사, 두통, 류머티즘과 같은 다양한 질환을 치료할 약으로도 샐비어를 사용했다.

하지만 아무리 강력한 환각제일지라도 **샐비어 디비노럼**의 유효성분인 살비노린 A는 나의 분류체계에 근거하면 다른 사이키델릭들과는 같이 묶을 수 없는데, 이 약물의 작용 기제가 나머지와는 완전히 다르기 때문이다. 약리학자들은 오락용 사용자들 못지않게 살비노린 A에 관심을 갖고 있다. 이 화합물의 특성이 밝혀지기 전까지 이와 유사한 구조 및 기능적 속성을 지닌 분자는 단 한 가지도 알려진 바가 없으므로 이로써 연구가 새로이 나아갈 길이 열렸기 때문이다. 살비노린 A는 자연적으로 발생하는 강력한 선택적 카파 오피오이드 kappa opioid 효능제다. 카파 수용체란 고전적인 오피오이드 수용체 중 하나로 흔히 항오피오이드 효과를 내는 것으로 잘 알려져 있다. 카파 수용체는 모르핀이나 기타 마약성진통제들과는 그다지 상호작용을 하지 않으며, 카파 수용체의 활성화는 곧 불쾌한 상태를 초래한다고 여겨졌다. 예컨대 알코올의 금단증상과 관련된 비참한 기분에 카파 수용체의 활성화가 관여한다는 연구 결과들이 있다.[4] 살비노린 A는 이 외에는 LSD나 실로시빈 같은 대표적인 사이키델릭이 핵심 활동 영역으로 삼는 세로토닌 2A 수용체를 비롯한 50여 가지 다른 수용체, 수송체, 이온통로 중 어느 것에서도 뚜렷한 활동이 드러나지 않았다.[5] 지금으로서는 수수께끼 그 자체다.

살비노린 A가 사이키델릭과 다른 또 한 가지는 남용 가능성이 있다는 점이다. 초창기 연구에서는 이 약물이 측좌핵의 도파민 농도를 낮추어 혐오 상태를 유발한다고 보고되었지만, 이후 오락 목적의 사용자들이 사용하는 것보다 훨씬 높은 용량에서는 남용의 문제가 명백하다는 사실이 드러났다.[6] 쥐들에게 인간 사용자들과 비슷한 용량(체중 1킬로그램 당 0.1~10마이크로그램)을 투여해 약의 종합적인 강화 효과를 평가한 최근의 한 연구에서 정반대의 결과를 발견한 것이다. 실험쥐는 약물을 얻기 위해 활동하고 약물이 투여되는 맥락을 긍정적으로 기억했으며, 무엇보다도 살비노린 A가 측좌핵에서 도파민 농도를 상승시켰다.[7]

카파 오피오이드 수용체를 활성화하고 중변연계의 도파민을 증가시키는 이 독특한 약리적 속성에 관해서는 아직까지 충분한 이해가 이루어지지 않았다. 따라서 반복적으로 사용 시 어떤 효과를 초래할지, 구체적으로 카파 오피오이드 수용체 외에 약효에 대항하는 영역들에서 어떠한 적응이 발생할지에 관한 확실한 정보는 없다. 하지만 살비노린 A가 중독으로 이어질 수 있는 약물인 것은 맞는 듯하다. 현재 연방법에 의하면 샐비어는 미국에서 불법이 아니지만 마약단속국에서는 요주의 약물로 명단에 올려두었으며, 미국 내 절반가량의 주와 더불어 다수의 국가에서 유통 및 사용 금지를 법제화하고 있다.

새롭게, 더 강하게: 끝없이 진화하는 약물

⚡

몇 년 동안 약을 끊고 지내던 로리는 어느 날 나에게 전화를 걸어 스파이스Spice라는 좋은 신상을 발견했다고 말했다. 로리는 신이 나서 이 약은 천연이라고 떠들었다. (어째서 어떤 사람들은 천연이라는 말을 안전하다는 의미로 받아들이는 걸까? 탄저균도, 수은도, 라돈도, 또 수없이 많은 독성 화합물도 다 천연 물질인데!) 로리가 제품 포장지와 간단한 인터넷 검색을 통해 얻은 지식을 총동원한 바에 따르면 스파이스 또한 무해했다. 로리는 안전성에 관련해서 특히 자신감을 보였는데, 그렇지 않고서야 이렇게 대부분의 주유소에서 쉽게 구입할 수 있을 턱이 없기 때문이었다. 결국 그 친구는 혀가 꼬부라져 횡설수설하며 병원에 실려 갔고, '세상에 공짜는 없다'는 진리를 새삼 깨달았다.

스파이스는 THC의 효과를 모방하는 합성 칸나비노이드를 잘게 썬 식물성 재료와 합친 약물이다. 이 혼합물은 21세기 초반 '합법적인' 형태의 대마로 처음 등장해 K2 혹은 스파이스라는 이름으로 팔렸다. 배스솔트와 마찬가지로 스파이스도 흔히 '섭취금지'라는 딱지가 붙은 채 향으로 위장하곤 했다. 그러다 보니 2008년 말에 들어서야 향정신성 효과로 유럽 마약 및 약물중독 감시 센터의 조사를 받았고, 그로부터 몇 년이 더 지나 해당 약물의 사용과 독성 보고가 매섭게 급증하면서 미국 마약단속국의 눈에도 띄게 되었다. 스파이스에 쓰인 화학물질은 남용의 위험은 매우 높은 반면 의료적 효과는 전무했으므로 마약단속국에서는 그때를 기점으로 스파이스 제품의 유효성분 대부분을 불법으로 지정했다.

하지만 새로운 합성 칸나비노이드 개발은 법적인 규제가 처리되는 것보다 여전히 한 발 빨라서 법안이 통과되고 법의학자들이 탐지하는 속도를 넘어 빠르게 다양화되고 있다. 구조적으로 다양한 계통의 합성 칸나비노이드가 개발되었고, 그에 따른 독특한 화합물의 수는 최소 150가지나 된다. 규제 법망을 피해 약물을 구할 수 있다는 이점 외에도 사용자 개개인이 이 화합물들의 가치를 높게 평가하는 이유는 대부분 표준화된 약물검사에서 걸리지 않고 빠져나갈 수 있기 때문이다. 군에 몸담고 있는 사람들이나 법적 체제 및 고용주의 관리 하에 소변검사를 받을 일이 생기곤 하는 이들에게는 특히나 유용한 이점이다. 대마가 그렇듯 합성 칸나비노이드의 효과도 가지각색이다. 일부 사용자들은 불안을 호소하는 반면 어떤 이들은 이완감을 느끼며, 환각이나 편집증을 겪는 사람이 있는가 하면 그렇지 않은 사람도 있다. 그렇지만 일반적으로 고양감은 대마를 하면서 경험하는 것보다 훨씬 강렬한데, 보통 THC와 작용 기제가 동일한 합성물들이 CB1 수용체에 더욱 강력한 효능제로 작용하기 때문이다.

위험도 그만큼 커 보인다. 스파이스의 경우, 다수의 임상 사례 연구들이 위장관계, 신경계, 심혈관계, 신장계를 비롯한 광범위한 계통들의 생리에서 짧은 시간 동안의 과량 사용으로 인한 독성이 대마에 비해 현저히 강하게 나타난다고 보고한다. 이 같은 효과는 최근 폴 프래더Paul Prather 연구팀의 개관 논문에서도 다뤄졌다.[8] 가장 우려스러운 점은 스파이스가 급성으로 일으키는 독성이 강력한 경련을 유발해 죽음까지도 초래할 수 있다는 보고가 나온다는 사실이다.

또 다른 주요 걱정거리는 칸나비노이드와 정신증 사이의 연관성에 관한 것이다. 대마나 다른 천연 칸나비노이드에 대한 노출과 조현병 진단 사이에 정적상관관계가 있음은 이미 잘 알려져 있다. 이에 대해 칸나비노이드가 조현병의 직접적인 원인은 아니나 잠재적인 취약성이 겉으로 드러나도록 만든다는 것이 일반적으로 받아들여지는 정설이다. 칸나비노이드를 사용하지 않았더라면 탐지되지 않고 기준선 아래 머물렀을 조현병 증상들이 표면으로 드러나는 것이다. 조현병의 초기 모형들과 대조적으로 현재의 연구자들은 중독과 유사하게 이 병 또한 다수의 복합적인 요인들이 상호작용하여 발현되는 결과로 바라보고 있다. 이러한 관점에서는 생물학적 소인은 물론 스트레스가 많은 생활환경까지 온갖 것들이 발병 위험에 영향을 줄 수 있으며, CB1 신호체계의 과도한 활성화도 여기에 해당한다. 합성 칸나비노이드를 사용함으로써 발생하는 급성 및 만성 정신증에 관한 보고가 빠르게 쌓이는 현상은 경각심을 불러일으킨다. 짧은 시간 안에 많은 양의 스파이스를 사용하면 편집증, 와해된 행동, 폭력적인 행동, 환시와 환청, 자살 사고 등의 정신증적 증상들이 초래될 수 있으며, 이는 다른 전형적인 칸나비노이드 효과들보다 훨씬 더 오래 지속되는 것으로 보인다. 흥미로운 점은 이 같은 효과 중 상당수가 칸나비노이드 사용 외에는 다른 분명한 정신증 및 조현병의 위험이 없는 이들에게서 관찰된다는 사실이다. 그러나 약들이 만들어진 지 얼마 되지 않아 사용 역사가 짧기 때문에 관련 문헌들이 전적으로 사례 보고만으로 이루어져 있다. 이로 인해 스파이스 사용과 정신증 사이의 인과관계를 증명하는 데는 제약이 있을 수밖에 없다.

현재까지 연구가 이루어진 합성 칸나비노이드는 거의 모두 THC보다 단단하게 CB1 수용체와 결합한다. 이처럼 더 세진 효능은 제 기능을 하는 CB1 수용체의 수를 급격하게 떨어뜨려 더 강력한 내성과 의존, 금단증상으로 연결된다. 이 같은 경우 심각한 교차내성이 발생해 대마를 피워도 사실상 뒷마당의 풀을 뜯어다 피우는 것과 다를 것 없는 효과를 경험하게 된다. 사용자들도 이러한 사실을 알게 된 것인지 좋지 않은 경험을 했던 탓인지는 몰라도 스파이스의 사용률은 정점을 찍고 하락 추세로 전환한 듯하다. 국립약물남용연구소의 보고에 따르면 2011년에 11.4퍼센트였던 12학년의 스파이스 사용률이 2016년에는 3.5퍼센트로 감소했다.

클럽 약물이거나 기면증 치료제거나

✦

자이렘Xyrem이라는 이름으로도 판매되는 감마 하이드록시부티레이트gamma hydroxybutyrate, 일명 GHB*는 중추신경 억제제이며, 억제성 신경전달물질 GABA의 대사산물이기도 하다. 따라서 오락용으로 사용되거나 남용되는 양에 비해서 극히 소량이기는 하지만 본래 뇌에서도 자연적으로 생성된다. 1964년, GHB는 실험실에서 마취용으로 개발되었고 통증완화제로써 시험이 진행되기도 했지만 발작과 구토 발생률이 높은 탓에 연구가 중단되었다. 그렇게 거의 사장되다시피 했던 이 약물은 1980년대 들어 운동선수와 보디빌더들에게 근육 성장을 촉진하는 보조제로 홍보되고 팔리기 시작했다. 그러나 1990년대에 이르자 GHB 관련 독성 보고가 빗발쳤고, 이에 식품의약국이나서 GHB가 안전하지 않다고 공표하고는 처방전 없이 판매하는 행위를 금지했다. 2000년에는 미국에서 GHB를 1급 규제약물로 지정

---

*　　우리나라에서는 '물뽕'이라는 명칭으로 유명하다.

했고 영국은 2003년에 약물오용법(1971년 제정)을 적용하여 C등급으로 분류했으며, 지금은 유럽연합에 소속된 전 지역에서 규제하고 있다. 그러나 GHB는 케타민, 로힙놀Rohypno(플루니트라제팜flunitrazepam으로도 알려진 벤조디아제핀계 약물로 극심한 기억상실을 유발하기도 한다)과 더불어 '클럽 약물'로 쓰이며 계속해서 사용률이 증가했다. 이 약물들은 댄스파티에서 대중적으로 사용되는데, 알코올과 효과와 비슷하면서도 숙취가 없기 때문이다. 영국에서 자발적으로 조사에 응한 3,873명의 클러버들을 대상으로 설문을 진행한 결과, GHB 사용률이 무려 15퍼센트에서 20퍼센트에 달하는 것으로 나타났다. 다만 그 외의 일반적인 환경에서는 사용률이 훨씬 낮다. 2003년에 유럽의 25개국에서 시행된 유럽 학교 실태 조사European School Survey에서는 15세 이상 17세 미만 학생 중 겨우 0.5퍼센트에서 1.4퍼센트만이 GHB를 사용해본 경험이 있다고 답했다.

GHB는 주로 경구로 투약하는데, 복용 후 약 20분이 지나면 복용량, 당시 기분 상태, 주변 상황 등에 따라 다양한 효과를 경험하게 된다. 긍정적인 면을 들자면, 보통 사용자들은 에너지와 스태미나가 솟구치고 관능성이 증가하는 경험을 한다. 아울러 황홀감, 행복, 이완감을 느끼고 성기능이 향상되기도 한다. 부정적인 면으로는 근육의 협응력 상실, 두통, 메스꺼움, 나른함, 집중력 저하, 기억상실, 어지러움, 호흡곤란, 구토 등을 경험한다. 고용량을 복용했을 때는 진정제와 같은 효과가 나타나 심박수 감소, 자기통제 능력 상실, 불명확한 발음, 발작을 경험할 수 있으며, 신체를 움직이는 능력을 상실하고 혼수 상태에 빠지며 심한 경우에는 사망에 이르기도 한다. GHB로 인한 상 승효과는 일반적으로 최대 4시간까지 지속되지만 이와 유사한 다른 약물과 함께 복용 시 지속시간이 더 늘어날 수도 있다.

GHB가 행동에 미치는 영향 대부분은 $GABA_B$ 수용체에 작용함 으로써 나타나는 것으로 보인다. $GABA_B$는 $GABA_A$ 수용체와 구조적 으로 매우 다르며, 아직까지도 GHB와 $GABA_B$의 상호작용이 어떻게 행동 상의 효과들로 이어지는지 분명하게 밝혀진 바가 없다. GHB는 세로토닌과 노르에피네프린 등 다른 신경전달물질들과 더불어 도파 민 신호체계에도 영향을 미친다.

GHB도 장기간 사용할 경우 내성과 의존으로 이어지게 된다. 이때 발생하는 의존이 너무 극심한 나머지 어떤 사용자들은 금단증 상을 피하려고 24시간 내내 두어 시간 간격으로 약을 복용하기도 한 다.[9] GHB 금단증상의 임상적인 특징들은 약물의 대사 속도가 빠르 다는 사실을 반영하듯 마지막 약을 복용한 뒤로 수 시간 이내에 나 나 24시간 동안 맹렬하게 지속된다는 점만 제외하면, 에탄올이나 벤 조디아제핀 금단증상과도 유사하다. 가장 흔하게 관찰되는 금단증상 으로는 몸의 떨림, 불규칙적인 심박, 불안과 초조, 환각, 섬망, 발한, 고혈압, 착란 등이 있다. 이때 발작은 에탄올의 금단증상으로 나타나 는 것만큼 흔하지는 않은 듯하지만 그 외 섬망과 초조감, 그리고 다 른 신경정신병적 징후들은 에탄올보다 GHB 금단증상을 겪는 환자들에게서 더 두드러진다. GHB 의존을 치료하는 가장 좋은 방법은 고용량의 벤조디아제핀을 투여하는 것이며, 벤조디아제핀에 내성이 있는 사람들에게는 바르비투르산염이 효과적이다.

결국에는 GHB 또한 의료 목적으로 쓰임새가 있음이 밝혀졌지만 이미 1급 규제약물로 지정되어 여전히 규제가 유지되는 탓에 승인을 받는 데는 다소 잡음이 뒤따랐다. 그러나 그 모든 논란에도 불구하고 2002년에는 기면증(수면장애의 일종) 치료용으로 승인을 받아냈다. 야간 수면에 어려움을 겪고 주간에 과도한 졸음에 시달리며 주로 분노나 좌절 같은 강한 정서가 촉발 요인이 되어 급작스럽게 근육에 대한 통제력을 상실하는 탈력발작cataplexy을 경험하는 환자들에게 GHB는 성공적인 치료제가 되어주었다. 위의 세 가지 증상은 모두 GHB에 의해 유의미하게 감소했다. 식품의약국의 승인을 받기 위해 제약 회사에서는 약이 기면증 환자에게만 쓰이며 다른 사람들에게 유용되는 일이 없도록 확실히 관리하겠다는 취지로 고안된 독특한 위험관리 프로그램, 통칭 자이렘 성공 프로그램Xyrem Success Program에 동의해야 했다. 이 프로그램을 통해 식품의약국에서 환자 등록을 지속적으로 관리 감독했으며, 마약단속국에서는 등록번호를 발급해 처방전에 번호가 기재된 이들에게만 제한적으로 3급 규제약물 기준을 적용해 리필 형식으로 약을 처방받을 수 있게 했다. 아울러 오용을 막기 위해 주정부의 승인을 받은 중앙 약국이 약의 조제를 맡아, 의사가 해당 약물에 관한 지식을 갖추고 있는지 검증할 수 있는 구체적인 처방전 양식을 사용하게 한다.

절박한 사람들의 치명적인 도피처

✦

흡입제inhalant 남용은 여러 가지 물질남용의 형태 중에서 가장 연구
가 덜 이루어진 분야로 약에 취할 목적으로 상업화된 제품이나 특정
한 화학작용제에서 비롯된 증기 및 휘발성 물질을 의도적으로 흡입
하는 행위를 가리킨다. 흡입제는 보통 일상생활에서 쉽게 접할 수 있
는 다양한 물질을 포괄적으로 아우르며, 다른 비싼 약물이나 접근성
이 떨어지는 '취할' 수단을 확보하지 못하는 사람들이 애용한다. 단
일 물질 또는 여러 물질들의 혼합 형태로 흡입할 경우 중독을 초래할
수 있는 상업화된 제품의 종류는 말 그대로 수천 가지가 넘는다.[10]

매니큐어 제거제, 본드, 펜과 마커에 든 잉크, 가솔린, 구두약,
페인트 시너와 같은 용제들은 손쉽게 구할 수 있는 데다 가격도 저
렴하다. 요리에 사용하는 식물성 오일 스프레이, 디오도런트, 스프레
이형 페인트 등에 활용되는 스프레이 캔의 에어로졸이 또 다른 공급
원이다. 프로판과 부탄가스, 그 유명한 아산화질소nitrous oxide를 비롯
한 가스류는 들이마실 기회가 훨씬 더 많다. 이 모든 약물은 기분이
좋아지는 효과를 가져온다. 아질산아밀amyl nitrite이나 아질산뷰틸butyl
nitrite과 같은 아질산염 계열 물질들 또한 흡입을 통해 사용되지만 근

육 이완 및 혈관 확장 효과로 인해 주로 성적 흥분 증가를 목적으로 지속시간이 아주 짧은 비아그라처럼 쓰인다.

흡입제의 효과는 매우 빠르게 나타나 빠르게 사라지지만 일부 남용자들은 자가 투여를 반복하거나 끊임없이 흡입을 지속함으로써 원하는 수준의 취기를 유지하기도 한다.[11] 흡입제를 통해 처음 약물을 접하는 경우도 매우 흔한데, 사용률이 사춘기 이전에 정점을 찍고는 10대 시절 내내 지속적으로 감소하는 경향이 나타난다. 흡입제는 청소년들이 사용하는 유일한 약물으로 사용자의 대부분은 어릴 때 시작했다가 금방 중단한다. 물론 모두가 그런 것은 아니어서 지속적인 흡입제 남용이 심각한 우려의 대상이 되기도 한다. 하지만 흡입제가 초래하는 가장 큰 위험은 이로 인해 다른 해로운 물질들에 손을 대게 될 가능성이 높아진다는 점이다.[12]

흡입제 남용은 세계 어디에서나 일어나지만 길거리에서 일하거나 생활하는 아이들을 비롯하여 빈곤자나 노숙인 사이에서 특히 흔하다. 너무나도 흔하고 대체로 공짜로 얻을 수 있다는 특징 때문에 가혹한 현실에 무력감을 느껴 도피할 방법을 찾는 이들에게 이 화학 물질은 대단히 매력적으로 여겨질 수밖에 없다. 일부 극빈층 집단이나 북미 원주민들의 사용률은 훨씬 높다. 이를테면 브라질의 상파울루에서는 9세 이상 19세 미만 빈곤층 청소년 중 24퍼센트가 흡입제를 사용한 경험이 있다고 답했으며, 미국과 캐나다의 몇몇 원주민 지역사회에서는 무려 청소년의 60퍼센트 이상이 흡입제를 사용하는 것으로 나타났다.

구하기 쉽다는 점 외에도 효과가 도는 속도가 매우 빠르다는 점이 이 약물의 큰 매력이다. 흡입제는 폐에서 혈류로 빠르게 흡수되어 금세 뇌로 진입한다. 때로는 GABA_A 수용체의 억제 활동을 강화하고, 때로는 아세틸콜린이나 글루타메이트 경로의 흥분성 활동을 억제함으로써 중추신경계의 기능을 저하한다. 그 방식이 잘 알려지지는 않았으나 이온통로에 직접 작용하여 체내의 전기적 흐름에 전반적인 영향을 미치기도 한다. 흡입제의 효과는 술에 취하는 것과 유사하지만 환각과 비슷한 경험을 했다고 보고하는 경우도 있다. 흡입 돌연사 증후군sudden sniffing death syndrome이 발생할 위험도 있으나 대체로 간, 신장, 폐, 뼈, 그리고 뇌손상이 가장 흔하게 나타난다.

반복적인 사용은 인지장애와도 관련이 있는데, 뇌 전역으로 정보를 전달하는 축삭이 기능을 상실하면서 신경경로들이 퇴화하는 것이 원인으로 추정되며, 가솔린을 흡입하면서 발생한 납중독도 일부 원인일 수 있다. 아울러 운동장애를 일으키는 소뇌의 기능장애 및 말초신경 손상 증거도 제시되었다. 또 심장마비, 의식을 잃으면서 발생하는 토사물에 의한 질식, 비닐에 의한 질식으로도 목숨을 잃을 수 있다. 흡입제 역시 알코올과 마찬가지로 태아에게 심각하고 영구적인 인지장애를 초래하는 등 발달에 극심한 영향을 미칠 가능성이 있다.

금지된 불법 화합물

✦

합성 약물들은 규제위원회의 손을 스리슬쩍 빠져나가 규제대상이거나 불법인 다른 물질들과 매우 흡사한 효과를 가진 약물로 사용된다. 내가 약을 끊은 해인 1986년, 기존에 알려진 화합물들에 약간의 변형을 가해 완전히 새로운 약물인 것처럼 판매함으로써 그 효과를 교묘하게 이용하고 공유하는 방구석 화학자들이나, 해외 공급자들에 의해 시중에 넘쳐나는 합성 약물들에 대처할 수단으로 연방유사약물법Federal Analogue Act이 통과되었다. 1986년 이전에는 새로운 화합물이 등장하면 각각의 구조가 완전히 파악되어야만 불법으로 지정될 수 있었기에 제조업자들은 연방위원회에서 금지하기 전에 앞다투어 향정신성 효과가 남은(그리고 오히려 더 강화된) 불법 화합물들의 변종들을 개발해냈다. 그러나 1980년대 후반에 이르자 이들의 운도 한계에 다다라, 1급이나 1급 규제 물질들과 '현저하게 유사한' 구조의 화합물들은 유사성에 따라 불법으로 지정되었다. 이 법의 필요성이 어찌나 명백했던지 안이 제기되고 상하원을 통과해 당시 미국 대통령(레이건)의 인가를 받기까지는 두 달이 채 걸리지 않았다. 그러나 약물사용 충동을 제어하기 위한 사실상 모든 법적 시도가 그렇듯 이 법역시 실제 사용자들에게는 손톱만큼의 충격도 주지 못했다.

10

✷

나는 어째서 중독에 빠진 걸까?

⚡

**깨끗한 숨을 들이마실 때면 나는
물 밖에 나온 물고기가 된 것만 같다.**

익명의 약물중독자

내가 중독자가 된 네 가지 이유

⚡

내가 마침내 가장 괴로운(약물을 **다시는** 하지 않겠다는) 선택지를 고려해야만 하는 처지에 놓였을 때 위장관계가 코카인 주사를 기대하는 것만큼이나 필연적으로 어떤 의문 하나가 떠올랐다. "왜 하필 나지?" 자신의 약물사용 행위를 통제하지 못하는 사람이 아무리 많다고 해도 내가 그중 하나가 될 이유는 없었다. 나는 그들보다 훨씬 똑똑하고, 단호하고…. 아무튼 당연히 나는 그런 문제로 고생할 일이 없을 거라고 생각했다. 게다가 나는 이제 겨우 막 약물을 시작했을 뿐이었고 습관으로 굳어지기에는 아직 너무 젊었다. 필사적으로 현실을 회피하던 나의 태도는 자신은 절대로 주정뱅이 혹은 비렁뱅이가 되지 않을 거라고 다짐하던 수백만 주정뱅이 및 비렁뱅이의 모습과 꼭 같은 것이었다. 우리 중 어느 누구도 자신에게 중독자의 운명이 닥쳐오는 것을 알아차리지 못했다.

자가 진단을 위한 문항들에서는 '마시고자 했던 양보다 많이 마시는가?', '하루에 4~5잔의 술을 마시는 일이 잦은가? (이 질문의 경우 많은 사람이 아니라고 답하지만 끝내는 자신이 칵테일 정도는 마신다는 사실을 시인하곤 한다)', '알코올로 인해 가정과 직장에서 문제를 겪는가?' 따위를 묻는다. 이러한 유의 질문들이 내포한 부정확성과 주관성을 중독의 대표 증상인 부정으로 무장한 중독자들이 모를 리 없다. 그러니까 우리는 약물사용을 우리가 안고 있는 문제를 해결하기 위한 수단이라고 여기지 문제의 원인이라고는 여기지 않으려고 한다. 물론 어떤 때는 일부 항목에 그렇다고 답하기도 하지만 결국 선생님이나 임상의, 그리고 법집행 당국을 속이던 나의 능력은 나 자신을 속이는 능력에서 비롯된 것이었다.

이렇게 생각지도 못한 문제에 부딪히면 많은 사람이 운명을 원망한다. 특히 중독의 결과로 돌이킬 수 없는 건강 악화를 겪은 사람들은 더 그런 경향이 강할 테지만, 내가 경험한 사고와 감정은 사실 딜레마에 가까웠다. 인지부조화cognitive dissonance는 부정의 주요 원동력이다. 자신의 행동과 인지가 일치하지 않을 때 이 문제를 가장 신속하게 해결할 수 있는 방법이 자신의 마음을 바꾸어먹는 것이라는 뜻이다. 이를테면, '내가 왜 나 자신에게 해를 입히는 행동을 하겠어? (이것은 말도 안 되니) 내가 하는 행동은 나를 상처 입히는 행동이 아닐 거야'라는 식의 흐름이다.

　하지만 결국 진실을 직시하는 것 외에는 선택의 여지가 없었을 때 나는 분노와 수치심, 그리고 배신감을 느꼈다. 그 무엇보다 향정신성 물질들을 사랑하고, 그 마음만큼은 어느 누구보다도 강한 내가 왜, 어째서 이런 문제에 시달려야 한단 말인가! 이 사실이 지극히 불공평하게 느껴졌다. 더구나 무엇 때문에 40대에 접어든 뒤가 아닌 지금, 이렇게 젊은 나이에 이토록 잔인한 최후통첩을 받아야만 하는 걸까? 당시 나는 성숙한 나이가 되면 약기운이 없어도 사는 게 그렇게 끔찍하게 짜증나지는 않으리라 생각했다. 그러나 차츰 내가 약을 하기보다 약이 나를 갉아먹었다는 사실을 받아들이면서 문제를 바로잡으려고 노력하는 동시에 어째서 이런 일이 벌어졌는지 파악해야겠다는 쪽으로 생각이 바뀌었다.

　나의 행동 방식이 그렇게까지 상식에서 벗어난 것 같지는 않았다. 사실상 내가 아는 모든 이가 화학물질을 사용했다. 왜 이들은 약에 잡아먹히지 않은 것일까? 가령 9학년 때 나와 함께 학교에서 쫓겨났던 친구는 내가 치료센터에 다니는 동안 직업적으로 승승장구하고 행복한 가정을 꾸렸다. 분명 그 친구나 나나 같은 길에서 출발했는데 나만 도랑에 처박히고 그 친구는 탄탄대로를 유유히 미끄러져 나아가는 것은 말도 안 됐다. 세상은 신나게 케이크를 먹으면서도 자신의 케이크는 그대로 유지하는 운 좋은 인간들 천지다. 나의 가족도, 친구도, 직장 동료도, 모두 술을 마시고 그중 상당수가 다른 약물도 사용하는데 어떻게든 마지막으로 약을 한 번 더 해보겠다며 자신을 팔아넘기거나 가보를 저당 잡히거나 전봇대에 차를 갖다 박는 상황을 맞지는 않는다. 전 세계의 길거리와 클럽은 기분 좋게 살짝 취해서 즐거운 시간을 보내는 사람들로 가득하다. 이렇듯 겨우 일부만 중독의 길을 걷다가 요절에까지 이르는 현실을 대체 어떻게 설명하면 좋단 말인가?

이 '왜'를 이해하고 싶은 데는 달리 설명할 길 없는 내 마음 깊은 곳에 깔린 실패감의 원인을 알고자 하는 욕구도 반영되어 있었다. 이런 생각을 한 것이 나뿐만은 아니었다. 지구상에 있는 수백만 명의 사람이 자기 자신 또는 사랑하는 사람들이 처한 이 문제를 제대로 이해하고 싶어 한다. 지금도 수백 명의 과학자들이 연구 인생을 다 바쳐 중독을 연구한다. 치료사 및 다른 영역의 교육자들도 이 질병을 치료하기 위해 분투하고 있다. 이들이 겪는 고통의 범위가 너무나도 광범위하고 극심하다 보니 완치는 고사하고 효과적인 치료 가능성만 있어도 수많은 인류에게 마치 성배와도 같을 것이다. 현재 이루어지는 탐구는 한 세기 전만 해도 정설로 받아들여지던 정신적 관점과는 정반대이다. 당시에는 중독이 나약한 성격 탓에 발생한다는 견해가 지배적이었다. 그때는 왜 나 같은 부류의 인간들이 마음을 다잡고 절제하는 합리적인 선택을 하지 않는가라는 물음에 정신머리가 나약해서 그렇다는 결론이 타당하게 여겨졌다. 예상했겠지만 뇌의 시대가 도래한 지금은 추가 완전히 반대 극단으로 치달았다. 정신력,

성격, 개인 차원의 책임감은 더이상 거론되지 않으며, 중독자들은 생물학적 이상의 피해자일 뿐 '선택'의 여지가 있다는 것 자체가 착각일 수 있다고 여겨진다. 좋은 소식은 의학이 틀림없이 곧 이 문제를 깨끗이 고쳐줄 치료제를 찾을 거라는 점이다.

그래서 결국 왜 나냐고? 30여 년 동안 매우 의욕적으로 연구에 집중한 결과, 나 같은 부류의 사람들이 중독에 빠지게 되는 원인으로 크게 네 가지가 있다는 결론에 도달했다. 뭐 정확히는 다섯이지만, 우울한 소식은 맨 마지막을 위해 남겨두도록 하자. 네 가지 주요 원인은 바로 유전적으로 물려받은 생물학적 기질, 어마어마한 양의 약물에 대한 노출, 특히 청소년기의 약물 접촉 경험, 그리고 촉발성 환경이다. 네 가지를 모두 충족할 필요는 없지만 일단 어느 것이든 역치에 도달하고 나면 본래의 상태로 되돌리기가 사실상 불가능하다. 따라서 어떤 중독성 약물이든 노출의 정도가 일정 수준에 다다르기만 하면 누구에게라도 내성, 의존, 갈망이라는 중독의 3대 특징들이 나타날 수 있다. 그렇지만 생물학적 기질이 아주 두드러지거나 청소년기에 약을 시작하거나 특정한 위험 요인이 존재할 경우에는 그보다 적은 노출만으로도 중독에 빠지게 된다.

중독의 생물학적 기질

✦

중독에 대한 유전적 위험성이 입증된 시기는 20세기 중반이지만 사람들은 훨씬 더 이전부터 중독이 집안 내력이라는 사실을 인식하고 있었다. 하지만 슬로베니아어를 사용하는 것이 집안 내력이라고 해서 이를 유전이라고 하지는 않는데, 어떻게 중독에 생물학적 기질이 있다는 것을 알 수 있을까? 여기에는 크게 두 가지 근거가 있다. 첫째로 중독자와 공통되는 DNA가 많으면 많을수록 그 사람 또한 중독의 위험이 높은 것으로 나타났다. 일반적인 형제자매들은 DNA의 50퍼센트가 겹치는 반면 일란성 쌍둥이는 모두 같은데, 일란성 쌍둥이는 어느 한쪽이 중독에 빠지면 다른 한쪽도 유사한 경험을 할 확률이 일반 형제자매에 비해 두 배 더 높다. 둘째로 중독 환자의 생물학적 자녀가 태어난 직후 중독 가족력이 없는 집으로 입양될 경우, 생물학적인 위험 요인을 제외하고는 남들보다 특별히 위험한 환경에 노출되지 않는다고 하더라도 여전히 중독의 위험성이 높다.

유전으로 물려받는 것이 한 벌의 카드와 같다고 치자. 이때 빨간색 카드는 문제를 일으킬 확률이 높은 카드이고 검은색 카드는 문제로부터 보호해주는 카드이며, 숫자가 높거나 인물이 그려진 카드가 낮은 숫자의 카드보다 더 큰 영향을 발휘한다고 가정해보자. 사람은 누구나 이 카드 묶음에서 한 장씩 패를 얻고, 유전적 위험은 빨간색과 검은색, 그리고 카드 각각의 숫자의 균형으로 드러난다. 얼핏 직관적인 것처럼 보이지만 중요한 단서 하나가 빠져 있는데, 우리가 쥐고 있는 '패'는 수천 장의 카드로 구성되고 그중 대부분이 중요도가 매우 떨어지거나 완전히 하찮은 것들이라는 사실이다. 이렇게 뒤섞인 위험 및 보호 유전자들은 각각이 결합하거나 가족력의 다른 양상들, 혹은 현재 처한 환경과 더해지면서 문제를 일으킨다. 여기서 특정한 위험인자를 규명해내기란 사막에서 바늘을 찾는 일과 같다. 아니면 이름도 어느 나라에 존재하는지도 확실치 않은 건물을 무명의 도시에서 찾아 헤맨다는 비유가 더 적절할까.

이럴 때 일반적으로 취하는 전략이 우리가 알고 있는 데서 시작해 약물이 뇌와 상호작용하는 방식을 거꾸로 찾아가는 것이다. 이 '후보유전자candidate gene' 접근법은 도파민, 아세틸콜린, 엔도르핀, GABA, 세로토닌의 신경전달과 관련된 과정을 부호화하는 유전자들이 약물사용장애와 연관되어 있음을 시사했지만 중요한 사실은 여기서 어떠한 연관성이 입증된다고 하더라도 이것만으로는 유전적 위험에 대해 거의 아무것도 설명하지 못한다는 점이다. 일반적으로 유전적 발견은 사람들이 안고 있는 위험성에 개인차가 나타나는 원인 중 극히 일부분만을 설명해줄 뿐이다. 그러니까 이를테면 어떤 사람은 불안이 높은 경향성을 지니고 있고 또 어떤 사람은 선천적으로 엔도르핀이 부족할 수 있는데, 두 가지 상태 모두 술을 마심으로써 완화할 수 있다. 각성제 사용 성향이 있는 사람도 진단을 받거나 임상 수준에는 미치지 않지만 도파민 전달체계 이상으로 인한 집중력과 주의력 결핍 때문에 이를 스스로 치료하려고 무의식적인 행동을 하고 있는지도 모른다. 이러한 유의 가설은 일견 그럴듯해 보이고 일부 뒷받침하는 증거도 있지만 약물사용장애를 설명하지도, 질병 상태를 예측하지도 못한다. 부분적인 설명은 될 수 있어도 전체를 아우르기에는 어림도 없는 것이다.

이처럼 물려받은 정보는 대체로 유전자를 통해 전달되는데, 유전자란 뉴클레오티드nucleotide(즉 아데닌adenine, 티민thymine, 구아닌guanine, 시토신cytosine 염기)의 특정한 서열로 이루어진 디옥시리보핵산deoxy-ribonucleic acid으로 일명 DNA를 가리킨다. DNA 코드는 우리를 구성하는 단백질의 합성을 지시하며, 이에 따라 특정 DNA 가닥이 세포로 하여금 근육이나 머리카락을 형성하게 하기도 하고, 도파민을 합성하는 효소를 만들게 하기도 한다. 우리의 DNA 대부분은 다른 모든 인류의 DNA와 동일하고, 사람은 누구나 특정 효소를 통해 티로신tyrosine이라는 아미노산을 변환해 도파민을 생성한다. 하지만 일부 유전자는 다형성polymorphism으로 두 가지 이상의 형태로 존재하기 때문에 개인차가 발생하기도 한다. 그리고 이러한 다형성 중 다수가 이 장에 쓰인 글자들 중 단 한 글자를 다른 글자로 바꿔치기 하는 것처럼, 단일 뉴클레오티드 차원의 치환에서 이루어진다. 이렇게 작은 변이가 뭐 얼마나 큰 영향을 미칠까 싶겠지만 유전자에서는 단 하나의 염기만 달라져도 결과물의 구조에 변화가 생기므로 당연히 그 기능도 변하게 된다. 그 밖에 DNA 덩어리를 통째로 삽입하거나 제거하는 등의 과정에서 조금 더 차이가 두드러지는 다형성도 발생하겠지만 지나친 변이는 태아에게 치명적이다 보니 진화론적으로 개인차가 존재하는 데는 어느 정도 한계가 있다. 지난 수십 년 동안 약물사용장애의 취약성을 예측하는 이 사소한 변이를 찾아내기 위해 수많은 시간이 할애되었다.

그러나 일은 우리가 바라던 것처럼 잘 풀리지 않았고, 우리는 여전히 선천적인 위험성의 대다수가 어디에서 비롯된 것인지 알지 못한다. 일관되게 중독에 빠지기 쉬운 성향과 연관되어 있다고 밝혀진 유전자는 거의 전무하다시피 한데, 알코올의 대사를 돕는 간 효소를 부호화하는 유전자의 다형성을 제외하고는 중독에 핵심적인 영향을 미치는 DNA를 단 한 조각도 발견하지 못했기 때문이다. 하지만 '중독 유전자' 대신 유전체(게놈genome)상에서 다형성이 결합하고 상호작용함으로써 중독 위험에 영향을 주는 위치를 다수 발견했는데, 유전자 서열에서 유전적 취약성의 극히 일부(일반적으로 1퍼센트 미만)만이 각각의 변이에 기인한다. 게다가 결정적인 증거도 없어서, 가볍게 즐기는 정도의 사용자들에게는 없지만 중독자들에게는 누구에게나 공통적으로 존재하는 서열 변이도 찾지 못했다. 다시 말해 약물이 일상화된 중독자들 수천 명과 '보통 사람' 수천 명을 데려다 놓고 양쪽의 DNA를 비교한다고 해도(믿기 힘들겠지만 실제로 이 같은 연구가 계속해서 이루어지고 있다) 둘 사이에 결정적인 차이는 없다는 것이다. 대부분의 DNA는 동일하며, 운 좋게 특정 서열이 한쪽 집단에서 더 흔하게 관찰된다는 사실을 발견한다 치더라도 해당 서열을 가진 사람은 다른 쪽 집단에도 매우 많다. 이 같은 경우, 해당 변이는 단순히 중독자나 '정상인' 모두에게서 높은 빈도로 나타나는 것일 뿐, 그 정도의 경향성만 가지고는 당연히 개개인이 중독에 빠지게 될지 여부를 예측할 수 없다. 더구나 각성제 중독이라는 똑같은 장애를 앓는 것처럼 보이는 사람 중에서도 일부에게서만 특정 DNA 가닥이 존재하는 경우도 있다. 이러한 현실 탓에 유력한 중독 유전자를 찾아내는 일은 매우 어려울 수밖에 없다.

그런가 하면 다소 넓은 범위에서 중독자와 비중독자의 유전체를 비교한 연구에서 '히트'를 쳐 새로운 가설을 내놓기도 한다. 이 같은 연구 결과들은 뇌가 어떻게 작용하는지 더 잘 이해할 수 있게 도와준다는 점에서 멋지지만 의문에 답을 내놓은 것 이상으로 더 많은 의문을 자아낸다는 점에서는 그다지 훌륭하지 못하다. 대체로 중독의 핵심적인 과정에 관련된 유전자와는 거리가 먼 이 염기서열들은 우리가 자신이 처한 환경에 특정한 방식으로 반응할 가능성을 높이기도 하고 낮추기도 하는데, 이 때문에 우리가 찾고자 하는 문제의 '유전자'의 위치도 그날의 날씨나 시간대 같은 수많은 조건에 따라 달라지며 문제가 한층 더 복잡해진다. 요컨대 모든 유전적 영향은 맥락 의존적이며 믿을 수 없을 만큼 복합적이다.

조상의 경험을 기억하는 후성유전체

♦

개방적이고 겸손한 마음가짐은 훌륭한 과학자라면 반드시 갖추어야할 덕목으로, 칼 세이건Carl sagan이 지적한 바대로 "과학계에서는 학자들이 '내 견해는 틀렸어'라고 말한 뒤 (…) 다시금 마음을 바꿔먹는일이 종종 일어나곤 한다."[1] 이제 과학은 유전체를 복제하는 수준에까지 이르렀지만 유전자를 중독 행동과 연결하려는 노력은 대부분실패로 돌아갔다. 이로써 그동안 우리가 이 유전단위를 얼마나 터무니없이 단순하게 바라보고 있었는지 깨닫게 된다. 유전자코드만 풀면 약물중독의 예방 및 치료로 나아가는 길이 순탄하게 풀리리라 예상했지만 실제로는 치료는커녕 극히 적은 부분만을 설명할 수 있게됐을 뿐이다.

　　여기에는 우리가 조상에게 물려받는 것이 DNA 서열만이 아니라는 사실도 일조한다. 뉴클레오티드의 이중나선은 또 다른 명령 정보들을 담은 채 후대에 전해진다. 이 코드에는 DNA 외에도 DNA의활동을 조절하고 조상들이 경험한 세포의 기억을 구성하는 후성유전 변이epigenetic modification가 담겨 있다. 현재 우리는 마이크로 RNA(D-NA의 명령을 전달하는 전령인 RNA를 차단하는 역할을 한다)와 같은 형태를 통해, 조상의 경험 흔적들과 염기서열 정보를 덮어쓰는 후성유전 변이가 언제 어떤 유전자가 단백질로 번역(합성)될 것인지 결정하는 데 큰 영향을 미침을 알고 있다. 일부 중독 연구자들은 세대를 거쳐 전해지는 바로 이 변이가 '잃어버린 유산', 즉 우리가 익히 아는 중독성 질병 유전율의 근원이 되는 유전적 특징을 설명해줄 수 있으리라 믿는다.

비교적 신학문인 후성유전학은 앞으로 많은 연구가 이루어져야 하겠지만 기본적으로는 부모 및 조부모의 경험 중 일부가 우리가 비슷한 환경에 놓이더라도 적응할 수 있게 우리의 세포에 각인된다는 가설을 바탕으로 한다. 생물학적인 관점에서는 훌륭한 발상인데, 미래를 예측하는 가장 좋은 지표는 과거이며 환경에 잘 적응하는 것이 생물학적 적합성의 첫 번째 요소이기 때문이다. 일례로 레이첼 예후다Rachel Yehuda 연구팀은 유대인 대학살 생존자의 자녀들이 스트레스에 대비하는 후성유전적 변이를 부모에게 물려받았음을 시사하는 연구 결과를 내놓았다.[2] 그 밖에 기근을 견뎌낸 가문의 자손은 대사를 최소화하는 특성을 물려받아 비만이 될 소지가 높음을 보여준 연구도 있다.[3] 우리의 DNA는 위험을 최소화하기 위해 우리가 약간의 완충제를 추가로 소지할 수 있도록 만전을 기하는 듯하다.

이제 우리는 유전된 DNA 이중나선에서의 변이가 어떻게 중독처럼 복잡한 특질에 기여하는지 겉핥기식으로나마 이해하기 시작했으며, 위험 요인이 후성유전적으로 전달될 수 있음을 시사하는 자료들도 차곡차곡 쌓이고 있다. 가령 장차 부모가 될 사람들이 대마를 피우면 후성유전적 변이가 일어나 후대의 자손들이 중독에 빠질 가능성이 높아질 수 있다. 이처럼 대를 이어 전해지는 영향력을 규명하기 위해 인간을 대상으로 종단연구를 시행하는 데는 어쩔 수 없이 어려움이 따른다. 가장 큰 문제는 사람들을 흡연집단과 비흡연집단으로 무선할당random assignment*하는 일이 불가능하다는 것이다. 가령 대마를 흡연하려는 성향이 있는 사람은 다른 약물을 남용할 가능성 또한 높을 수 있다는 사실을 배제할 수 없다. (앞서 언급했지만 이는 담배 제조사에서 수십 년 동안 제시한 핵심 쟁점이다. 이들은 흡연이 암을 **유발**했다고 단정 지을 수 없다고 주장하며 천연덕스럽게 흡연 경력이 있는 사람에게 우연히 암의 전이가 잘 일어나는 경향성이 관찰되었다고 언급했다.)

인간이 아닌 동물을 대상으로 인과관계를 살펴본 한 실험에서는 청소년기의 쥐를 21일간 3일 간격으로 총 8차례 중용량의 THC에 노출시키는 한편 통제집단의 쥐에게는 동일한 절차로 플라시보약을 주입했다. 그 후 쥐들은 약물에 노출되는 일 없이 자라났고, 과거 약에 노출된 쥐들은 노출된 쥐들끼리, 무경험 쥐들은 무경험 쥐들끼리 번식했다. 그리고 자손 쥐들이 자라나자 '10대' 시절 THC를 사용했던 쥐를 부모로 둔 쥐에게서는 그렇지 않은 쥐들에 비해 우울 및 불안 관련 행동은 물론 아편을 자발적으로 투약하는 경향이 더 많이 나타났다.[4] 이 실험의 결과는 만약 부모가 임신 전 THC를 사용한 적이 있다면 자식에게도 기분장애나 중독이 나타날 위험이 높을 수 있음

---

* 　실험 결과에 연구자의 주관이 개입되지 않도록 참가자를 각 조건 집단에 무작위로 할당하는 방법.

을 시사한다. 이 분야 연구는 정말 이제 막 발을 뗐을 뿐이지만 그 결과들이 보여주는 견고함은 과학자들의 눈에도 놀라운 수준이다. 덧붙이자면 책임은 온전히 엄마 측에만 있는 것이 아니다. 부계로 전해지는 후성유전 또한 흔적이 깊은데, 이는 남성에게서 여성의 나팔관과 같은 역할을 하는 부고환에 축적되는 RNA 조각들에 의해 이루어지는 것으로 여겨지며, 정자가 목적을 달성하기 위해 나아갈 때 영향을 미친다. 이와 관련된 증거들이 빠르게 쌓이자 우리가 마치 문화적으로 거대한 실험에 휘말린 것 같다는 생각을 하는 과학자들도 많아졌다. 우리의 부모나 조부모가 남용약물에 노출되는 것이 곧 우리의 약물복용 가능성 또한 높아지게 만든다는 가설은 점점 더 기정사실화되어가고 있다. 사실상 **b 과정**이 대를 이어 이루어지는 것이다.

나의 가족력만 보아도 나의 중독이 부모나 조부모가 대마에 손을 댄 결과로 발생했다는 것이 터무니없어 보이기는 한다. 물론 여기에는 다른 스트레스원들이 기여했을 가능성도 충분히 있다. 어쩌면 갓 성인이 된 나이에 집을 떠나 배를 타고 엘리스 아일랜드에 도착하여 힘없는 이민자로 남의 집 하녀로 일하다 불행한 결혼생활에 정착해서는 별다른 도움조차 받지 못하고 아이들을 키워내야 했던 할머니가 경험한 스트레스가 작용했는지도 모른다. 또 어쩌면 할아버지의 폭음 습관이나 외로운 결혼생활을 겪었던 어머니의 슬픔, 그도 아니면 아버지가 견뎌내야 했던 가차 없는 비난의 경험이 전해져 내려왔는지도 모른다. 이들 중 일부 또는 전부가 나를 외로움과 소외감을 잘 느끼고 탈출구를 찾아 나서는 성향으로 이끌었을 가능성이 있다.

여기까지가 유전과 관련된 더 깊은 차원의 이야기다. 우리의 세포 각각에 담긴 염기서열은 인류의 오랜 진화의 역사를 담고 있을 뿐 아니라 결혼과 변이를 비롯한 특정 개인의 가족사까지 반영한다. 그리고 그 위를 맴도는 후성유전체는 마치 길 위에 난 바퀴자국이 바퀴가 지나간 방향을 알려주듯 우리 조상이 했던 경험들을 '기억'한다.

어린 시절의 약물사용이 뇌에 미치는 영향

✦

이제 후성유전은 잠시 접어두고 다른 이야기로 넘어가 보자. 대마에 대한 조기 노출이 태아와 아동, 청소년기의 뇌 구조를 변화시킬 수 있으며, 이 구조적 변화가 인지 및 행동 장애를 유발할 수 있다는 명백한 증거들이 다수 존재한다. 무엇보다 발달 시기 동안 약물에 노출될 경우 영구적으로 보상 민감도가 감소해 훗날 남용약물을 자가 투여할 수 있을 때 더 많은 양을 투약하게 된다는 뚜렷한 결과들도 있다.[5] 판단 능력이 생기거나 자기 스스로 선택할 수 있게 되기 전에 노출된 사람들이 미리 짜인 각본대로 더 쉽게 중독에 빠지는 것이다.

간접적으로 약물에 노출된 태아나 아동(이를테면 태반이나 간접흡연을 통해)은 그 효과를 분석하기가 비교적 쉬운 편이지만 약물에 직접 손을 댄 청소년의 경우에는 문제가 한층 더 복잡하다. 조기 사용이 원인이 되어 중독에 취약해지는 것일까 아니면 단순히 어릴 때부터 약물을 접하고자 하는 성향이 강한 사람(어쩌면 유전적 요인으로 인해)이 어른이 된 뒤에도 계속 그러한 것일까? 요컨대 조기 노출과 중독은 인과관계일까 상관관계일까? 환장할 노릇이지만 답은 둘 다 옳다. 가령 새로운 경험을 추구하고, 위험을 감수하고, 고통을 회피하는 등의 성향은 일생 동안 개인의 행동에 영향을 준다. 하지만 이제는 뇌가 채 성숙하기 전에 약물에 손을 대면 성인기의 물질사용 문제를 조장하는 신경적 변화가 초래된다는 사실 또한 알려져 있다. 이를 일컬어 '관문 효과gateway effect'라고 하는데, 점차 많은 연구가 청소년기에 대마를 비롯한 물질에 노출됐을 때 인간과 동물에게서 약물을 찾는 행동 및 복용하는 행동이 증가한다고 보고한다.[6] 이 같은 변화는 태아기에 약물에 노출되었을 때 초래되는 것과 유사하며 실질적으로 동일한 이유로 발생한다.

발달 시기의 뇌는 언제든 변화가 일어날 수 있게 준비된 상태다. 어린아이들이 신경가소성이 감소하여 행동이 경직된 어른들보다 새로운 것을 훨씬 쉽게 배운다는 사실은 다들 알고 있을 것이다. 아이들의 행동은 더 유연하고 뇌는 더 말랑말랑하다. 사춘기부터 뇌가 완전히 성숙하기까지의 10여 년은 내외부의 자극들에 대한 민감도가 증가하는 결정적 시기다. 사회적 발달이 이루어지면서 뇌는 새로이 받아들인 자극들을 통합하는 능력을 발휘하는데, 이때 10대들은 새로운 개념과 경험들을 음미하며 앞으로 이어질 인생에서 중요한 선택들을 좌우할 개인의 정체감을 발달시킨다. 호불호가 분명해지고, 자신의 능력을 찾아 발전시키고, 부모로부터 분리되어 지각이 있는 독립된 개체로 성장하는 발달은 폭발적인 신경회로의 변화가 있기에 가능하다. 이를 통해 청소년기의 경험은 뇌와 행동에서 영구적인 패턴으로 구체화된다. 이 경우 불리한 점은 청소년기에 약물에 노출될 경우 약물로 인한 신경생물학적 변화가, 신경발달 과정에서 성인이 되었다고 볼 수 있는 연령인 25세 이후에 약물을 접했을 때보다 훨씬 크고 오래도록 지속된다는 사실이다.

결국 너무 어린 나이에 약을 사용한 것이 나의 발달 과정에 커다란 영향을 미쳤다. 중변연계 경로처럼 취약한 신경회로에 맹공격을 퍼부은 것이 너무 큰 소리로 음악을 들으면 귀가 잘 안 들리게 되는 것과 같은 원리로 신경의 둔감성을 키운 것이다. 그렇다고 내가 쾌락을 전혀 느낄 수 없다는 뜻은 아니고, 그저 감흥이 일기까지 더 많은 자극을 필요로 할 뿐이다. 이로써 내가 벌어들이는 수익의 상당 부분이 비행기 표를 사는 데 쓰이는 이유도 설명할 수 있는데, 여행은 내게 일상에서는 일어나지 않는 도파민 자극을 가능케 하는 한 가지 수단인 것이다. 마찬가지로 강력한 증거들이 뒷받침하는 반대 측면이 바로 알코올부터 암페타민까지 사용하는 물질이 무엇이든 사용하는 시기가 늦으면 늦을수록 중독으로 발전할 확률이 낮아진다는 사실이다.[7] 그러니까 내가 조금만 더 늦게 약에 빠졌더라면 내 인생이 그토록 급속하게 나락으로 떨어지지 않았을지도 모른다. 실제로 연구 결과들을 살펴보면 물질사용장애를 겪고 있는 대다수의 사람들이 청소년기에 손을 대기 시작해 25세 전에 중독 기준을 충족하는 것으로 나타난다.[8]

하지만 불행히도 이 같은 정보만으로는 젊은 층에 제지 효과를 기대하기 어렵다. 청소년기에 일반적으로 관찰되는 탐험과 실험(쉽게 말해 '무모한 행동')을 추구하는 경향성은 부분적으로 전전두피질 prefrontal cortex의 발달이 충분히 이루어지지 않은 것이 원인이기 때문이다. 안구 바로 위쪽에 자리한 이 영역은 만족지연능력*, 추상적 사고("만약 내가 가방 하나 사는 데 월세 낼 돈을 다 써버린다면…"과 같은 추론도 여기에 해당한다), 충동 조절 등 소위 '어른'의 능력 대부분을 담당한다. 공교롭게도 발달 과정상 전전두피질은 뇌에서 성숙이 가장 늦게 이루어지는 영역이다. 게다가 물질사용장애에 가장 많은 영향을 받는 뇌 영역 또한 여기이다. 이렇게 곤란할 데가!

쇠귀에 경 읽기다 싶기도 하지만 나는 제자들이나 내 아이들에게 제발 연구 결과를 진지하게 생각해보라고 애원하곤 한다. 여론도, 희망사항도, 심지어 유리한 입법정책들도 객관적인 연구 데이터를 대체할 수는 없다. 최신 연구 결과들은 청소년기의 약물사용이 새로운 것과 쾌락을 좇는 데 고도로 몰두하며, 자기통제라는 측면에서는

---

*   일명 마시멜로 실험을 통해 잘 알려져 있으며, 훗날 더 큰 성취와 만족을 이루기 위해 당장의 충동과 욕구를 억제할 줄 아는 능력을 가리킨다.

발달이 지연된 매우 가소성 높은 뇌에 작용함으로써 장기적으로 암울한 영향을 미칠 수 있음을 가리키고 있다. 아울러 모든 책임을 아이들에게 지울 것이 아니라 성인들도 미래세대가 감내해야 할 약물 사용 관련 정책을 채택하거나 관행을 실천하기에 앞서 **자신**의 행동이 아이들의 뇌에 어떤 영향을 미칠 수 있는지 고려해야 한다.

비단 관문 효과뿐만이 아니다. 만성적인 THC 사용자들은 우울감을 느끼고, 복합적인 추론을 힘들어하며, 불안, 우울, 사회적 문제 등으로 고통받는 경향 또한 상대적으로 높게 나타난다. 과학자들은 여기에 적어도 부분적인 인과관계가 성립한다는 사실을 알고 있는데, 이를테면 상습적인 대마 사용은 이와 같은 병리적 증상들을 야기하는 원인이 된다.[9] 성인의 경우, 대마로 인한 신경적 변화가 성공적이고 충만했던 삶을 본래의 궤도에서 일부 이탈하게 만들거나 정상적인 발달을 저해하더라도 약을 끊으면 일반적으로 제 기능을 회복하곤 한다. 하지만 청소년기에 노출될 경우에는 그 영향력이 영구적으로 지속될 가능성이 훨씬 높다. THC는 보상 민감성을 감소시킬 뿐만 아니라 경험에 가치나 중요성을 부여하는 경로들에도 작용하는데, 이 같은 경로들의 활동이 평생토록 억제된 채 살아간다면 그 여파는 실로 광역적이며 극심할 수밖에 없다. 문제의 핵심은 뇌가 뇌활동에 변화를 가하는 약물이라면 무엇이든 적응을 하며, 노출이 한창 뇌가 발달할 시기에 이루어진다면 더욱이 적응으로 인한 변화가 영구적으로 남는다는 사실이다. 중독성 물질에 더 많이, 더 일찍 노출될수록 뇌는 더욱 더 강하게 적응한다.

중독에 취약한 성격이 따로 있을까

⚡

조금 '거시적인' 관점에서 보자면, 사람들은 흔히 어떤 사람들이 중독성 성격(성격이란 개인의 선천적이고 영구적인 경향성을 반영한다)을 지녔다고 표현하는데, 실제로 성격적으로 약물에 쉽게 이끌리게 되는 측면이 있을 수야 있겠지만 언제나 그렇듯 이 둘의 관계는 그렇게 단순하지가 않다. 이를테면 세로토닌 재흡수에 관여하는 수송체(MDMA 및 SSRI 계열 항우울제의 영향을 받는 바로 그 수송체)를 부호화하는 유전자는 여러 가지 유형으로 유전될 수 있다. 각기 다른 유형들은 수송체가 재순환되는 속도에서 차이를 보이는데, 이처럼 작은 운동의 변화가 충동적인 성향, 친사회적 행동, 스트레스에 대한 반응 등에서의 차이와도 연관된다. 하지만 이 같은 영향은 유년기 시절 경험한 양육이나 학대 경험에 따라서도 크게 달라진다. 세로토닌 활동은 불안을 느끼는 성향에도 기여하지만 불안은 주 양육자와의 관계에 의해서도 좋은 쪽이나 나쁜 쪽으로 형성될 수 있다. 유전적인 소인이 원인이든 스트레스성 경험이 원인이든 아니면 둘 다 복합적으로 작용했든 간에 불안 수준이 높은 사람은 확실히 알코올이나 벤조디아제핀 같은 진정제가 주는 효과를 즐기게 될 가능성이 크다.

도파민과 위험한 행동을 감행하려는 성향 사이에도 이와 유사한 특징이 존재한다. 어떤 사람들은 선천적으로 이 체계가 남들보다 민감하거나 둔감해서 도파민 경로를 자극하는 남용물질들의 효과가 상대적으로 더 두드러지게 나타난다. 중독자들은 약에 손을 대기 전부터 중변연계 도파민 체계의 활동이 일반적인 경우와는 달라 쾌락에 대한 기대감에 과민감성을 보인다. 11세 이상 14세 미만 청소년을 대상으로 한 어느 연구에서는 보상에 과도한 민감성을 보이는 청소년이 모험 성향이 높으며 이러한 소인으로 인해 4년 뒤 물질사용장애로 진단 받을 가능성 또한 훨씬 높게 나타남을 발견했다.[10] 세로토닌 재순환 속도처럼 도파민 민감성 또한 혈액형처럼 하나의 유형으로 분류되는 것이 아니라 전체 인구가 정상분포를 따르는 형태로 나타난다. 이 때문에 연구가 한층 더 어려워지는데, 정상분포는 일반적으로 복수의 요인들이 작용한 결과이기 때문이다.

게다가 위험 행동을 감행하고자 하는 욕구는 약물에만 국한된 것이 아니다. 가령 몇몇 연구팀에서는 중변연계 도파민과 트레이더들이 예상하는 재무위험성의 관계를 살펴보았다. 그 결과 도파민 수치가 높은 이들이 더 큰 위험을 감수하는 성향을 보여 도파민 수치에 따라 주관적으로 느끼는 투자의 잠재적 가치도 덩달아 커진다는 가설을 뒷받침했다. 뿐만 아니라 개, 원숭이, 설치류와 같은 동물들에게서도 중변연계 도파민 수치가 높은 개체가 충동적이고 위험성이 높은 선택을 하는 경향이 큰 것으로 나타났다. 하지만 '위험'이라는 단어만으로는 도파민성 신경전달이 행동에 미치는 미묘한 영향력을 제대로 담아낼 수 없다. 이를테면 또 다른 연구에서는 피험자들에게 두 번의 독립된 실험 회기를 진행하며 회기 당 관광지 한 군데에 관한 정보를 주었다.[11] 그리고 한 회기에는 플라시보를, 나머지 한 회기는 도파민 활동을 증진하는 약물을 투약했다. 그러자 어떤 관광지인지와는 별개로 참가자들은 도파민 활동이 증진된 상태에서 정보를 들었던 장소를 더 즐거운 여행지일 것 같다고 묘사했으며, 자신이 여행할 장소로 해당 관광지를 선택하는 경향 또한 크게 나타났다.

이 같은 결과는 개인 간에 자연히 존재하는 도파민 신호의 차이가 사람들이 자신이 마주치는 것들에 반응하는 방식과 더불어 특히 어떤 보상이 기대되는 상황에서 유혹을 느끼거나 그저 그런 기분이 드는 등의 차이를 만들어내는 데 기여한다는 것을 시사한다. 도파민을 쾌감과 동일시하던 과거의 시각은 지나치게 단순한 사고방식이다. 도파민이 높은 상태는 잠재적인 보상 경험에 대한 민감성 증진과 상관이 있어서, 가치 있는 것으로 여겨지는 무언가에 관한 메시지가 무더기로 쏟아져 들어올 때 그와 관련된 문제점들은 파묻히고 만다. 이처럼 누구든 약물에 중독될 때나 도박을 할 때, 새로운 장소로 여행을 떠날 때는 앞으로 다가올 긍정적인 상황에 대한 기대감에 부풀어 부정적인 결과는 안중에도 없게 된다.

여기서 중요한 점은 신경생물학적인 개인차가 절제하는 성향에도 영향을 미친다는 사실이다. 신경생물학적 운동장은 결코 평평하지 않다. 세로토닌 활동이나 중변연계 도파민의 선천적인 차이가 다른 영향력 있는 요인들과 더해지면 중대한 결과를 초래할 수 있다. 어떤 사람들은 타고난 성향이나 경험, 혹은 둘의 총체적인 영향으로 약물이 주는 매력을 남들보다 더 크게 느낀다. 예전에 학교 친구가 윈드서핑을 하러 가자며 나를 깨운 적이 있다. 나는 준비를 하면서 냉장고에서 보드카 한 병을 꺼내 그 친구에게도 권했다. 그러자 그 친구는 "아니, 이제 겨우 아침 11시잖아! 너 방금 일어났다고!"라고 말했다. 내가 아는 한 그 친구도 카라카스*에서 파파야 가격 좀 논하던 인물이었는데 말이다. 또 약을 끊은 지 몇 년이 지난 후 맥주를 겨우 두 잔 정도 마신 동료와 함께 파티장을 떠나던 때였다. 그 동료는 이미 밤이 늦었고 다음 날 아침에 일을 해야 하기 때문에 자리를 떠야 한다고 했으며, 그 밖에도 전혀 관련 없어 보이는 몇 가지 이유가 더 따라붙었다. 지금도 나는 여전히 술을 마시거나 다른 약을 할 수 있는데도 불구하고 하지 않는 사람들을 보면 이해할 수가 없다. 나와 같은 부류의 사람들은 눈앞에 종말이 닥치지 않는 한 (아, 물론 종말이 오더라도) 약리적 자극을 포기할 만큼 대단한 것은 없다고 느낀다. 딱 한 잔만 마시고 더는 술을 입에 대지 않거나 물주처럼 코카인을 나누어 주거나 몇 달 동안이나 대마를 봉지 안에 고이 모셔두는 사람들은

* 베네수엘라의 카라카스는 마약 밀매의 장으로 여겨지며 파파야 과일 안에 약물을 숨겨 거래하는 일도 빈발했다.

완전히 외계인처럼 느껴지는 데다 내가 이해할 수 있는 능력의 범위를 벗어난 것 같다.

한편으로는 미국 AP통신에 실린 '아기를 맥주로 교환하려다 기소된 남자'의 악행도 공감이 된다. 아마도 이 남자가 1리터짜리 맥주 두 잔과 자신의 3개월 난 아기를 교환해달라고 하자 누군가 경찰을 부른 듯했다. 슬프게도 나는 이처럼 미친 제안을 가능케 하는 가치의 왜곡이 진심으로 이해가 되는데, 물론 이 경우 중독자에게 책임을 묻는 것이 당연하고 소위 '제정신'을 가진 사람이라면 어느 누구도 이 따위 만행을 저지를 리 없다는 것 또한 명백하다.

우리를 중독으로 밀어 넣는 강력하고 확실한 요인들

새로운 체계를 조직하는 DNA의 업무는 매일같이 계속된다. 우리가 잠에서 깨어나면 일주기 유전자는 각성과 활동을 촉진하고 허기를 느끼게 한다. 스트레스를 마주하면 호르몬의 합성을 지시하는 유전자가 활성화되어 역경에 대처할 수 있게 해준다. 가령 이 책에 담긴 내용처럼 새로운 무엇인가를 학습할 때는 장기기억의 바탕이 되는 시냅스들이 급증하는데, 뇌는 죽는 날까지도 어느 정도 가소성을 유지하므로 당연히 성인에게서도 이 같은 현상이 나타난다. 일부 유전자 활성화는 일주기리듬 등에 영향을 받아 시시때때로 상태가 달라지는 반면 활성화가 오래도록 지속되는 경우도 있다. 하지만 기본적으로 DNA는 환경에 매우 민감하게 반응한다. 유전체의 약 98퍼센트를 차지하는 대부분의 비단백질 코딩nonprotein-coding DNA는 끊임없이 흘러들어오는 환경 자극들에 민감하게 반응하며 이 신호들을 번역하여 유전자 전사에 영향을 미친다. DNA는 우리 주변을 감싼 분위기, 뉴스, 삶의 전경과 배경 등 우리가 경험하는 모든 것으로 쓰인 악보를 분자 단위의 변화로 표현한다. 교향악을 지휘하듯 부모의 양육, 섭취하는 음식물의 종류, 롤러코스터 탑승 경험, 상사와의 버거운 소통 등의 자극들을 가지고 단백질 합성을 억제하거나 강화하는 것이다.

자, 그렇다면 중독으로 향하는 길을 터주는 환경 자극에는 어떤 것이 있을까? 잠재적으로 영향을 미칠 만한 요인은 사실상 무한하기 때문에 전부를 일일이 나열하기란 불가능하다. 하지만 비교적 잘 알려진 요인들 중 상당수는 가족관계에서 오는 스트레스, 유년기의 학대나 방치, 긍정적인 롤 모델이 거의 없는 환경, 기회가 부족한 삶처럼 당연해 보이는 것들이다. 이러한 요인들은 모호할뿐더러 그 정도를 정량화하기도 쉽지 않다. 스트레스를 경험하지 않는 가정이 어디 있는가? 어느 정도의 스트레스를 지나치다고 판단할 수 있는가? 말이 나온 김에 이야기하자면 스트레스라는 말 자체도 다들 알고는 있지만 콕 집어 정의하기는 까다로운, 모호하기 짝이 없는 용어다. 그렇다 보니 스트레스가 선행요인으로 미치는 영향의 특징은 파악하기가 어렵다. 아울러 이 같은 요인들은 동시다발적으로 나타나는 경향이 있다. 예상하다시피 스트레스가 심하거나 불안정한 가정환경은 중독에 빠질 위험을 높인다. 특히 여성의 경우 성적 혹은 신체적 학대와 같은 트라우마 경험을 다스리려는 노력으로 물질을 남용할 가능성이 높다.[12] 경제적 지위, 가정환경의 안정성, 종교적인 성향, 교육 또한 약물사용장애의 위험을 높이기도, 보호해주기도 하는 환경적 측면으로 밝혀졌다.

환경의 영향을 이해하는 데는 쌍둥이와 입양 연구가 많은 도움이 되었다. 앞서 잠깐 언급했듯 어린 시절의 경험은 말할 것도 없고 DNA가 100퍼센트 일치하는 일란성 쌍둥이조차 양쪽이 다 중독에 빠지는 비율은 겨우 50퍼센트 정도인데, 물론 이란성 쌍둥이에 비해서는 높은 편이지만 유전자가 중독의 유일한 원인이라는 결론을 내리기 위해 필요한 수치에는 절반밖에 미치지 못한다. 위에 나열된 명백한 요인들을 제외하고도 수천 건에 달하는 연구 결과들이 대부분 실험 도구로는 포착하기 어려울 정도로 예측하기 어렵고 이해할 수 없는 임의의 환경요인들(이를테면 중학생 시절 특히나 스트레스가 극심했던 어느 날의 기억)도 중요한 역할을 한다는 것을 시사한다. 이렇듯 과부하가 걸릴 만큼 방대한 잠재적 자료의 양에도 불구하고 일부 연구자들(최고의 수학 능력을 갖춘 인물들이라는 말도 덧붙여야겠다)은 연구 인생을 바쳐 우리 세포 안에 담긴 정보보다도 촘촘하게 얽힌 환경적 영향들을 분석하기 위해 고군분투하고 있다.

대학원 재학 시절 나는 북미 원주민의 역사와 문화에 관한 수업을 듣고 이 집단에서 알코올중독의 비율이 매우 높게 나타나는 현상에 대해 기말 보고서를 작성하기로 했다. 당시에는 나 또한 원주민들이 부적절한 유전자나 효소를 가지고 있거나 뇌 회로의 어떤 부분이 잘못되어 대량으로 사망하게 된 것이라는 지배적인 관점을 따르고 있었다. 그래서 도서관에서 문헌조사를 하고 원인들을 정리하는 데 조금만 시간을 들이면 쉽게 A학점을 받겠거니 판단했다.

북미 원주민들은 공교롭게도 미국 내 모든 인종 집단을 통틀어 알코올사용장애의 비율이 가장 높으며, 알코올사용장애 탓에 이들이 속한 전 지역사회는 헤아릴 수 없이 막대한 피해를 입었다. 가령 일부 원주민 보호구역에서는 절반에 가까운 아이들이 태아알코올증후군을 안고 태어나며 중독의 비율 또한 어마어마하게 높았다. 남용약물들은 모두 태반을 고속도로처럼 이용해 태아의 뇌 발달에 영구적인 영향을 미치므로 높은 수준의 알코올 사용률은 대를 이어 지속되는 파괴적인 결과를 낳을 수 있다. 알코올이 특히 문제가 되는 것은 산모가 임신했다는 사실을 깨닫기도 전에 이로 인한 효과가 영향을 미친다는 점이다.

나는 순진한 열정으로 가득 차 데이터베이스와 장서 목록을 조사하기 시작했지만 얼마 안 가 그 열정은 의아함으로 바뀌었으며 곧 불신으로 변했다. 일목요연하게 정리된 논문의 수가 턱없이 부족하다는 데 실망했을 뿐만 아니라 논문을 쓸 만한 연구 자체가 별로 없다는 데 좌절감을 느꼈다. 아예 아무런 연구가 없었다는 뜻은 아니다. 실은 유전자, 신경화학 및 신경구조, 뇌파 패턴, 간 효소 등 셀 수 없이 많은 것을 대상으로 연구가 이루어져 있었다. 수많은 연구자가 원주민들을 무력하게 만들었던 알코올의 영향력과 그들의 불행한 체질적 요인을 규명하기 위해 노력했다. 하지만 그런 요인은 단 하나도 없었다.

내가 세운 가설을 돌아보며 나는 원주민들의 알코올 중독률을 생물학적 측면에서 설명하는 것이 얼마나 편의주의적인 접근이었는지 깨달았다. 원주민들의 높은 알코올중독 및 태아알코올증후군 비율의 원인을 '그들 내부'에서 찾을 수만 있다면 조직적으로 그들의 문화를 훼손하고, 땅과 자원을 강탈하고, 개인적인 성장이나 지역사회의 번영을 이루리라는 희망도 없이 추방하고, 계속해서 술독에 빠져 살도록 그들을 내모는 일에 우리 모두가 가담했다는 사실을 문제 삼지 않아도 되었을 것이다.

그렇다고 해서 원주민들과 다른 문화 집단 사이에 생물학적인 차이가 전혀 없다는 의미는 아님을 분명히 하고 넘어가자. 실제로 사람들이 타인과 가정을 이루는 과정에서 다른 혈통과의 미묘한 차이가 후대에 이어지거나 점점 더 커지기도 한다. 하지만 이 집단에서 중독률이 현저히 높은 현상을 설명해줄 만한 생물학적인 차이는 발견된 바 없다.[13]

그래서 생물학적인 요인이 아니라고 친다면 북미 원주민 사회에서 나타나는 그 많은 자동차 사고, 간경화, 장애를 가지고 태어난 아이들과 무너진 가정의 원인은 무엇이란 말일까? 간단히 답하자면 물론 과음이 원인이다. 우리 중에는 원주민 보호구역에서 오랜 시간을 머물러 본 사람이 많지 않다. 나도 그들에 관해 조사를 하고 나서야 보호구역에서는 화수분처럼 마르지 않는 싸구려 술을 진탕 들이켜는 것 외에는 별달리 할 일이 없다는 사실을 알게 되었다. 언젠가는 원주민들의 쇠락에 일조한 특정 유전자나 후성유전적 꼬리표를 발견하는 날이 올지도 모르지만 지금으로서는 높은 빈곤율과 실업률, 그리고 전반적인 기회의 부족처럼 강력하고 확실한 요인들이 등잔 밑에 너무나도 많다.

우리 대부분이 생활하는 환경은 그들이 속한 조건만큼 지독하지는 않겠지만, 대체로 삶의 일부분이어서 더욱 간과하기 쉬운 상황적 요인들이 각 개인의 선택에 영향을 미친다. 대인관계, 직장, 이웃, 대중매체, 다양한 기회를 비롯하여 일상 속에서 마주치는 모든 사람과 사건들이 우리의 현재와 미래의 모습을 결정짓는 데 일정 부분 관여한다.

중독에 빠지는 길은 중독자의 수만큼 다양하다

⚡

자, 이제 마지막으로 다시 한 번 따져보자. 왜 하필 나인가? 그 많은 시간과 노력을 들여 돌고 돈 결과, 결국 답은 '나도 모르겠다'이다. 아마도 수십 가지의 위험성 염기서열에 의해 형성된 나의 선천적인 성향과 그 이상 가는 후성유전의 흔적이 어린 날의 탐욕스러운 사용 경력 및 기타 환경적 영향과 어우러져 남들에 비해 약물 과다복용으로 죽을 확률이 높은 운명으로 나를 이끌어갔으리라. 여기서 중요한 마지막 요인은 '어우러져'라는 부분에 담겨 있는데, 이 요인들이 나의 삶에 직접적인 영향을 미치는 동시에 서로에게도 영향을 주어 거미줄처럼 얽힌 복잡한 상호작용망을 형성하기 때문이다. 결정적인 한 방이 부족한 과학적 설명을 언제까지고 중언부언할 수도 있겠지만 이쯤에서 정리하자면 세상에 존재하는 중독자의 수만큼이나 중독에 빠지게 되는 길 또한 다양하다.

바로 이러한 이유로 과학 연구는 힘이 들기도 하고, 보람이 있기도 하다. 현실의 어느 측면이든 자세히 살펴볼수록 우리가 알지 못하는 것이 얼마나 많은지 깨닫게 된다. 복잡성, 모호성, 우발성은 모든 자연의 섭리이다. 내가 가장 좋아하는 격언은 이러한 딜레마를 새로운 관점에서 바라보며 '과학의 목표는 무한한 지혜로 향하는 문을 여는 것이 아니라 무한한 무지에 한계를 긋는 것이다'라고 말한다. 어떠한 문제를 가까이에서 바라봄으로써 우리는 자신의 가설에서 문제점을 발견하지만 동시에 점점 더 좋은 질문을 던지게 된다. 그러니 나는 중독을 결정짓는 '유전자'란 세상에 없으며, '정신이 나약해서' 중독에 빠지게 되는 것은 더더욱 아니라고 자신 있게 말할 수 있다. 물론 '격세유전'도 아니다. 모든 사람이 중독에 취약한 정도가 다르지만 취약한 사람이라고 해서 평생토록 위험 수준이 동일하게 유지되는 것도 아니다. 다시 말해 중독의 원인들은 이미 많이 알려져 있으나 각각이 작용하는 방식이 매우 복잡하다.

과학의 한계와 관련해서 한 가지 실망스러운 사실이 또 있다. 결정적으로 증명하기가 대단히 까다롭다 보니 연구자들은 확률을 통해 설명을 시도한다. 가족이나 임상전문의는 어느 개인이 왜 특정 장애를 가지게 되었는지에 대한 설명을 원하지만 과학은 전 인구 차원의 경향성에 집중한다. 이 말은 곧 우리가 지금 알고 있는 지식을 총동원한다 해도 어떤 사람이 중독에 빠지고 어떤 사람이 중독에 빠지지 않을지 확신을 가지고 단언할 수 없다는 뜻이다. 대신 과학 연구는 어떤 집단(직계가족 중에 중독, 우울, 불안 환자가 있거나, 자기계발 기회를 충분히 얻지 못했거나 등)이 다른 집단에 비해 중독 가능성이 높거나 낮다는 정도의 정보를 준다. 그러니까 질문은 나의 부모나 조부모가 자제력을 잃고 술을 마셔댔던 주정뱅이였다면 '나도 알코올중독자가 될까?'가 아니라 그런 사람이 직계가족에 없을 경우에 비해 '내가 알코올중독에 빠지게 될 가능성이 얼마나 더 높을까?'가 된다. 여기에 대한 답은 부모가 알코올중독자인 경우와 조부모가 알코올중독자인 경우가 각각 40퍼센트와 20퍼센트이며, 가족력이 없는 경우에는 5퍼센트이다. 그러니까 내가 그냥저냥 용인할 만한 수준의 사용자에서 어쩌다 중독자로까지 걷잡을 수 없이 흘러가게 되었는지 콕 집어 이야기할 수는 없지만 여기에 기여했을 법한 요인들을 짚어낼 수는 있다.

이 모든 불확실성의 밑바탕에는 아직도 중독을 측정할 만한 객관적인 도구가 없다는 현실이 자리하고 있다. 실제로 미국 국립보건원에서는 나와 같은 사람들을 지칭할 용어조차 분명하게 정하지 못했다. 처음에는 '중독자addict'나 '알코올중독자alcoholic'라는 용어를 쓰다가 '약물의존drug dependent'이라고 하더니 이제는 약물사용장애drug use disorder라는 말을 하고 있다. 《정신질환 진단 및 통계 편람(현재 5판이 쓰이고 있다)》에 실린 명칭이나 진단 기준을 바꾸는 행위가 누군가에게는 마치 진전이 이루어지는 듯한 환상을 주는지 모르겠으나, 내가 보기에는 그저 중독에 대한 제대로 된 이해가 얼마나 미흡한지만을 점점 더 뚜렷하게 드러내는 것 같다.

11

✳

중독의 해결법을 찾아서

⚡

눈물 흘리지 마라. 화내지 마라. 이해하라.

스피노자Spinoza(1632~1677)

신경과학은 어디까지 발전했는가

✦

신경과학은 인간의 행동에 내재된 영원히 설명할 수 없을 것 같던 복잡성에 해답을 찾아 주리라는 기대감에 힘입어 세를 더해나갔다. 근대에 접어든 지 얼마 되지 않아 신경생리학자이자 철학자였던 존 에클스 경Sir John Eccles은 "뇌를 더 잘 이해하는 것은 곧 자기 자신과 주변 사람들, 사회, 나아가 실질적으로 뇌 관련 문제를 안고 있는 세상을 보다 풍부하게 이해하는 결과로 이어질 것이다"라고 주장했다.[1] 존 경은 1997년에 사망했는데, 그가 연구 인생의 정점에 올랐던 당시 제시했던 낙관적인 전망을 지금이라면 어떤 시선으로 재해석할지 잘 모르겠다. 한편으로 과거 50년 동안 뇌 과학은 믿기 어려울 정도로 비약적인 발전을 이루었다. 그 사이 인간은 유전자가 뇌의 구조 및 기능에 어떻게 영향을 미치는지 알게 되었고, 깨어 있으면서 자발적으로 행동하는 피험자들을 대상으로 신경구조물들과 그 사이의 연결, 그리고 활동 상태를 시각적으로 관찰할 수 있는 폼나는 기술들을 다수 개발했으며, 원하는 방향으로 유전적 변이를 조작하는 다양한 수단들도 손에 넣었다. 특히 에클스의 연구 주제였던 신경세포 간 시냅스 틈은 인류에게 혁명적인 통찰을 한아름 안겨주었다. 여기에서 기인한 지식은 약물 개발에서 도약의 발판이 되기도 했다.

이미 이 모든 것을 누리고 있는 우리로서는 인류가 지금껏 얼마나 눈부신 발전을 이룩했는지 쉽게 느끼지 못하지만, 존 경이 앞의 주장을 남길 때만 해도 일반적인 X-레이 촬영조차 사전에 공기나 방사선비투과 조영제를 주입해야 해서 아주 심각한 경우를 제외하고는 뇌스캔을 보류하던 시기였다. MRI나 CT 스캔이 등장한 것은 그로부터도 10여 년이나 더 뒤의 일이었다는 말을 들으면 비로소 조금은 실감이 날 것이다. 하지만 한편으로 우리의 도구가 진화를 거듭하고 질문이 점점 더 정교해지는 사이 정말로 신경과학 만능주의가 성과를 냈는지는 한 번쯤 돌아볼 필요가 있다. 그리고 안타깝지만 특히 행동장애에 관해 이에 대한 답은 '아니오'다. 종류를 막론하고 만성적인 뇌 관련 장애에서 완치될 확률은 거의 예외 없이 그대로라는 것이 쓸쓸한 현실이다. 그 많은 노력에도 불구하고 알츠하이머병, 우울이나 양극성장애, 조현병, 그리고 중독은 여전히 명확한 인과적 설명을 찾지 못했으며 완치를 위한 그 어떠한 효과적인 치료법도 없다.

이렇게 말하면 놀라는 사람들이 많은데, 아마도 2보 전진하면 1.99보 후퇴하는 큰 그림을 보는 대신 대단한 연구 결과 발표만을 편향적으로 받아들이는 경향이 있기 때문일 것이다. 핵심은 중독을 이해하는 데 자그마한 진전이 이루어지고 있음에도 중독 장애의 유병률은 계속해서 증가한다는 점이다.

그렇지만 천문학이나 물리학에 비하면 신경과학 분야는 아직 신생아 수준임을 잊지 말아야 한다. 100여 년 전만 해도 천체물리학은 지금보다 훨씬 더 많은 것을 알고 있었다. 어떻게 그럴 수가 있을까? 당시 과학자들은 우주의 규모와 구조를 다 파악했다고 제법 확신에 차 있었다. 물론 양자역학, 끈이론, 암흑물질, 그리고 그 밖의 실증연구에서 비롯된 다양한 패러다임의 변화에 관해서는 티끌만큼도 알지 못하던 때였다. 사실 오늘날의 천체물리학은 20세기 초반에 존재하던 학문과는 닮은 구석이 거의 없다. 과거 연구자들에 비해 현재의 우주과학자들은 인류가 이해하지 못한 부분이 무엇인지를 훨씬 제대로 인식하고 있다. 이러한 변화의 특징을 요약하자면 확실성의 감소와 겸손의 증가라고 할 수 있다. 이는 해당 분야로서는 아주 좋은 현상인데, 이로써 연구가 현실을 조금 더 정확히 반영하게 될 뿐만 아니라 연구자들이 갖춘 개방적인 태도와 질문하는 자세가 결국 더 많은 발견을 위한 촉매제가 되기 때문이다. 알고 싶어 하지 않는 한 배움은 일어나지 않는다.

신경과학이라는 새로운 분야를 둘러싼 열광과 들뜬 분위기 탓에 현재 시점에서 실제로 우리가 알고 있는 사실보다 더 많은 것을 알고 있다고 여기는 측면이 없지 않다. 이 분야 종사자들이 전반적으로 그랬듯 나 또한 질병으로서의 중독을 치료하기 위한 연구에 착수했을 당시 신경계의 믿을 수 없을 만치 복잡한 속성을 앞에 두고도 겸손함이라곤 몰랐다. 콜로라도대학교의 입학사정관이 무언가 실수한 덕인지 순전히 기적이었는지 모르겠지만 대학원에 합격한 뒤에는 생각만큼 일이 잘 풀리지 않았다. 솔직히 말해 첫 1년 반 동안 진행한 실험 중에 성공한 것이 단 한 건도 없었다. 7년이 지난 뒤에야 마침내 중독의 극히 일부만 설명할 수 있어도 운이 좋은 것이라는 깨달음을 얻었다. 그러다 1990년대 중반, 포틀랜드의 행동유전학 전문가들 밑에서 박사 후 과정을 밟으려고 볼더시를 떠나면서는 또 무슨 자신감인지 이 분야가 그전까지 하던 것에 비해 더 단순하리라 생각했다. 나는 중독이 발생하는 데 스트레스와 학습이 미치는 영향을 연구하는 일을 접고 중독의 원인이 되는 유전자를 규명하겠노라는 계획을 세웠다. 당시에는 휴먼 게놈 프로젝트Human Genome Project, HGP를 비롯하여 유전자지도를 작성하는 데 광대한 인력이 집중되어 있었으므로 이 분야 연구에 뛰어들기에는 최적의 타이밍인 듯했다.

HGP의 목표는 인간의 모든 유전자를 복제하는 것이었다. 다시 말해 이 야심찬 집단 프로젝트가 성공하면 모든 사람이 유전체의 염기서열에 접근할 수 있게 될 터였다. 의료적 가능성은 무궁무진해 보였다. 많은 이가 DNA 코드만 손에 넣는다면 병의 원인을 규명하고 치료제를 개발하는 일이 상대적으로 쉬운 일이 되리라 예상했다. 양극성장애, 불안, 중독과 같은 장애가 가족력의 영향을 받는다는 사실은 익히 알려져 있었으므로 해당 장애를 안고 있는 사람과 그렇지 않은 사람의 유전체를 비교해 한 줄로 엮인 진주 중 부식된 것만 골라내면 되는 아주 간단한 일로 여겼다. 어휴, 얼마나 크나큰 착각이었는지!

2000년도에 발표된 휴먼 게놈은 유용하게 쓰이지만 대체로 우리가 기대했던 방식과는 다르다. 가장 먼저 밝혀진 놀라운 사실은 인간의 유전자 수가 어느 누구의 예상보다도 훨씬, 훨씬 더 적다는 사실이었다. 인간의 복잡성은 당연히 유전자에 기인한다고 상정해온 데다가, 진화의 역사는 감자보다도 다채로울 것이 없는 데 반해 문화는 큰 차이가 나다 보니, 예전에는 인간을 구성하는 23쌍의 염색체가 못해도 수십만 개의 유전자들로 가득 차 있으리라는 예상이 지배적이었다. 그러나 실험 로봇들의 도움을 받아 수많은 고급 인력이 공들인 연구가 진행될수록 오만으로 점철되어 있던 가설은 경악으로 변해갔고, 끝내는 곤혹감으로 바뀌었다. 인간의 유전자 개수가 평균적인 감자의 고작 절반 수준인 2만여 개에 불과했던 것이다!

허세에서 놀라움으로, 놀라움에서 겸허한 마음으로 변하는 이 분야의 이야기는 과학 전반의 이야기이자 내가 개인적으로 지나온 길의 축소판이기도 하다. 다행스럽게도 과학의 발전은 우리가 내놓은 대답의 완성도가 아니라 우리가 던지는 질문 수준의 향상으로 측정이 이루어진다. 치료제 개발이 이제 코앞이라고 믿는 사람도 많은 모양이지만 나로서는 점점 더 깊게 들여다볼수록 그 존재가 더더욱 복잡하고 불가사의하게 느껴진다. 자료를 하나씩 더해갈 때마다 그와 비례해서 우리가 이해하는 수준이 얼마나 하찮은지에 대한 깨달음도 쌓이는 듯하다. 꼭 끝도 없는 껍질로 이루어진 양파처럼 말이다. 이처럼 위대한 연구에 발 담그고 있다는 사실만으로도 물론 큰 영광이겠으나 수십 년 동안 이 분야에 있으며 느낀 바로는 중독처럼 복잡하고 까다로운 문제를 가까운 시일 내에 해결할 가능성은 그리 희망적이지 않다. 그리고 바로 그 때문에 나는 이 모든 해답이 온전히 뇌 안에 존재할 것이라는 믿음에 점차 회의감이 커진다.

현실적인 문제와 윤리적인 문제

↯

물론 중독 문제를 해결하기 위해 무언가 하기는 해야 한다. 여러분도 약물사용이 엄청난 난제임을 인식하지 않았다면 이 책을 읽고 있지 않았을 것이다. 그렇다면 무엇을 할 수 있을까?

많은 사람이 사회질서를 올바르게 이행하지 않는 신하들에게 악에 받쳐 "저 놈의 목을 베어라"라고 소리를 지르는 루이스 캐럴 Lewis Carrol의 하트 퀸을 이해하고 연민의 감정을 느낀다.[2] 그처럼 질서를 무시하는 시민들에게 통치자가 달리 무엇을 할 수 있을까? 실제로 필리핀의 대통령 로드리고 두테르테는 총탄으로 효율성을 더했을 뿐 기본적으로는 하트 퀸의 전략과 상당히 유사한 방식을 취했다. 대다수의 사람은 그가 조직한 암살단이 마약과의 전쟁에서 고작 한두 해 사이 수천 명을 죽였다는 사실에 소름끼쳐 하지만 한편으로는 '더블배럴작전Operation Double Barrel'만이 유일한 선택지처럼 보일 만큼 마약범죄로 인한 좌절감이 깊다는 점 역시 공감했다.[3] 같은 맥락에서 미국 내 일부 주에서는 죽어봐야 정신을 차릴 거라고 생각하기라도 하는듯 약물남용 재범에게 과다복용 해독제를 주지 않는 방안을 검토하고 있다.

이보다는 덜 극단적이지만 "네가 자신의 행동을 통제하지 못한다면 우리가 해주마"라는 발상에서 비롯된 다른 대책들에 대해서도 검토가 이루어지고 있다. 앞서 잠깐 언급했듯 세계 어딘가에서는 원치 않게 중독자가 되어버린 이들의 중변연계에 손상을 주는 중재법을 시행하며, 미국에서도 감옥에 보내는 대신 가능한 대안으로 뇌수술을 권하기 시작했다. 이렇게 시행되는 뇌심부자극deep brain stimulation은 전류를 멈추면 뇌가 다시 전류를 가하기 전 상태로 돌아갈 수 있지만 중독자를 교정하기 위한 대책들이 전부 이렇듯 가역적인 것은 아니다. 가령 약물의 효과를 무력화하는 백신들이 현재 개발 중인데, 이러한 항체는 작용 범위가 매우 좁기는 하지만 그로 인한 효과가 영구적이다. 위의 모든 방법은 중독자들의 선택에 제약을 거는 것이 목적이다.

가족과 학교, 마을의 지속적인 출혈을 조금이라도 더디게 만들기 위해서라면 무엇이든 감수하겠다는 사회의 필사적인 태도에 힘입어 이 길을 계속 걸어가다 보면 현실적인 문제와 윤리적인 문제에 부딪힌다. 이를테면 이 같은 중재법들을 언제 실행해야 할까? 최후의 수단으로만 써야 할까? 정말 심각한 중독자들에게만 제한적으로 적용해야 할까, 아니면 너무 많은 손상이 일어나기 전에 미리 손을 써야 할까? 후자라면 가족과 친구들의 삶에 영향을 미치고 음주운전으로 잡히기 전에 남용 초기부터 약물로 인한 모든 피해를 최소화할 수 있게 중재에 나서지 않을 이유는 무엇인가? 그러다 보면 아동기부터 개입하여 유전자와 성격 기질, 교사의 평가, 생애 초기 경험 등을 종합적으로 평가해 고위험에 속하는 이들을 가려내고 잘못된 약물사용을 원천 차단하는 방법이 이득인 것만 같아 보인다.

여기까지 생각이 흘러가면 대부분의 사람들은 섬뜩하다는 느낌을 받는데, 행동을 임의로 조작하거나 통제하려는 시도가 얼마나 위험한지, 그리고 비록 실수를 할지언정 개인의 자유가 얼마나 가치 있는 것인지 잘 알고 있기 때문이다. 누군가는 실패나 단점까지도 개인의 강점을 형성하는 데 도움이 되는 귀중한 학습경험이라고 여긴다. 하지만 일탈행동의 가능성을 예방하거나 제거하기 위해 외부의 세력이 우리의 인생에 개입하는 것이 마음에 들지 않고 신뢰가 가지 않는다고 한들 달리 실행 가능한 대안이 있는 걸까?

그러나 지금도 곳곳에서 계속해서 되풀이되고 있는 '마약과의 전쟁'은 **어떠한** 변명을 붙여도 결국 형편없는 실패작에 불과하다. 비난과 폭력은 존재의 고통에서 벗어나고자 하는 충동을 가라앉히는 데 아무런 역할도 하지 않기 때문이다. 혹여나 어떤 역할을 한다고 해도 그것은 상황을 오히려 나쁘게 만드는 부정적인 역할일 뿐이다. 1917년, 의회에서는 훗날 미국 헌법 수정조항 제18조로 알려지게 될 주류의 '제조, 판매, 운반 및 수입'을 금지하는 법안을 통과시켰다. 금지 조치가 낳은 가장 강력한 결과 중 하나는 불법 제조, 판매, 운송이었으며, 이 기간 동안 알코올을 소비하는 미국인의 수는 감소했지만 정작 마시는 사람들은 더 많이 마셔댔다. 1933년에 이르러 이 법은 폐지되었고, 많은 사람에게 실패로 인식되었다.

비슷한 시기 멕시코 이민자들이 백인들의 실업률을 높인 원인 제공자로 지목되어 공분의 대상이 되었는데, 이들이 미국에 오락 목적의 대마 사용 문화를 들여왔다는 이유였다. 결국 건강과는 아무런 관련도 없이 외국인 혐오에 따른 경제 법안으로 대마 세금법이 제정되었다. 이후 이어진 법들도 마찬가지지만 미국의 약물 관련 법 중에는 약물이 미치는 위해성에 관한 과학적 근거에 기반한 것이 거의 없다. 20세기 말 무렵에는 광범위한 규제와 엄격한 처벌에도 불구하고 약물사용이 걷잡을 수 없이 번져나갔다.

사실 약물을 과용할 소지가 농후한 나 같은 부류의 사람들은 일반적인 사람들에 비해 처벌을 비롯한 외부 압력에 영향을 덜 받는다. 아울러 대중적 관습을 무시하는 경향 또한 더 크다. 내가 한창 머리가 굵어질 때쯤 영부인이었던 낸시 레이건Nancy Reagan이 '싫다고 말하기just say no*'를 장려하는 운동을 시작했다. 나는 레이건이 약물사용을 권장했다면 오히려 효과적이지 않았을까 하는 생각을 하곤 한다. 나는 물론이고 상당수의 중독자들이 청개구리 성향을 가진 경우가 많기 때문이다.

억지로 먹는 양을 제한해 살을 빼려는 사람들이 식탐에 져 요요 현상을 겪듯, 공급을 제한하려는 정부의 노력은 자신이나 타인의 수요를 충족할 방법을 찾는 이들의 노력에 도리어 불을 지폈다. 그리고 이 수요는 피할 수 없는 인간의 본성에서 비롯되었다. 고대부터 누구에게나 신경학적으로 당연하게 있는 취하고자 하는 욕구를 없앤다는 것은 곧 창작하고 탐험하고자 하는 욕구를 제거하는 것과 같다.

궁극적인 회복의 길

✦

중독자 대다수는 광기 어린 행동으로 사망하며 그 과정에서 많은 문제를 일으킨다. 하지만 이 점만은 명확히 하자. 내가 중독에서 회복한 것이 대단히 이례적인 일은 아니다. 한때 나만큼, 아니 어쩌면 나보다 더 시궁창 인생이었다가도 행복하고 성공적인 삶을 사는 사람

---

* 주로 청소년을 대상으로 약물사용 권유를 거절하도록 북돋던 캠페인.

들이 수백만 명이나 있는데, 바로 이 수백만 명의 사례가 통제가 아닌 자유에 기반한 문제해결의 길을 일러주고 있다. 물론 많은 사람이 나처럼 더 이상 다른 선택의 여지가 없을 때야 비로소 방향을 틀기 시작하지만, 그래도 궁극적으로 회복이란 자신을 발전시켜 나가는 과정이지 제한하는 과정이 아니다.

누구와 함께할 것인지, 무엇을 할 것인지를 나의 의지가 아니라 약물이 선택한다는 데서 오는 절망감을 나도 몸소 체험했다. 반복 주기에는 개인차가 있겠지만 결국 모든 중독자가 갇힌 이 우울한 반복의 감옥은 인간에게 주어진 가장 소중한 것, 선택의 자유를 앗아간다. 이것이 바로 내가 약물이나 약물사용 자체에는 크게 반대하지 않지만 중독에는 절대적으로 반대하는 이유이다. 중독은 우리에게서 소중한 자유를 앗아간다. 그리고 이는 영구적 또는 반영구적으로 선택의 범위를 제한함으로써 중독을 치료한다는 발상이 신체적인 처벌을 가해 연민의 감정을 가르친다는 발상만큼이나 말이 되지 않는 이유이기도 하다. 이 둘 사이에 대체 어떻게 인과관계가 성립한다는 말인가?

아이들이 자제하는 법을 학습하기 위해서는 낮은 수준의 자율성부터 시작해 점진적으로 높은 수준의 자율성을 경험해야 하듯, 회복 단계에 있는 사람들 역시 단번에 모든 것을 믿고 맡길 수는 없다. 하지만 사회적인 지지와 다양한 대안들, 그리고 단기간의 의학적 중재까지 있다면 우리도 완벽하지는 않을지언정 죽음 대신 삶을 선택하는 법을 배울 수 있다. 바로 이 자유가 중독의 해결책이다. 이따금씩 약을 해본 적도 없는 사람들이 약물사용은 더 이상 선택의 대상이 아니라고 이야기하는 것을 볼 때면 모르는 소리 말라는 말이 목구멍까지 차오른다. 약물사용도 틀림없는 하나의 선택지다. 바로 이 점이 핵심이다.

자, 그렇다면 이상적인 치료제는 무엇일까? 우선은 투약이 용이한 제제여서 중독자들이 약에 다시 손을 댈 수밖에 없게 만드는 금단증상과 갈망을 신속하게 없앨 수 있어야 한다. 이 점이 중요한 이유는 대부분의 만성 약물사용자가 금단증상이 시작된 후 처음 몇 시간을 견디지 못해 결국 끝없는 욕구에 굴복하기 때문이다. 그리고 이는 우리의 만병통치약이 갖추어야 할 여러 요소 중에서도 비교적 난이도가 낮은 편이다. 이미 아편중독자들에게는 서복손과 부프레노르핀이, 흡연자들에게는 챈틱스Chantix*와 바레니클린Varenicline이, 알코올중독자들에게는 벤조디아제핀이 효과를 발휘한다(다만 알코올의 경우에는 워낙 다방면에 영향을 미치다 보니 벤조디아제핀의 효과가 다소 제한적일 수밖에 없다). 위의 경우 모두 약의 용량을 서서히 줄이는 과정과 더불어 충분한 사회적 지지가 뒷받침되어야(일생 동안 지지를 받을 수 있는 익명의 알코올중독자들이나 익명의 약물중독자들을 통해) 비로소 치료 효과를 볼 수 있다. 한편 각성제 사용자들은 일반적으로 약을 잔뜩 하면 며칠은 갈망을 경험하지 않기 때문에 치료가 쉬울 것만 같

---

*　한국을 포함한 아시아와 유럽에서는 챔픽스Champix라는 상품명으로 유통된다.

다. 하지만 경험에서 알 수 있듯 완전히 치료하기 위해서는 갈 길이 먼데, 그러다 보면 더 쉬운 치료 전략을 취하고자 하는 유혹과 맞닥 뜨리게 된다. 그러나 지속적인 약물치료, 뇌심부자극, 항체, 종교 교리, 의회 차원의 규제처럼 '쉬운' 치료법은 모두 장기적으로는 역효과가 일어날 가능성을 안고 있다. 이 모든 중재법에서 누락된 단 하나의 원칙이 바로 개개인이 자유로이 의미 있는 삶을 찾을 기회를 제공해야 한다는 것이다.

무모하거나 혁신적이거나

⚡

나는 1980년대에 주사기를 돌려쓰다가 C형 간염에 걸렸다. 물론 좋은 일은 아니지만 같은 방법으로 전염되는 에이즈에 걸리지 않은 것만으로도 운이 좋았음을 깨달았다. 그렇게 30년이 넘는 시간 동안 병을 달고 살다가 별것 아닌 듯 보이지만 값은 비싼, 매일 한 알씩 복용해야 하는 84정짜리 치료약 덕을 보게 되었다. 그리고 기나긴 시간 끝에 마침내 간염 바이러스가 내 몸에서 완전히 근절되었음에 전율을 느낀다. 하지만 30년 이상 약을 끊었음에도 나의 중독은 '깨끗이' 낫지 않았다. 질병에서 안전거리를 유지할 수는 있지만 내가 치료되었다는 생각은 조금도 들지 않는다. 내가 우아하게 절제하며 약을 할 수 없다는 사실을 증명할 유일한 방법은, 내가 날 수 없다는 사실을 증명하기 위해 빌딩에서 뛰어내리는 것처럼 파멸의 길을 직접 가보는 것밖에 없다. 하지만 내가 오랜 시간 품어온 환상의 본질에 비추어볼 때, 중독이 다 나았을 것이라는 생각에 대한 강한 의심이 든다. 흔히 있는 일이지만 가령 누군가가 와인 한 잔 하겠느냐고 물어오면 고작 몇 초만에 당연히 그럴 수 없다는 사실을 깨닫는다. 대체 딱 한 잔만 마시고 싶어 할 사람이 누가 있겠는가? 남편이 마음에 들어 하는 펍에는 수제 맥주들의 이름이 알코올 함량 정보와 함께 나열되어 있다. 나는 알코올 함량이 높은 맥주가 훨씬 가치 있다고 생각할 뿐더러 남편이 도수 낮은 술을 고를 때면 내심 실망하며 시간 낭비, 돈 낭비라는 기분을 느끼곤 한다. 내가 생각하기에 모든 약물의 가치는 순전히 나라는 존재로부터 나 자신을 탈출시켜주는 힘에 있다. 아무리 내가 지금의 삶을 사랑한다고 하더라도 이 마음가짐을 버리지는 못한다.

나의 병은 바이러스나 약물에 의해 생긴 것이 아니라 뇌가 약리적 보상에 반응하는 방식에서 비롯된 것이다. 대단히 열광적이고 간절한 반응 말이다. 이러한 경향성은 다른 모든 심리적(그리고 대부분의 생물학적) 기질과 마찬가지로 전체 인구에게서 정상분포 형태로 나타난다. 환경의 변화로 인해 매 시점마다 유리한 특성이 달라지므로 이처럼 자연적인 변이는 종의 생존을 위해 필수적이라고 할 수 있다. 앞서 다루었듯 일부 사람들이 가진 위험요인들은 반드시 약물남용을 야기한다기보다는 새로움을 선호하거나 위험을 감수하는 등 일반적인 경향성에 저항하고자 하는 의지를 함께 부여한다. 지금까지 살면서 경험한 바대로라면, 나로 하여금 무엇인가를 하게 만드는 가장 확실한 방법은 하지 말라고 말하는 것이었다. 나의 이런 반항적 편향이 썩 자랑스럽지는 않지만 어쨌든 나라는 사람의 본질을 이루고 있는 것은 틀림없다. 어머니가 나는 겨우 두 살이었을 때부터 "잘 자렴"이라는 말을 들으면 "못 잘게"라고 대답했다며 농담 삼아 이야기할 정도니까 말이다.

나와 같은 부류의 사람들이 으레 그렇듯 나 또한 위험회피 성향이 낮은 편인데, 그 말은 곧 나 같은 사람들에게는 처벌이 미치는 효과가 다른 사람들에 비해 훨씬 덜하다는 의미다. 외출 금지를 당해 집에 갇혀 지낸 시간이 초기 청소년기의 절반은 될 테지만 나머지 시간 동안 나는 충분히 이를 만회했다. 나는 동급생 사이에서 헛간 지붕에서 뛰어내린 최초의 인물이었고, 지금도 여전히 새로운 일을 시도하기를 좋아한다. 때로는 '담력'이라는 이름으로 칭송받는 그 무모함이, 합리적인 사람이라면 몸을 사렸을 상황에도 기꺼이 극단까지 가고야 마는 나의 의지력의 일부가 된 듯하다. 그렇다면 나는 진취적인 사람일까, 아니면 이기적인 사람일까? 집요한 성격일까, 충동적인 성격일까? 위험한 행동을 즐기는 사람일까, 원하는 것을 얻기 위해 강한 용기와 의지력을 발휘하는 사람일까? 모두가 정답일 터이다.

달리 말하면 21세기에 중독에 빠지기 쉬운 사람들은 머나먼 과거나 미래에는 오히려 생존 및 번영에 유리한 사람들이었을 가능성이 높다. 심지어 지금도 이 같은 요인들은 기업가적인 활동이나 과학 연구처럼, 불확실성을 참아낼 뿐만 아니라 직접 찾아 나서는 능력이나 관습적으로 용인되는 선에서 한계까지 밀어붙이는 능력이 유리하게 작용하는 분야에서는 훌륭한 자산이다. 어느 한 가지 성향이 다른 성향에 비해 우수하다는 말은 아니지만 그렇다고 더 열등하다는 의미도 아니다. 어떤 맥락에서는 무모함으로 비춰지는 모습이 또 다른 상황에서는 혁신적인 모습일 수도 있는 것이다.

우리가 가치를 두며 심지어 용인하기까지 하는 것에 대해 자유로운 태도를 보이는 것이 중독을 치료하기 위한 인류의 노력에 해를 끼치는 것은 아니다. 시장은 물론이거니와 우리 사회가 규칙을 잘 따르고 그러는 와중에 절제하여 소량의 술만 마시는 사람을 높게 평가하는 것도 충분히 이해할 수 있다. 하지만 이러한 능력은 누구에게나 있는 것이 아니며, 그렇게 만들려고 해서도 안 된다. 특히나 남들이 선호하는 절제 능력을 갖추게 하기 위한 수단이 의학적 개입이나 기타 침습적 방법뿐이라면 더더욱 말이다.

중독의 원인은 뇌 밖에도 있다

⚡

또 한 가지 생각해보아야 할 문제는 중독이라는 장애에 문화가 기여하는 역할이다. 1980년대에 소비자주의 발흥과 맞물려 급격히 사용률이 증가하며 내가 약에 굴복하는 데 한몫했던 각성제남용의 유행이나, 세상의 고통에서 눈을 돌리기 위한 수단으로 약을 하는 오늘날의 추세처럼 계속해서 변화하는 약물사용의 동향은 일반적인 현상으로서 나타나는 중독의 일관성을 보여주지는 못하지만 중독이 맥락 의존적이라는 사실은 잘 보여준다. 내가 나 자신은 물론 내게 중요하던 모든 것에서 멀어진 원인 중 일부는 틀림없이 내게 있지만 일부는 내가 속한 환경 탓이었으며, 잘못된 선택들도 일을 키웠을 것이다.

이와 관련해 최신 신경과학이 밝혀낸 가장 놀라운 사실은 모든 신경활동이 맥락 의존적인 특성을 지닌다는 것이다. 우리의 사고와 감정, 행동은 전부 신경화학적인 뇌 활동의 산물인데도 이 활동을 일으키는 원인은 대부분 뇌 안에 존재하지 않는다. 그러나 뇌는 우리가 속한 진화론적, 사회적, 문화적 맥락을 반영한다. 뇌는 우리의 사고, 감정, 행동이 자라날 수 있는 흙의 역할을 하지만, 이들 각각은 뇌 내부의 구조물 및 외부의 요인들이 상호작용한 결과물이다. 우리는 사회적 동물로 유전체의 구조와 활동, 그리고 뉴런 간의 전기화학적 흐름에 깊은 영향을 미쳐 결국 우리의 모든 행동과 경험에까지 영향을 주는 다양한 맥락 속에서 성장한다. 그러므로 중독 문제의 해답은 뇌 안에서만 찾을 것이 아니라 여러 맥락을 고려해야 한다. 현재 인류는 진화의 역사상 그 어느 때보다도 세계가 겪는 비극과 고통을 날카롭게 인식한다. 그에 따른 부담을 외면하고 부정하려는 시도가 점점 더 절박하고 만연해가는 고통스러운 상황이기도 하다.

크게 두 가지 요인이 상황을 더 나쁘게 만들고 있다. 첫 번째는 약물의 효능과 용법에서 기술 발전이 비교적 빠르게 이루어지고 있다는 점이다. 생리학적인 효과 면에서 코카 잎을 씹는 것과 크랙 코카인을 피우는 것은 물을 찻잔으로 마시는 것과 소방 호스로 마시는 것만큼 다르다. 잎에서 흡수한 코카인은 정제된 형태의 코카인에 비해 작용 속도가 느리고 약효가 떨어지므로 크랙 코카인을 통해 쉽게 이를 수 있는 혈중농도까지 도달하기가 사실상 불가능하다. 실제로 전통적인 방식으로 코카를 사용하는 사람들에게서는 중독의 증거가 발견되지 않았다. 알코올의 경우에도 증류법이 생겨나 발효의 한계를 훌쩍 뛰어넘는 도수의 술을 제조하기 시작하면서 중독의 위험이 증가했다. 다른 약물들도 마찬가지다. 약물의 효능이 강할수록 사용자들 간의 거래가 활발하게 일어나며, 일단 유행하기 시작하면 약효를 본따 더욱 강력해진 합성 약물이 개발되어 그 뒤를 따른다.

약물사용과 관련해 최근 수백 년 동안 흔하게 볼 수 있는 또 다른 변화는 문화적인 차원에서 거행되는 의식에 참여하는 대신 홀로 약물을 투약한다는 점이다. 물론 과거에도 일부 약물을 과도하게 사용한 사례가 있겠지만 근대사회에서 나타나는 중독의 급속한 확산은 고립을 양성하고 방치하는 문화적 규범에서 기인한다.

혼자서 약물을 사용하는 경향성은 남용의 필요조건까지는 아니더라도 일종의 지표로 볼 수가 있는데, 약물사용을 자유로이 하기 위해 활동 및 관계의 범위를 축소하는 행위가 문제 발생과 밀접한 관련이 있기 때문이다. 이 같은 행동이 문제가 되는 이유는 자신의 행동에 의문을 제기하고 문제를 직면하게 해줄 사람이나 상황을 피하기 때문이다. 나 또한 다른 사람들처럼 약물에 대한 접근성을 바탕으로 활동과 인간관계를 분류하곤 했다. 약을 하지 않는 모임은 대체로 피했으며, 꼭 참여해야 하는 경우라면 그 시간을 보다 견딜만하게 만들기 위해 나 홀로 '사전게임'을 뛰곤 했다. 내가 선택한 활동을 지지하지 않는 친구는 더 이상 친구가 아니었다. 중독이 심해지면서 자연스럽게 친구가 줄어갔다. 그나마 남아 있거나 새로 사귄 친구들은 내가 정상이라는 망상에 동의해주는 이들뿐이었다(내가 한 선택을 그대로 따라함으로써 말이다). 리도 그들 중 하나였다. 햄버거 체인점에서 함께 웨이트리스로 근무하던 리를 '친구'로 분류한 이유는 리도 나처럼 파티를 즐겼기 때문이다. 하지만 얼마 후 리는 직장으로 돌아갔고 치료를 받고 있다는 소식을 들려주었다. 지금도 당시 받았던 충격과 뒤이어 곧장 그를 차단했던 기억이 생생하게 떠오른다. 엄밀히 말해 리와 정말로 거리를 두었는지는 확실치 않지만 차라리 전염병 진단을 받았더라면 틀림없이 더 따뜻하게 대했을 것이다. 그날의 대화가 우리가 마지막으로 나눈 대화인 것 같다. 그로부터 몇 년 뒤 약을 끊고 나서 나는 다시 그를 찾았다. 하지만 불행히도 우리가 제대로 재회하기도 전에 리는 딜라우디드Dilaudid* 과다복용으로 세상을 떠났다.

*   마약성진통제의 일종.

우리의 신경생리학은 분명 기울어진 운동장이지만 우리가 취하는 행동이 뇌의 구조와 기능을 변화시킬 수 있고 실제로 변화하고 있으므로 우리의 삶과 타인의 삶에서 우리는 아마도 자신이 깨닫고 실행하는 것보다 더 큰 영향력을 지니고 있을 것이다. 누군가는 약물을 손쉬운 편법으로 여기는 성향이 남들보다 더 강하기 마련이지만 정도의 차이만 있을 뿐 우리는 모두 같은 저울 위에 올라 있다. 중독률의 증가는 고독, 미래에 대한 불안, 페이스북 '친구'가 있음에도 겪는 외로움, 일상화된 탐욕과 이기심의 부조리, 공감과 연결성을 평가절하하는 사회적 구조가 지우는 짐의 무게로 인해 눈금이 한쪽으로 젖혀진 것을 나타낸다. 가령 한 청년이 많은 돈을 벌 수 있지만 누군가를 착취해야만 하는 직업과 다른 이에게 착취를 당해야 하는 직업 중에서 선택을 해야 하는 상황에 놓여 있다면 어떻게 해야 할까? 아이들을 진심으로 소중히 하지 않는 세상에서 아이를 낳아야 한다면 과연 어떤 기분일까? 말년에 가난하고 병든 채 오로지 노인 수용만을 위해 지어진 창고에 갇혀 지낸다면? 이 같은 현실을 마주하고서도 약을 하지 않는다면 그것이 오히려 더 이해하기 힘들 것이다.

그리고 실제로 이를 실행에 옮긴 사람들이 수없이 많다. 헤로인을 자기 몸에 주입하는 사람들은 마치 탄광 속 카나리아처럼 자신이 상상할 수 있는 두 번째로 직접적인 방법을 통해 고통에서 벗어나려 몸부림치고 있는 것이다.

그렇다면 중독이 만연한 현 상황에서 우리는 누구를 탓해야 할까? 답은 누구도 탓할 것 없지만 우리 모두에게 책임이 있다는 사실이다. 우리의 집단적 그림자collective shadow*는 우리가 사용하는 다양한 회피 전략들을 부정하든 받아들든 대신 비난의 화살받이가 되어줄 누군가를 필요로 하기 때문에 중독 문제가 계속 되기를 바란다. 이것은 결국 소외를 낳고 회피에 찬동하는 분위기를 만연하게 만든다. 갖가지 약물남용과 외부의 도움없이 문제를 해결해보려는 시도는 병적인 개인주의를 비롯하여 중독이 발생하는 데 필요한 요소들을 제공한다. 중독의 원인(혹은 치료제)을 찾으려는 시도는 아직 이렇다 할 결과를 내지 못했지만, 자신의 고통을 회피하고 타인의 괴로움을 측은지심으로 바라보지 못하는 이기심이 이토록 만연한 중독 문제의 분명한 원인 중 하나다. 나는 인생의 참스승으로서 고통이 지닌 가치가 지나치게 과소평가되고 있다는 생각을 한다. 나의 실패 경험과 단점들은 성장과 변화의 원천이 되어주었지만 이는 내가 이 고통들을 직시했기 때문에 가능했다.

어떠한 형태든 절망감은 타락 행위를 낳는다. 건실한 시민과 타락한 범죄자 사이의 주요한 차이는 그 인물이 처한 상황이며, 그중 상당수가 자신이 통제할 수 있는 범위를 넘어서 있다는 사실을 사회심리학이 증명해주었다. 유전적으로 물려받은 성향, 어린 시절의 경

---

* 심리학자 칼 융Carl Jung이 제안한 개념으로, 인간의 무의식 속 어두운 측면을 그림자라고 칭하며 특정 집단에 존재하는 공통의 그림자를 집단적 그림자라고 한다.

험, 그리고 현재 속한 환경이 모두 합쳐져 우리가 할 수 있는 선택의 폭을 대폭 제한한다. 한 인간을 중독으로 몰아가는 것은 헤로인이나 알코올, 니코틴, 코카인 따위가 아니다. 바로 현실에서 벗어나고자 하는 욕구다. 나는 한동안 어느 노숙자와 크랙 파이프를 나눠 피운 적이 있다. 그는 겨우 40대 초반이었을 텐데도 남은 치아가 얼마 없었고, 그마저도 지저분하고 손상되어 있었다. 몇 주 동안이나 샤워를 하기는커녕 거울도 들여다보지 않았으며, 지독하게 더럽고 수척했다. 그런데도 파이프를 물기만 하면 자신이 얼마나 행복한지 이 세상을 다 가진 듯 장광설을 늘어놓았다. 당시에도 나는 헉슬리가 말한 디스토피아적 미래에서 사회의 광기에 대처하기 위해 반드시 필요한 소마*를 떠올렸다. 이 같은 타락을 남의 일이라 치부하며 우월감을 느낄까 노파심에 덧붙이자면 화학물질만이 일탈의 유일한 수단은 아니다. 인터넷중독, 오락 중독, 음식 중독, 쇼핑중독, 일중독 등 수많은 중독자가 있으며, 어쩌면 이 또한 물질사용으로 문제를 겪는 사람의 수만큼이나 많을 것이다.

모든 과학의 역사는 개인에서 시작해 각각이 연결된 집단으로 나아간다. 식물학은 표본을 분류하는 데서 시작해서 이제는 종의 번영이 생태 경관에 따라 달라진다는 사실을 이해하기에 이르렀다. 최근에는 식물들이 곤충의 습격을 경고하는 등 의사소통을 한다는 것

---

* 올더스 헉슬리Aldous Huxley의 소설 《멋진 신세계》에 나오는 모든 고통을 잊게 해주는 약.

까지 알게 되었다.[4] 천문학은 코페르니쿠스 전까지만 해도 만물의 중심이라고 여겨지던 지구에 초점이 맞추어져 있었다. 코페르니쿠스가 등장하고 나서야 인류는 지구가 그저 우주의 작은 먼지에 불과하며 우주에는 우리 발아래(그리고 주변)에 펼쳐지는 우주폭발의 시작이 존재할 뿐 중심 따위는 없다는 사실을 알게 되었다. 요컨대 현재 우리가 어떤 사람인지 혹은 앞으로 어떤 사람이 될지는 우리의 뇌에서 기인하는 것이 아니라는 사실을 깨달을 시간이 되었다.

인간의 뇌는 은하계의 별만큼이나 많은 1,000억 개가량의 뉴런으로 이루어져 있으며, 그보다도 많은 천문학적 개수의 시냅스가 이 세포들이 상호작용하는 통로가 된다. 이 모든 세포 및 시냅스는 우리가 연결성, 의사소통, 감각, 시, 음악, 춤 등을 통해 타인 및 자연계와 쌓은 경험과 다양한 개념들의 세계, 그리고 그 개념들이 지니는 한계를 정확히 인식하고 학습할 수 있게 정교하게 맞추어져 있다. 중독의 하강 나선을 저지하고자 할 때 관심을 두어야 할 장소가 바로 여기인데, 그 어떤 약물에 의존한 요법보다도 훨씬 더 치료의 핵심에 가깝기 때문이다.

중독이란 누구에게나 일어날 수 있는 일이며, 이미 많은 사람이 겪고 있다. 그리고 우리가 중독에 빠질 잠재력을 충분히 알아차리지 못할 경우에는 모두의 삶이 영향을 받을 수 있다. 그렇기 때문에 우리는 문제를 인정하고, 외면하는 대신 깊이 들여다보며, 생각과 마음, 행동으로 도움이 필요한 이들과 필요한 도움을 줄 수 있는 이들이 손을 맞잡을 수 있게 해야 한다. 지구에서 살아간다는 것은 지구에 존재하는 다른 모든 존재와 한 배를 타고 있는 것과 같다. 그러므로 그들로부터 고개를 돌리는 짓은 비인간적일 뿐만 아니라 실용적이지도 못한 행동이다. 중독은 우리 모두가 함께 해결해나가야 할 문제다. 물론 생물학적인 요소도 한몫을 한다. 하지만 처음부터 끝까지 모든 것이 중독자의 머릿속에서 생겨났다는 주장은 틀렸을 뿐만 아니라 위험하기까지 하다.

여기서 도움을 나누어야 한다는 말은 중독자들의 사용 행위를 부추기거나 면죄해주라는 의미가 아니다. 책임의 화살을 다른 곳으로 돌리라는 의미도 아닌데, 이는 결국 자유를 빼앗는 행위일뿐더러 문제를 지속하는 일이기 때문이다. 하지만 최소한 우리가 보는 현실은 인정해야 한다. 제임스 볼드윈James Baldwin의 말처럼 "직시하지 않는 문제는 해결이 불가능"하므로 똑바로 바라보고 공론화해야 한다. 향정신성 물질들이 파티 자리에서 평소답지 않은 모습으로든, 서서히 추락을 향해가는 전조로서든 사람들 사이의 연결성을 갉아먹을 기미를 보일 때 못 본 체 하는 대신 자신이 관찰한 바를 공유하면 어떨까?

약을 끊고 얼마간의 시간이 흐른 어느 이른 아침, 나는 보카레이턴의 스패니시리버 대로에서 신호에 걸려 멈춰 섰다. 내 옆에 있는 차를 흘깃 돌아보니 멀쩡하게 생긴 녀석이 갈색 종이봉투에 든 술을 병째로 마셔대고 있었다. 그가 고개를 들자 봉투 테두리 너머로 나와 눈이 마주쳤다. 그때 이후로 줄곧 내 머릿속을 떠나지 않는 것은 마치 그의 새벽 음주를 목격한 것이 큰 잘못이라도 되는 양 눈이 마주치자마자 내가 재빨리 고개를 홱 돌려버렸다는 사실이었다. 나는 속으로 혀를 차며 불쾌감마저 느꼈고, 지금도 그 기분이 생각난다. 어째서 자신의 이익에 반하는 행동을 하는 사람들을 보면 우리는 그 모습을 부정하게 되는 것일까? 거의 모든 질병의 희생자들이 연민의 감정을 불러일으키는 반면 중독자들은 혐오감을 느끼게 한다. 대체 중독자가 행하는 비이성적인 행동의 어떠한 측면이 모든 사람으로 하여금 그들에게서 눈을 돌리게 만드는 것일까?

타인과의 연결

↯

아편 사용량의 급등은 당연한 진리지만 간과하기 쉬운 사실 하나를 명백하게 보여준다. 대부분의 중독자가 자신들조차 깨닫지 못한 채 뻔히 우리가 보는 앞에서 손 쓸 수 없을 정도의 중독에 빠져버린다는 사실 말이다. 일단 한 번 선을 넘으면 다시 자신을 통제할 수 있게 될 가능성은 매우 희박하다. 신경과학이 중독에 관해 알게 된 그 모든 지식에도 불구하고 중독으로 나아가는 길에 거의 아무런 변화도 가져오지 못했다는 점은 참으로 놀랍다. 이는 물론 아직 우리가 알지 못하는 부분들이 많기 때문이기도 하지만 대부분은 약물의 효과를 무력화하는 뇌의 능력이 믿을 수 없을 만큼 강력하기 때문에 벌어진 일이다. 그리고 이 두 가지 장해물보다 더 큰 걸림돌은 우리가 서로를 대하는 방식일 것이다. 우리는 '우리' 대 '그들', '정상' 대 '병듦' 등 그릇된 이분법을 신봉하며 중독을 확산시키고, 행복이 개인 차원에서 얻어질 수 있다는 허상에 사로잡혀 고립과 소외가 만연한 문화를 계승하고 있다. 그리고 이렇게 함으로써 보다 다양한 구성원들이 함께하는 포용력 있는 지역사회에서 얻을 수 있는 잠재적 이점마저 걷어 차고 있다.

어쩌면 문제가 '그들'에게 있지 않을지도 모른다는 사실을 인정한다면, 오늘날 중독으로 고통받는 이들이 고독과 자신 및 타인으로부터의 소외를 조장하고 의미 있는 삶을 좌절시키는 요인들에 남들보다 민감하게 반응할 뿐이라는 사실도 생각해볼 수 있을 것이다. 실수와 고통을 예방하거나 피할 방법을 가르쳐주지 않더라도 그것이 살아 있기 때문에 응당 일어나는 일이라는 것을 알려주는 사람만 있었어도 도움이 되었으리라. 단언할 수는 없지만 현명하고 이해심 깊은 롤모델의 지지를 받으며 실존적인 의문을 직면할 기회가 있었다면 내 인생도 다르게 풀리지 않았을까 싶다. 회복기에 알게된 몇몇 스승님들이 지적했듯, 공동체로서 우리는 깊이 부족 현상depth depriva-tion에 시달리고 있다.[5] 그리고 그 깊이란 진실한 인간관계에서 대부분 자연스럽게 찾아볼 수 있다.

내가 한창 중독에 빠져 있을 때 아버지는 가족관계에 관한 질문을 받으면 아들만 둘 있다고 답하곤 했다. 어머니가 없을 때 집에 전화를 하면 아버지는(아직 휴대폰이 발명되기 전이라 나는 공중전화를 사용했고 아버지는 일반전화로 받았다) 그냥 수화기를 도로 내려놓았다. 어머니가 집에 있을 경우에도 아버지는 내게 한 마디도 하지 않았고 결국 어머니가 전화를 건네받았다. 아버지로서는 단순히 나라는 슬픈 존재를 마음과 인생에서 지워버리는 편이 쉬웠을 것이다. 절대로 아버지를 탓하지는 않는다. 나도 똑같이 굴려고 했으니까.

내 인생에는 몇 번의 변곡점이 있지만 거울 속에서 유령 같은 내 모습을 본 이후 아버지가 어째서인지 마음을 바꿔 스물세 번째 생일 기념으로 나를 불러내면서 물질적인 변화가 시작된 때는 특히나 엄청나게 중요했다. 연방 요원에게 쫓기고, 친구가 죽고, 학교와 집에서 쫓겨나고, 신체적으로 금단증상에 시달리는 등 수많은 비극이 있었지만 나를 변화시키지는 못했다. 결국 나를 변화시킨 것은 인간적인 사랑과 타인과의 연결이었다. 나와 함께 있는 모습을 남들에게 스스럼없이 보이고 나에게 친절하게 대해주고자 했던 아버지의 마음이 합리화와 정당화로 무장된 나의 방어막을 비틀어 열었다. 아버지도 나도 몰랐던 나의 외로운 마음이 활짝 열린 것이다.

신경과학은 흥미진진한 진전을 이루며 중독의 생물학적 연관성을 밝혀내고 있다. 실험실 내부 및 외부에서 아직도 가야할 길이 멀지만 우리의 뇌가 개인의 생물학적 차원뿐만 아니라 훨씬 더 많은 것에 의해 형성되고 제한된다는 사실을 깨달을 만큼의 자료는 축적되었다. 그리고 이 모든 요인 중에서 우리 삶에 가장 밀접하고 영향력이 커 차이를 쉽게 체감할 수 있는 것이 바로 타인과의 연결이다. 우리는 신경생리학, 신경화학, 행동 등 다양한 측면에서 서로에게 깊은 영향을 주며 살아간다. 늘어가는 중독 인구에 대응하기 위해 고심하는 동시에 잘못된 약물사용이 소외에서 기인하여 소외로 인해 심화되며 끝내 다시 소외를 야기한다는 사실을 명심해야 한다. 내면의 정서나 주변의 이웃으로부터 자신을 지키기 위해 벽을 세운다면 중독의 확산에 더 기름을 붓는 꼴이 될 것이다.

부분적인 정보나 연구 결과가 맥락화될 때 우리는 비로소 지식을 얻는다. 지식은 우리가 알고 있는 사실들을 귀히 여기고 아직도 모르는 것이 많음을 인정하도록 도와주며, 이 둘이 어우러져 이해의 바탕이 된다. 이 이해가 현실을 있는 그대로 직시하는 데 필요한 겸손과 개방적인 마음가짐의 토대가 될 때 지혜가 자라난다. 지난 백년간 우리는 중독자들이 스스로 자신의 문제를 해결하리라 기대하기를 멈추었는데, 이는 확실히 진일보한 셈이다. 하지만 의학적 치료제나 다른 외부의 해결책만을 기다리는 일은 자신을 되돌아보고 중독의 대유행에서 우리의 역할을 숙고할 기회를 놓치는 것이다. 이렇게 된 이상 그저 손 놓고 기다리고만 있을 것이 아니라 우리가 먼저 주변에 손을 내밀어보면 어떨까.

감사의 말

물질사용으로 힘든 시간을 보낸 모든 이에게 마음을 전하며, 특히 볼더, 포틀랜드, 그린빌, 시브룩의 많은 여성들과 회복 단계에서 자신의 경험을 나누어줌으로써 나에게 길을 인도해준 친구들에게 감사를 표한다. 그중에서도 내가 깨달음이라는 모험을 무사히 이어갈 수 있도록 격려해준 마거릿, 지니, 샤론, 메리, 낸시, 라베른, 헨리에타, 팸, 로렌, 린디, 그리고 제넬에게 깊이 감사하는 바다. 그들의 빛을 뒤따르는 과정에서 리타, 조시, 프랜, 알리타, 안젤라, 패니, 애나의 용기에서도 많은 힘을 얻었다. 아울러 그 여정을 즐길 수 있도록 도와준 워프래츠와 펠로우즈에도 감사하다.

나의 부족함을 누구보다 잘 알면서도 한결같이 나를 사랑해준 부모님, 오빠와 남동생, 남편, 그리고 아이들에게도 고맙다. 특히 선량함에 대한 믿음으로 나를 변화시켜주었고 지금도 큰 도움을 주고 있는 어머니에게 고마움을 전한다. 나의 일부이자 앞으로 내가 가야 할 길의 모범이 되어준 마르타와 데이비드 돌지도 모두 한 가족이다.

세심하게 건조한 배에 나를 태워준 수많은 학자 중에서도 특히 나 과학 연구의 즐거움과 좌절을 알려준 데이비드 월진, 너그러운 마음씨와 통찰을 보여준 스티븐 마이어, 그리고 내가 상상할 수 있는 가장 이상적인 멘토가 되어준 존 크랩에게 감사한다. 그들이 아니었다면 지금 나는 아무것도 아니었을 것이다. 니콜라스 그레이엄, 제프리 모길, 조앤 바인베르크, 피터 칼리바스, 브라이언 맥쿨을 비롯해 지원을 아끼지 않았을 뿐 아니라 실험실 의자까지 내어주며 내가 성공할 수 있도록 도와준 많은 신경과학자와 미국 국립 알코올남용 및 중독 연구소의 훌륭한 여러 학자도 큰 힘이 되었다.

자연계 연구의 길을 열어준 시슬락 선생님과 시스템사고를 강조하신 콜로라도대학교 진 골린의 수업에서도 얻은 것이 많다. 마지막으로 머릿속에 가득한 호기심을 바깥세상의 의미 있는 삶으로 연결할 수 있게 도와준 리빙스쿨 선생님, 리처드, 신시아, 짐, 그리고 동문 중에서도 특히 브렌트, 에드, 엘리자베스, 엠마, 프랜, 카트리나, 리, 리처드, 로이, 톰에게 신세를 졌다.

이 책은 감사하게도 이탈리아의 볼테라에서 마리사 로베르토, 스테파니아 델 부팔로, 주세페 리치가 베풀어준 친절 덕에 든든한 지원을 받았다. 산 리노 초등학교에서 훌륭한 교육을 제공해준 루이자와 엘레나, 그리고 내 딸의 친구가 되어준 아이들, 특히 마리아솔레,

이고르, 아시아와 그 부모인 실비아와 마리오, 잉그리드와 조르지오에게도 감사를 전한다.

　몽크스 코너와 게세마네와 스노우매스의 명상 공동체에서 보낸 시간은 이 책에 쓸 아이디어를 얻는 데 결정적인 도움을 주었으며, 펜스 크리크에 위치한 제넬의 오두막에서 보낸 시간도 큰 도움이 되었다.

　필요할 때마다 명확한 시각과 효율적인 행동 방향을 짚어준 스테파니 앨런, 그리고 이 책의 초고를 읽어준 빌 로저스, 제인 러브, 에린 한, 메리 페어벤, 수잔 다마토, 마티 데버로, 디드레 오코너에게도 신세를 졌다. 이 친구들과 동료들이 초고에서 가치 있는 부분들을 알아보고 격려해준 덕분에 작업을 계속 이어갈 수 있었다. 또 그림으로 이 책을 보다 아름답게 만들어준 벅넬대학교 신경과학 및 미술 복수 전공생 레나 미스쿨린에게도 고마움을 전하고 싶다.

　아울러 내가 필요할 때마다 완벽한 균형을 갖춘 격려와 의견을 전해준 현명하고 공감어린 에이전트 엘렌 가이거와 크리스틴 푸오폴로, 대니얼 마이어, 그리고 유능한 더블데이 편집부의 눈부신 도움이 없었다면 이 책은 빛을 볼 수 없었을 것이다.

후주

1. 뇌가 사랑한 최고의 미식

1. 뇌가 사랑한 최고의 미식

1. Dalton Trumbo, *Johnny Got His Gun* (New York: J. B. Lippincott, 1939).
2. James Olds and Peter Milner, "Positive Reinforcement Produced by Electrical Stimulation of Septal Area and Other Regions of Rat Brain," *Journal of Comparative and Physiological Psychology* 47, no. 6 (1954).
3. Nan Li et al., "Nucleus Accumbens Surgery for Addiction," *World Neurosurgery* 80, no. 3-4 (2013), doi:10.1016/j.wneu.2012.10.007.

2. 지나치게 뛰어난 학습 능력, 신경적응

1. Claude Bernard, *Lectures on the Phenomena of Life Common to Animals and Plants*, trans. Hebbel E. Hoff, Roger Guillemin, and Lucienne
2. Walter B. Cannon, *The Wisdom of the Body* (New York: W. W. Norton, 1932).
3. Richard L. Solomon and John D. Corbit, "An Opponent-Process Theory of Motivation: I. Temporal Dynamics of Affect," *Psychological Review* 81, no. 2 (1974).
4. B. P. Acevedo et al., "Neural Correlates of Long-Term Intense Romantic Love,"

Social Cognitive and Affective Neuroscience 7, no. 2 (2012): 145-59, doi. org/10.1093/scan/nsq092.

5. '가소성'은 신경과학에서 뇌가 스스로 구조와 기능을 변화시키는 능력을 뜻한다. 이 같은 변화는 언제든 일어날 수 있는 현상이지만(우리는 죽을 때까지 어느 정도는 가소성을 유지한 채 살아간다), 특히 발달이 빠르게 이루어지는 만 25세 이전 시기에 가장 잘 나타난다.

6. 맥니시의 《주취의 해부학》은 1827년에 처음 발표된 이래 수많은 개정판이 출간 될 정도로 흥행했으며, 1859년 확장판에 이 같은 관찰 내용이 수록되었다. Robert Macnish, *The Anatomy of Drunkenness* (Glasgow: W. R. McPhun, 1859).

3. 중독성 약물의 대표 주자: 대마

1. Miles Herkenham et al., "Cannabinoid Receptor Localization in Brain," *Proceedings of the National Academy of Sciences* 87, no. 5 (1990).

2. THC 결합단백질을 활성화시키는 약물에 만성적으로 노출되어 나타나는 CB1 수 용체의 하향조절은 많은 연구를 통해 검증되었다. 그중 일부를 소개하자면 다음 과 같다. Christopher S. Breivogel et al., "Chronic Delta9-Tetrahydrocannabinol Treatment Produces a Time-Dependent Loss of Cannabinoid Receptors and Cannabinoid Receptor-Activated G Proteins in Rat Brain," *Journal of Neurochemistry* 73, no. 6 (1999); Laura J. Sim-Selley and Billy R. Martin, "Effect of Chronic Administration of R-(+)-[2,3-Dihydro-5-methyl-3-[(morpholinyl) methyl]pyrrolo[1,2,3-de]-1,4-benzoxazinyl]-(1-naphthalenyl)methanone Mesylate (WIN55,212-2) or Delta(9)-tetrahydrocannabinol on Cannabinoid Receptor Adaptation in Mice," *Journal of Pharmacology and Experimental Therapeutics* 303, no. 1 (2002); João Villares, "Chronic Use of Marijuana Decreases Cannabinoid Receptor Binding and mRNA Expression in the Human Brain," *Neuroscience* 145, no. 1 (2007); Victoria Dalton and Katerina Zavitsanou, "Cannabinoid Effects on CB1 Receptor Density in the Adolescent Brain: An Autoradiographic Study Using the Synthetic Cannabinoid HU210," *Synapse* 64, no. 11 (2010); Jussi Hirvonen et al., "Reversible and Regionally

Selective Downregulation of Brain Cannabinoid CB1 Receptors in Chronic Daily Cannabis Smokers," *Molecular Psychiatry* 17, no. 6 (2012).

4. 꿈과 현실을 오가는 지옥의 흔들다리: 아편

1. David Livingstone, A *Popular Account of Missionary Travels and Researches in South Africa* (London: John Murray, 1861). 1844년, 데이비드 리빙스턴은 마보차에서 첫 번째 거점에 도착한지 얼마 되지 않아 사자에게 어깨를 물리는 사고를 당하고 그때의 경험을 일지에 기록했다. 부상당한 상처로 줄곧 고통을 겪었지만 그는 여생의 대부분인 30여 년을 아프리카를 탐험하며 보냈다. 중앙아프리카, 남아프리카, 동아프리카의 많은 곳을 방문한 최초의 유럽인으로 빅토리아폭포라는 명칭을 붙인 인물이자 1855년에 그 폭포를 최초로 감상했던 장소인 리빙스턴섬의 이름의 주인공이기도 하다. 반투족의 로지어로 묘사한 이 폭포와 섬의 분위기가 썩 마음에 드는데, 대강 번역하자면 '천둥치는 연기'와 '무지개 장소'이다. 어쨌든 리빙스턴은 정치경제 활동에서 영적인 부름을 듣고는 아프리카 내에 무역로를 열어 노예제도에 맞서기 위해 선교활동을 그만두었다. 하지만 그의 노력은 그다지 성공적이지 못했는데, 새로운 무역로를 찾기 위한 원정이 대부분 실패로 돌아갔기 때문이다. 웨일스 출신 탐험가 H. M. 스탠리가 1871년에 그를 발견했을 때는 몸이 좋지 않았으며 연락이 두절된 지 몇 년이나 지난 시점이었다. 리빙스턴은 그로부터 1년 반 뒤 말라리아와 이질로 60세에 생을 마감했다.

2. Eric Wiertelak, Steven Maier, and Linda Watkins, "Cholecystokinin Antianalgesia: Safety Cues Abolish Morphine Analgesia," *Science* 256, no. 5058 (1992).

5. 가장 단순하고 가장 파괴적인, 인류의 영원한 친구: 알코올

1. Frederick Marryat, *Second Series of a Diary in America, with Remarks on Its Institutions* (Philadelphia: T.K. & P.G. Collins, 1840).

2. Carol Prescott and Kenneth Kendler, "Genetic and Environmental Contributions to Alcohol Abuse and Dependence in a Population-Based Sample of

Male Twins," *American Journal of Psychiatry* 156, no. 1 (1999).

3. Marc A. Schuckit, Donald A. Goodwin, and George Winokur, "A Study of Alcoholism in Half Siblings," *American Journal of Psychiatry* 128, no. 9 (1972).

4. C. Gianoulakis, "Implications of Endogenous Opioids and Dopamine in Alcoholism: Human and Basic Science Studies," *Alcohol and Alcoholism*, supplement 1 (1996).

5. Janice C. Froehlich et al., "Analysis of Heritability of Hormonal Responses to Alcohol in Twins: Beta-endorphin as a Potential Biomarker of Genetic Risk for Alcoholism," *Alcoholism: Clinical and Experimental Research* 24, no. 3 (2000).

6. C. Gianoulakis, D. Béliveau, D. Angelogianni, M. Meaney, J. Thavundayil, V. Tawar, M. Dumas, "Different Pituitary Beta-Endorphin and Adrenal Cortisol Response to Ethanol in Individuals With High and Low Risk for Future Development of Alcoholism," *Life Sentences* 45 (1989): 1097-1109.

7. A. M. Wood et al., "Risk Thresholds for Alcohol Consumption: Combined Analysis of Individual-Participant Data for 599,912 Current Drinkers in 83 Prospective Studies," *Lancet* 391 (2018): 1513-1523.

8. Bridget F. Grant, "Age at Smoking Onset and Its Association with Alcohol Consumption and DSM-IV Alcohol Abuse and Dependence: Results from the National Longitudinal Alcohol Epidemiological Survey," *Journal of Substance Abuse* 10, no. 1 (1998); Substance Abuse and Mental Health Services Administration, "Reports and Detailed Tables from the 2016 National Survey on Drug Use and Health (NSDUH)," Center for Behavioral Health Statistics and Quality, Rockville, Md.

9. World Health Organization, *Global Status Report on Alcohol and Health*, 2014, accessed Aug. 6, 2018, www.who.int.

10. U.S. Department of Health and Human Services, Office of the Surgeon General, *Facing Addiction in America: The Surgeon General's Report on Alcohol, Drugs, and Health* (Washington, D.C.: U.S. Department of Health and Human Services, 2016), accessed March 5, 2018, www.ncbi .nlm.nih.gov.

6. 대중화된 처방 약물: 진정제

1. Eve Bargmann, Sidney M. Wolfe, and Joan Levin, Stopping Valium, and Ativan, Centrax, Dalmane, Librium, Paxipam, Restoril, Serax, Tranxene, Xanax (New York: Warner Books, 1983).

2. Francisco López-Muñoz, Ronaldo Ucha-Udabe, and Cecilio Alamo, "The History of Barbiturates a Century After Their Clinical Introduction," *Neuropsychiatric Disease and Treatment* 1, no. 4 (2005).

3. Han Chow Chua and Mary Chebib, "GABA$_A$ Receptors and the Diversity in Their Structure and Pharmacology," *Advances in Pharmacology* 79 (May 2017), doi:10.1016/bs.apha.2017.03.003.

4. David N. Stephens et al., "GABA$_A$ Receptor Subtype Involvement in Addictive Behaviour," *Genes, Brain, and Behavior* 16, no. 1 (2017), doi: 0.1111/gbb.12321.

5. Amanda J. Baxter et al., "The Global Burden of Anxiety Disorders in 2010," *Psychological Medicine* 44, no. 11 (2014), doi:10.1017/S0033291713003243.

6. Debra A. Bangasser et al., "Sex Differences in Stress Regulation of Arousal and Cognition," *Physiology and Behavior* 187 (2018), doi:10.1016 /j.physbeh .2017.09.025.

7. Richard W. Olsen and Jing Liang, "Role of GABA$_A$ Receptors in Alcohol Use Disorders Suggested by Chronic Intermittent Ethanol (CIE) Rodent Model," *Molecular Brain* 10 (2017), doi:10.1186/s13041-017 -0325-8.

8. Marcus A. Bachhuber et al., "Increasing Benzodiazepine Prescriptions and Overdose Mortality in the United States, 1996-2013," *American Journal of Public Health* 106, no. 4 (2016), doi:10.2105/AJPH.2016 .303061.

9. "Is It Bedtime for Benzos?" Van Winkle's (blog), The Huffington Post, www. huffingtonpost.com/van-winkles/is-it-bedtime-for-benzos_b_7663456.html. 니콜라스 라스무센은 시드니대학교 의과대학 공중보건학 석사학위와 스탠퍼드대학교 생물학 박사학위를 받고 약의 역사를 연구하는 사학자이다. 생의학, 약리학, 그리고 보건 및 약물 관련 정책들의 추세에 관해 폭넓게 글을 쓰고 있다. 자세한 정보는 그의 홈페이지를 참조하자. www.nicolasrasmussen.com/Home_Page.

html.

10. Charles A. Czeisler, "Perspective: Casting Light on Sleep Deficiency," *Nature*, May 23, 2013; Megumi Hatori et al., "Global Rise of Potential Health Hazards Caused by Blue Light-Induced Circadian Disruption in Modern Aging Societies," *NPJ: Aging and Mechanisms of Disease,* June 16, 2017, doi:10.1038/ s41514-017-0010-2.

7. 오늘만 사는 이들을 위한 에너지 대출: 각성제

1. Samuel H. Zuvekas and Benedetto Vitiello, "Stimulant Medication Use Among U.S. Children: A Twelve-Year Perspective," American Journal of Psychiatry 169, no. 2 (2012), doi:10.1176/appi.ajp.2011.11030387.

2. Nora D. Volkow, "Long-Term Safety of Stimulant Use for ADHD: Findings from Nonhuman Primates," Neuropsychopharmacology 37, no. 12 (2012).

3. Daniel Morales Guzmán and Aaron Ettenberg, "Runway Self-Administration of Intracerebroventricular Cocaine: Evidence of Mixed Positive and Negative Drug Actions," Behavioral Pharmacology 18, no. 1 (2007).

4. World No Tobacco Day 2017, "Tobacco Threatens Us All: Protect Health, Reduce Poverty, and Promote Development" (Geneva: World Health Organization, 2017).

5. L. Cinnamon Bidwell et al., "Genome-Wide SNP Heritability of Nicotine Dependence as a Multidimensional Phenotype," *Psychological Medicine* 46, no. 10 (2016), doi:10.1017/S0033291716000453.

6. Mariella De Biasi and John A. Dani, "Reward, Addiction, Withdrawal to Nicotine," *Annual Review of Neuroscience* 34 (2011), doi:10.1146/annurev-neuro-061010-113734.

7. Aaron Ettenberg, "Opponent Process Properties of Self-Administered Cocaine," *Neuroscience and Biobehavioral Reviews* 27, no. 8 (2004).

8. Juan Sanchez-Ramos, "Neurologic Complications of Psychomotor Stimulant Abuse," in *International Review of Neurobiology: The Neuropsychiatric Com-*

plications of Stimulant Abuse, ed. Pille Taba, Andrew Lees, and Katrin Sikk (Amsterdam: Academic Press, 2015).

9. G. Hatzidimitriou, U. D. McCann, G. A. Ricaurte, "Altered Serotonin Innervation Patterns in the Forebrain of Monkeys Treated with (±)3,4-Methylenedioxymethamphetamine Seven Years Previously: Factors Influencing Abnormal Recovery," *Journal of Neuroscience* 19 (1989): 5096-5107.

10. Lynn Taurah, Chris Chandler, Geoff Sanders, "Depression, Impulsiveness, Sleep, and Memory in Past and Present Polydrug Users of 3,4-Methylene dioxymethamphetamine (MDMA, ecstasy)," *Psychopharmacology* 231 (2014), doi:10.1007/s00213-013-3288-1.

8. 예측 불가능한 신비로운 세계로의 초대: 사이키델릭 환각제

1. Albert Hofmann, "Notes and Documents Concerning the Discovery of LSD," *Agents and Actions* 1, no. 3 (1970), doi.org/10.1007/BFO1986673.

2. "Stanislav Grof Interviews Dr. Albert Hofmann, Esalen Institute, Big Sur, California, 1984," accessed April 14, 2018, www.maps.org.

3. "LSD: The Geek's Wonder Drug?," www.wired.com, Jan. 16, 2006.

4. Diana Kwon, "Trippy Treatments," *Scientist*, Sept. 2017.

5. Michael P. Bogenschutz et al., "Psilocybin-Assisted Treatment for Alcohol Dependence: A Proof-of-Concept Study," *Journal of Psychopharmacology* 29, no. 3 (2015), doi:10.1177/0269881114565144.

6. Peter S. Hendricks et al., "The Relationships of Classic Psychedelic Use with Criminal Behavior in the United States Adult Population," *Journal of Psychopharmacology* 32, no. 1 (2018), doi:10.1177 /0269881117735685.

7. R. R. Griffiths et al., "Psilocybin-Occasioned Mystical-Type Experience in Combination With Meditation and Other Spiritual Practices Produces Enduring Positive Changes in Psychological Functioning and in Trait Measures of Prosocial Attitudes and Behaviors," *Journal of Psychopharmacology* 32 (2018): 49-69.

8. José Carlos Bouso et al., "Personality, Psychopathology, Life Attitudes, and Neuropsychological Performance Among Ritual Users of Ayahuasca: A Longitudinal Study," *PLoS ONE* 7, no. 8 (2012), doi.org/10.1371/journal.pone.0042421.

9. Evan J. Kyzar et al., "Psychedelic Drugs in Biomedicine," *Trends in Pharmacological Science* 38, no. 11 (2017).

10. David E. Nichols, Matthew W. Johnson, and Charles D. Nichols, "Psychedelics as Medicines: An Emerging New Paradigm," *Clinical Pharmacology and Therapeutics* 101, no. 2 (2017), doi:10.1002/cpt.557.

9. 뜻이 있는 곳에 길이 있나니: 기타 남용약물들

1. Cody J. Wenthur, Bin Zhou, and Kim D. Janda, "Vaccine-Driven Pharmacodynamic Dissection and Mitigation of Fenethylline Psychoactivity," *Nature* 548 (2017), doi:10.1038/nature23464.

2. Xin Wang, Zheng Xu, and Chang-Hong Miao, "Current Clinical Evidence on the Effect of General Anesthesia on Neurodevelopment in Children: An Updated Systematic Review with Meta-regression," *PLoS ONE* 9, no. 1 (2014), doi:10.1371/journal.pone.0085760.

3. Matthew Baggott, E. Erowid, and F. Erowid, "A Survey of *Salvia divinorum* Users," *Erowid Extracts* 6 (June 2004), accessed March 2, 2018.

4. Rachel I. Anderson and Howard C. Becker, "Role of the Dynorphin/ Kappa Opioid Receptor System in the Motivational Effects of Ethanol," *Alcoholism: Clinical and Experimental Research* 41, no. 8 (2017); George F. Koob, "The Dark Side of Emotion: The Addiction Perspective," *European Journal of Pharmacology* 15 (2015).

5. André Cruz et al., "A Unique Natural Selective Kappa-opioid Receptor Agonist, Salvinorin A, and Its Roles in Human Therapeutics," *Phytochemistry* 137 (2017), doi:10.1016/j.phytochem.2017.02.001.

6. Yong Zhang et al., "Effects of the Plant-Derived Hallucinogen Salvinorin A

on Basal Dopamine Levels in the Caudate Putamen and in a Conditioned Place Aversion Assay in Mice: Agonist Actions at Kappa Opioid Receptors," *Psychopharmacology* 179, no. 3 (2005); William A. Carlezon Jr. et al., "Depressive-Like Effects of the Kappa-opioid Receptor Agonist Salvinorin A on Behavior and Neurochemistry in Rats," *Journal of Pharmacology and Experimental Therapeutics* 316, no. 1 (2006).

7. Daniela Braida et al., "Involvement of K-opioid and Endocannabinoid System on Salvinorin A-Induced Reward," *Biological Psychiatry* 63, no. 3 (2008).

8. Paul Prather et al., "Synthetic Pot: Not Your Grandfather's Marijuana," *Trends in Pharmacological Sciences* 38, no. 3 (2017), doi:10.1016/j .tips.2016.12.003.

9. David M. Wood, Alan D. Brailsford, and Paul I. Dargan, "Acute Toxicity and Withdrawal Syndromes Related to -hydroxybutyrate (GHB) and Its Analogues -butyrolactone (GBL) and 1,4-Butanediol (1,4-BD)," *Drug Testing and Analysis* 3, nos. 7-8 (2011), doi:10.1002/dta.292.

10. Matthew O. Howard et al., "Inhalant Use and Inhalant Use Disorders in the United States," *Addiction Science and Clinical Practice* 6, no. 1 (2011).

11. 같은 논문

12. Stephen H. Dinwiddie, Theodore Reich, and C. Robert Cloninger, "The Relationship of Solvent Use to Other Substance Use," *American Journal of Drug and Alcohol Abuse* 17, no. 2 (1991).

10. 나는 어째서 중독에 빠진 걸까?

1. Carl Sagan, "The Burden of Skepticism," *Skeptical Inquirer* 12 (1987).

2. Rachel Yehuda et al., "Holocaust Exposure Induced Intergenerational Effects on FKBP5 Methylation," *Biological Psychiatry* 80, no. 5 (2016), doi:10.1016/j.biopsych.2015.08.005.

3. Elmar W. Tobi et al., "DNA Methylation Signatures Link Prenatal Famine Exposure to Growth and Metabolism," *Nature Communications* 5 (2014) (erratum in *Nature Communications* 6 [2015]), doi:10.1038/ncomms6592.

4. H. Szutorisz et al., "Parental THC Exposure Leads to Compulsive Hero-in-Seeking and Altered Striatal Synaptic Plasticity in the Subsequent Genera-tion," *Neuropsychopharmacology* 39 (2014): 1315-1323.

5. Moshe Szyf, "Nongenetic Inheritance and Transgenerational Epigenetics," *Trends in Molecular Medicine* 21, no. 2 (2015).

6. David M. Fergusson and Joseph M. Boden, "Cannabis Use and Later Life Out-comes," Addiction 103, no. 6 (2008); Henrietta Szutorisz et al., "Parental THC Exposure Leads to Compulsive Heroin-Seeking and Altered Striatal Synaptic Plasticity in the Subsequent Generation," *Neuropsychopharmacology* 39, no. 6 (2014), doi.org/10.1038/npp.2013.352; Eric R. Kandel and Denise B. Kandel, "A Molecular Basis for Nicotine as a Gateway Drug," *New England Journal of Medicine* 371, no. 21 (2014), doi:10.1056/NEJMsa1405092.

7. 이 주제에 관한 최신 개관논문은 다음을 참조하자. Chloe J. Jordan and Susan L. Andersen, "Sensitive Periods of Substance Abuse: Early Risk for the Tran-sition to Dependence," *Developmental Cognitive Neuroscience* 25 (2017), doi:10.1016/j.dcn.2016.10.004.

8. U.S. Department of Health and Human Services, Office of the Surgeon Gen-eral, *Facing Addiction in America*, 2016.

9. Rebecca D. Crean, Natania A. Crane, and Barbara J. Mason, "An Evidence Based Review of Acute and Long-Term Effects of Cannabis Use on Exec-utive Cognitive Functions," *Journal of Addictive Medicine* 5, no. 1 (2011), doi:10.1097/ADM.0b013e31820c23fa; F. Markus Leweke and Dagmar Koethe, "Cannabis and Psychiatric Disorders: It Is Not Only Addiction," *Addic-tion Biology* 13, no. 2 (2008), doi:10.1111/j.1369-1600.2008.00106.x; Daniel T. Malone, Matthew N. Hill, and Tiziana Rubino, "Adolescent Cannabis Use and Psychosis: Epidemiology and Neurodevelopmental Models," *British Journal of Pharmacology* 160, no. 3 (2010), doi:10.1111/j.1476-5381.2010.00721.x; Clau-dia V. Morris et al., "Molecular Mechanisms of Maternal Cannabis and Ciga-rette Use on Human Neurodevelopment," *European Journal of Neuroscience* 34, no. 10 (2011), doi:10.1111/j.1460-9568.2011.07884.x.

10. Joshua B. Garfield et al., "Attention to Pleasant Stimuli in Early Adolescence Predicts Alcohol-Related Problems in Mid- adolescence," *Biological Psychology* 108 (May 2015), doi:10.1016/j .biopsycho.2015.03.014.

11. Tali Sharot et al., "Dopamine Enhances Expectation of Pleasure in Humans," *Current Biology* 19, no. 24 (2009), doi.org/10.1016/j .cub.2009.10.025.

12. Dorothy E. Grice et al., "Sexual and Physical Assault History and Posttraumatic Stress Disorder in Substance Dependent Individuals," *American Journal of Addictions* 4, no. 4 (1995); Lisa M. Najavits, Roger D. Weiss, and Sarah R. Shaw, "The Link Between Substance Abuse and Posttraumatic Stress Disorder in Women: A Research Review," *American Journal of Addictions* 6, no. 4 (1997), doi.org/10.1111/j.1521-0391.1997.tb00408.x.

13. C. L. Ehlers and I. R. Gizer, "Evidence for a Genetic Component for Substance Dependence in Native Americans," *The American Journal of Psychiatry* 170 (2013): 154-164.

11. 중독의 해결법을 찾아서

1. John C. Eccles, "The Future of the Brain Sciences," in *The Future of the Brain Sciences*, ed. Samuel Bogoch (New York: Plenum Press, 1969).

2. Lewis Carroll, *Alice's Adventures in Wonderland* (London: Macmillan, 1865).

3. Human Rights Watch, *World Report*, 2017.

4. Richard Karban, Louie H. Yang, and Kyle F. Edwards, "Volatile Communication Between Plants That Affects Herbivory: A Meta- analysis," *Ecology Letters* 17, no. 1 (2013); and see Kat McGowan, "The Secret Language of Plants," *Quanta Magazine*, Dec. 16, 2013, www.quantamagazine.org.

5. Center for Action and Contemplation, Albuquerque, N.M., cac.org.

옮긴이 이한나

카이스트와 미국 조지아공과대학교에서 컴퓨터공학을 공부하고 덕성여자대학교에서 심리학 학사를 받은 뒤 미국 UCLA에서 인지심리학 석사를 받았다. 동 대학원 박사과정에 재학 중 번역에 입문하여 지금은 뇌 과학과 심리학 도서 전문 번역가로 일하고 있다. 옮긴 책으로는 《뇌 과학의 모든 역사》《긍정심리학 마음교정법》이 있다.

중독에 빠진 뇌 과학자

첫판 1쇄 펴낸날 2021년 12월 27일
          4쇄 펴낸날 2024년 4월 22일

지은이 주디스 그리셀
옮긴이 이한나
발행인 김혜경
편집인 김수진
편집기획 김교석 조한나 유승연 문해림 김유진 곽세라 전하연 박혜인 조정현
디자인 한승연 성윤정
경영지원국 안정숙
마케팅 문창운 백윤진 박희원
회계 임옥희 양여진 김주연

펴낸곳 (주)도서출판 푸른숲
출판등록 2003년 12월 17일 제2003-000032호
주소 서울특별시 마포구 토정로 35-1 2층, 우편번호 04083
전화 02)6392-7871, 2(마케팅부), 02)6392-7873(편집부)
팩스 02)6392-7875
홈페이지 www.prunsoop.co.kr
페이스북 www.facebook.com/simsim 인스타그램 @simsimbooks

ⓒ푸른숲, 2021
ISBN 979-11-5675-932-4(03180)

심심은 (주)도서출판 푸른숲의 인문·심리 브랜드입니다.